KB083392

근대 조선춤의
지속과 변용

이정노(李晶魯, LEE JEUNGRO)

서울 출생. 리틀엔젤스예술단을 수료하고 선화예고를 거쳐 이화여자대학교 무용과에서 한국무용을
전공했다. 2007년 한국학중앙연구원 석박사통합과정 민속학전공으로 입학하여 2014년 문학박사학
위를 받았다. 한국 근현대예술사 구술채록연구 시리즈 최선, 한순옥, 김영희를 채록(2009)했으며 「전
주대사습놀이전국대회의 역사성 형성 배경과 정착 과정에 대한 연구」(2010), 「조선 태조조 당악정재
의 지속과 변화에 관한 의미 연구」(2016), 「전국민속예술경연대회를 통해 본 교방춤의 민속화 현상
연구─무형문화재제도의 연계성과 교방춤의 맥락변화를 중심으로」(2018) 등의 논문이 있다. 근현대
한국춤에 대해 연구하고 있고, 민속문화를 기반으로 한 전통춤의 전개에 대해서도 천착하고 있다.

근대 조선춤의 지속과 변용

초판 1쇄 발행 2019년 6월 15일
초판 2쇄 발행 2019년 12월 10일
지은이 이정노 **펴낸이** 박성모 **펴낸곳** 소명출판 **출판등록** 제13-522호
주소 06643 서울시 서초구 서초중앙로6길 15, 1층
전화 02-585-7840 **팩스** 02-585-7848 **전자우편** somyungbooks@daum.net **홈페이지** www.somyong.co.kr

값 20,000원 ⓒ 이정노, 2019
ISBN 979-11-5905-410-5 93680

잘못된 책은 바꾸어드립니다.
이 책은 저작권법의 보호를 받는 저작물이므로 무단전재와 복제를 금하며,
이 책의 전부 또는 일부를 이용하려면 반드시 사전에 소명출판의 동의를 받아야 합니다.

THE CONTINUATION AND TRANSFORMATION
OF MODERN CHOSUN DANCE

근대
조선춤의
지속과
변용

이정노 지음

소명출판

책머리에

한국춤 역사에 있어 근대는 외부 문화에 의해 큰 변화를 거친 시기다. 현재 근대 춤을 바라보는 주된 시각이 서구식 극장의 등장과 신무용의 출현, 또는 새로운 기생제도의 시행이나 권번의 도입이라는 사건을 중심에 두고 외현적 변화의 면모를 읽어내려는 경향은 이러한 배경에 연유한다. 하지만 근대로의 이행이 공연의 주체인 공연자들의 의지로 이루어진 것이 아니었기 때문에 춤의 변화는 좀 더 유관적이고 유기적인 관점으로 들여다볼 필요성이 제기된다.

이 책에서는 공연자들의 활동 공간과 제도의 변화에 주목하면서도, 이 변화가 실제 춤의 변모와 어떤 영향관계가 있는지에 주시하였다. 책에서 다룬 주요 대상은 현재 한국춤을 이루는 두 가지 큰 줄기인 전통춤과 신무용이다. 조선조로부터 이어지는 전통춤과 1930년대 이후로 등장한 새로운 양식의 조선춤인 신무용을 '조선춤의 지속'이라는 견지에서 바라보고, '조선춤'이 지속되는 과정에서 나타나는 공연자, 교수자, 공연 및 학습 공간, 제도 등의 변화와 담론들이 실제 춤에 어떻게 관여하는지 주목하였다. 특히 외래 춤의 양식을 기반으로 새롭게 창작된 조선풍의 춤인 신무용이 당시 하나의 조선춤으로서 평가받고 담론의 대상이 되며 부흥된 배경에는, 춤을 통해 조선적인 것 또는 조선의 고전에 대한 사회적 관심이 작용했기 때문이라 보았다. 즉 1930년대 이후 새로운 양식의 조선춤이 등장하고 지속된 배경에는 조선의 예술 (조선의 고전 및 향토예술, 또는 이를 소재로 한 예술작품) 속에서 조선의 정조를 발견하고자 했던 지식인들의 요구와도 밀접히 연관되어 있다고 본 것이다.

저자의 박사학위논문과 학술논문을 바탕으로 수정·발전시킨 이 책은 전통문화의 하나인 한국춤을 바라보는 시각이 '원형'을 밝혀내는 데 있기보다 '왜 지속되었는가'에 주목해야 함을 강조하고 있다. 정치·경제·사회·이데올로기적 지형이 모두 변화된 시기에 여전히 과거의 문화가 지속되고 있다면 거기에는 그것을 지속시키려는 사람들의 욕구가 작용하고 있거나 제도적 장치가 운용되고 있기 때문이다.

책의 목차는 연대기적으로 구성했다. 근대의 초기에는 전통춤의 전개가 주를 이루었기 때문에 1장부터 4장까지는 전통예인들의 춤 활동으로 내용이 채워졌으며, 5장에서 7장까지는 1930년대 이후 등장한 조선무용의 부흥 현상과 새로운 조선춤의 무대화 경향에 대해 다루었다.

1장에서는 1900~1910년대에 상업극장에 소속되어 활동한 재인과 기생들의 모습을 담았다. 이 극장 전속 공연자들의 춤은 전통물이 흥행하던 1913년대 말에서 1914년대 후반 사이에 집중적으로 나타난다. 눈길을 끄는 점은 이 시기에 흥행한 전통물은 재인들의 것이었는데 당시 공연자로 최고의 인기를 구가하고 있던 기생들이 이들의 작품을 대신 연행했던 사실이다. 기생이 재인의 춤을 공연한 경우는 근대에 출현한 현상으로서 전근대 시기 교방 관기들에게서는 볼 수 없던 상황이라고 지적하였다. 또한 재인이 기생의 우위 서열로서 가무歌舞를 가르치는 선생의 위치에 있었던 상황은 근대 극장과 권번이라는 새로운 기생의 활동 공간이 등장했기 때문이라는 점도 아울러 언급하였다.

2장에서는 1900년을 전후하여 조선 기생들의 신분과 활동이 재편되기 시작하고 춤 공연의 전통적 관행에 변화가 일어난 양상을 다루었다. 본래 조선조 관기들은 왕실과 관아의 공적 연향에서 가무를 담당하는 신분이었지만, 서울에서 입역기간을 지내던 경기京妓들은 민간에서 사적인 기업妓業 활동도 하였다. 서울에는 경기 외에도 공식적으로 활동하던 삼패 기생들이 있었는데 이들의 주 연행 종목은 잡가였다. 그러나 경무청에서는 기생을 '가무하는 부류(기생妓生)'와 '매음하는 부류(창기娼妓)'로 구분하여 활동을 규제하기 시작했고, 이때 삼패들은 창기로 분류되었다. 1900년대 후반에서 1910년대에 이르는 시기에 삼패들의 춤 기사가 자주 등장하는 배경에는 삼패들이 '갑종기생'의 신분을 획득하기 위해 관기들의 가무를 모방했던 상황이 있었음을 논하였다.

3장에서는 근대 시기 기생들의 주요 공연 공간으로 자리 잡은 요리점에 대해 다루었다. 새로운 소속기관인 기생조합에 이름을 올린 기생들은 요리점에 출입하여 가무 활동을 하게 되었다. 가무하는 기생은 '갑종기생'으로 매음하는 기생은 '을종기생'으로 분류되었는데, 각 기생들의 활동은 갑종요리점과 을종요리점에 연계되었다. 요리점은 서울 지역에서 크게 성업했으며 특히 1916년에서 1919년 사이에 더욱 극치를 이루었다. 저자는 기생들의 기예 종목을 수록한 『조선미인보감』이 1918년에 발행되었다는 사실에 주목하였고, 이 책자에 기생들의 고향, 현주소, 외모, 성격 등이 수록되었던 점은 요리점 이용객들을 위해 고안된 자료라고 보았다. 특히 요리점이 성업하던 1910년대 후반에는 기생들의 가무 수준에 대한 질책도 두드러졌는데, 그 대상이 무부기無夫妓

들에게 집중되고 있었던 배경도 살펴보았다. 근대 시기 기생들의 춤과 관련한 사진 자료는 요리점에서 촬영된 것이 많다. 이는 요리점이 기생들의 춤 공간으로 주요한 장소였음을 알려주는 것으로, 요리점의 공연 공간은 당시 기생들이 춤 작품을 조율하는 데 일정한 영향을 미쳤을 것을 짐작하게 한다. 이 장에서는 요리점에 배설된 특별무대와 방중房中에서의 춤 특성에 대해서도 논하였다.

4장에서는 20세기 전반기에 전개된 〈살풀이춤〉의 실체를 조명하고자 했다. 이 글에서는 20세기 전반기 〈살풀이춤〉의 기록을 최대한 확보하여 당시의 실체를 가늠하고 전국적인 사사師事 계보의 추적을 통해 〈살풀이춤〉의 전파 양상 및 관계망을 그려 보고자 했다. 시기는 크게 1910년대와 1930년대 이후로 나누어, 전자에서는 1907년의 사진과 『조선미인보감』의 기록을 토대로 당시의 춤 형태를 유추해보고자 했으며 후자에서는 1989년부터 3년간에 걸쳐 조사된 〈살풀이춤〉 전승실태 자료집(『무형문화재조사보고서』)을 중심으로 1930년대 이후의 양상을 파악해보고자 했다. 특히 후자의 자료는 1930년대 이후 실제 권번에서 배운 기생 및 학습자들이 자신을 가르친 스승에 대해 증언한 것이기에 실증적 자료로서 중요한 가치를 지닌다. 이 장의 논의는 비록 〈살풀이춤〉이라는 특정 종목을 대상으로 하고 있지만 구한말 재인들의 권번 이동행로 및 춤 전파 양상의 일면을 추적했다는 점에서 의미가 있다.

5장에서는 1930년대 이후에 나타나는 신무용의 등장을 비롯하여 조선춤에 대한 긍정적 인식의 전환이 어떤 배경 속에서 비롯된 것인지 살펴보았다. 저자는 1920년대 후반에 언론을 통해 소개된 「조선무용진흥론」(1927)과 「조선향토예술론」(1929)에 주목하였는데, 이 글은 식민지 상황에 처한 조선인들이 민족예술을 통해 민족정신을 일으켜 세워야 한다는 계몽적 성격의 언설들이었다. 이러한 조선무용, 조선예술에 대한 관심은 근대 극장 도입 초기인 1900~1910년대에 가졌던 전통 연예에 대한 대중의 관심과는 다른 성격이었다. 극장 도입 초기에는 극장이라는 근대적 오락 공간이 주는 새로운 흥미와 민간인들이 관람하기 어려웠던 전통물이 대중 공간에 개방되면서 고조된 호기심이었다면, 1920년대 후반 이후는 지식인 사회와 문화예술계를 중심으로 확산된 민족문화에 대한 관심이 주축이 되어 민족예술 진흥의 당위성과 지향 방향들이 논해진 지적知的 담론의 장과 관계하고 있었다. 이러한 담론들은 신무용가와 기생들에게 조선춤에 대한 중요성과 보존의 의무를 자각하게 하였으며 이 시기 조선춤에 '조선정조' 담론이 개입되는 현상도 이러한 배경에 기인한다고 보았다.

6장에서는 근대 시기 대표적인 신무용가 최승희의 조선춤 작품에 담긴 양식적 특성에 관해 조명하였다. 최승희가 조선춤을 무대화한 시기는 1930년부터이지만 1933년 이후로 나타나는 특정한 양식화 경향에 대해 주목하였다. 주로 인물의 특징을 표현하는 방법이 사용되었으며 여성과 남성이 지닌 성별적 특성이나 인물의 성격을 부각시키는 방식이 두드러졌다. 이 장에서는 이러한 특성이 최승희의 스승인 이시이바쿠의 작품 방식인 무용시舞踊詩 방법론과 유사한 점을 보인다는 데 주안하여 살폈고, 최승희가 작품에서 표현하고자 한 조선적인 것에 대한 표현이 당시 문화예술계의 지적 담론과 어떤 상관이 있는지에 관해서도 논해보았다.

통상 한국춤의 역사에서 '근대'는 서양의 문물을 받아들여 근대화를 이룬 시기로 보는 한편 전통적 연행환경이 와해된 시기로 인식한다. 그리고 연행환경이 와해된 원인은 일제의 억압과 통제 때문으로 보는 입장이 지배적이다. 하지만 와해의 실질적인 시점은 그보다 먼저인 갑오개혁이라고 할 수 있다. 갑오개혁은 천민이었던 전통예인들의 신분을 해방시켜주었지만 궁중과 관을 중심으로 하는 공적 행사가 크게 축소되면서 예인들의 경제생활에 큰 타격을 주었다. 특히 예인들의 중요한 수입처였던 과거급제자의 축하 잔치연이 갑오개혁으로 과거제가 폐지되면서 사라지자 더욱 큰 영향을 미쳤다. 이러한 사실은 조선춤의 명무名舞였던 한성준의 증언에서 확인되는데, 7장에서는 한성준과 같은 재인출신들이 구한말 전통 연행환경의 붕괴로 주요 활동 근거지인 고향을 떠나 유랑하거나 서울의 근대 극장으로 모여들었던 모습부터 들여다보았다. 이 장에서는 한성준의 근대 이행기의 활동이 1938년 조선음악무용연구회의 춤 작품에 반영되어 있음을 살피고 탈지역성과 탈맥락화의 관점에서 논하였다.

대학 졸업 직후 이론 공부를 시작했을 때 내가 알고 싶은 의문들이 만족스럽게 풀릴 때까지 춤을 추지 않겠다고 다짐하며 학업에만 전념하였다. 이제 겨우 한 권의 결실을 내놓게 되었지만 만족함보다는 부족한 부분들이 곳곳에 밟힌다. 그래도 내가 알고 싶었던 궁금증은 조금 풀었다. 궁금증을 풀어줄 열쇠는 많은 부분 근대가 가지고 있었는데, 이 책은 한국춤에 대한 근원을 먼 과거에서 찾기 전에 오늘날과 최근접 시기인 '근대'에 주목해야 한다고 말하고 있다. 비록 오래된 과거로부터 뿌리를 가진 춤이라 해도 현재 전승되고 있는 전통춤은 근대 시기에 활동한 춤 연행자로부터 전승된 것이고, 근대 시기에 활동한 연행자들은 조선 말기의 춤 전통을 이어받은 전승자들이기 때문이다. 그간의 공부를 일단락 맺고 보니 다른 과제들이 또 많이 보인다. 집필을 이어나가되 앞으로는 현재의 춤에 대한 고민도 하나씩 풀어보고자 한다.

첫 책의 출간에 대해 여러 도움을 주신 춤이론가 김영희 선생님께 깊이 감사드린다. 20대 후반부터의 인연으로 이런저런 공부 경험을 하게 해주셨던 것에 대한 감사의 마음도 이 책의 지면을 빌어 전해드린다. 소명출판 박성모 대표님과 교정을 맡아주신 편집부 관계자분들께도 깊이 감사드린다.

지난한 인고의 노정이었지만 늘 곁에서 믿어주시고 지지해주시는 부모님이 계셨기에 이 책이 나올 수 있었다. 많이 연로해지신 모습에 가슴 먹먹해진다. 말로 표현할 수 없는 만감이 교차한다. 감사한 마음 헤아릴 길 없지만 죄송한 마음이 더 크다. 매일 딸의 건강을 염려하며 기도를 올리시는 어머님께 이 책을 바친다.

2019년 5월 30일
수원에서
이정노

차례

제1장
근대극장 전속 공연자들의 춤 행보

1. 왕립극장 희대와 협률사 및 원각사의 공연

1902년 조선 왕실에서는 고종 어극御極 40주년을 기념하는 칭경예식稱慶禮式을 위해 한성부 야주현에 있던 왕실 건물인 봉상시奉常寺의 일부를 터서 희대戲臺[1]를 만들었다. 왕실에서는 칭경예식에 필요한 기생들을 모집하였는데 이를 협률사協律司에서 주관하였다.

오늘날 '협률사'는 최초의 근대 극장으로 알려져 있지만, 본래는 희대에서 활동한 '연희 단체'를 일컫거나 궁내부宮內府에 부속된 '교방시敎坊司'의 다른 이름[2]을 지칭하는 용어였다. 오늘날 극장 이름으로 알려진 협률사는 전자의 경우와 연관되는데, 1902년 왕립극장 희대가 대중적 상업극장으로 성격을 변화한 뒤에 이 극장의 전속 단체로 활동하게 된

---

1 "稱慶禮式時에 需用次로 戲臺를 奉常寺 내에 설치ᄒᆞ고 漢城內 善家善舞ᄒᆞ는 女伶을 선택ᄒᆞ여 演戲諸具를 敎習ᄒᆞᄂᆞ디 參領 張鳳煥 씨가 主務ᄒᆞᆫ다더라." 『황성신문』, 1902.8.15.
2 조영규, 『바로잡는 협률사와 원각사』, 민속원, 2008, 75~78면 참고.

협률사가 극장의 대표성을 갖게 되면서 이미지화된 것으로 보인다. 전자의 협률사는 '協律社'로, 후자는 '協律司'로 표기된다.

후자의 협률사와 관련하여 주목할 일은 칭경예식을 치르기 위해 이 기관이 주도하여 기생을 모집[3]했다는 점이다. 교방사가 궁중음악에 관한 일을 관장했던 기관이었기에 협률사 역시 칭경예식에 필요한 여악 관련 일을 담당했던 것이다.

칭경예식은 한 달 남짓 남은 상황에서 전염병이 도는 바람에 다음 해 봄으로 연기되었고, 이에 희대는 상업극장으로의 변신을 도모하기 시작했다. 1902년 12월 4일 일반인을 상대로 한 "소춘대유희小春大遊戱"[4]라는 공연이 희대에서 기획되었는데, '소춘대小春大'는 희대를 가리키는 이름[5]으로 '소춘대유희'란 결국 희대에서 하는 유희를 가리키는 말이었다. 이날의 공연은 기사로 소개되지 않았지만 같은 달 16일에 열린 연희 단체 '협률사'의 공연에서 대강을 짐작해 볼 수 있다.

　협률이라 ᄒᆞ는 뜻슨 풍악을 ᄀᆞ초어 노리ᄒᆞ는 회샤라 홈이니 맛치 쳥인의 창시와 ᄀᆞ혼 거시라. 외국에도 이런 노리가 만히 잇ᄂᆞ니 외국에셔 ᄒᆞ는 본의

3　"妓司新規 傳說을 聞ᄒᆞᆫ 則 近日 協律司에셔 各色 娼妓를 조직ᄒᆞᄂᆞᄃᆡ 太醫院 所屬 醫女와 尙衣司 針線婢 等을 移屬ᄒᆞ야 名曰 官妓라 ᄒᆞ고 無名色 三牌 등을 幷付ᄒᆞ야 名曰 藝妓라 ᄒᆞ고 新音律을 敎習ᄒᆞᄂᆞᄃᆡ 또 近日 官妓로 自願 新入者가 有ᄒᆞ면 名曰 預妓라 ᄒᆞ고 官妓 藝妓之間에 處ᄒᆞ야 無夫治女를 許付ᄒᆞᄂᆞᄃᆡ 勿論 某人ᄒᆞ고 十人, 二十人이 結社ᄒᆞ고 預妓에 願入ᄒᆞᆯ 女子를 請願ᄒᆞ면 該司에서 依願許付ᄒᆞᆯ 次로 定規ᄒᆞ얏다더라" 『황성신문』, 1902.8.25.
4　"本社에셔 小春大遊戱를 今日 爲始ᄒᆞ오며 時間은 自下午六点으로 至十日点까지요 等要는 黃紙上等要에 價金이 一元이오 紅紙中等要에 價金 七十錢이오 靑紙下等要에 五十錢이오니 玩賞ᄒᆞ실 內外國 僉君子 照亮來臨ᄒᆞ시되 喧譁와 酒談과 吸煙은 禁斷ᄒᆞᄂᆞᆫ 規則이오니 以此施行ᄒᆞ심을 望홈 光武六年二月二日 協律社 告白." 『황성신문』, 1902.12.4.
5　'희대'는 귀빈 대접을 하는 극장이라는 뜻의 중국어 일반명사이며, '소춘대'는 1902년 지어진 희대의 이름(고유명사)이었다. 조영규, 앞의 책, 55면.

는 종찻 말ㅎ려니와 이 회샤에셔는 통히 팔로에 광ᄃ᠁와 탈군과 소리군 츔군 소리픠와 남ᄉ당 ᄊ디조군 등류를 모하 합이 팔십여명이 ᄒ집에셔 숙식ᄒ고 논다는ᄃ᠁ 집은 별돌반 양졔로 짓고 그 안헤 구경ᄒ는 자쳐를 삼등에 분ᄒ야 상등 쟈리에 일원이오 즁등에는 칠십젼이오 하등은 오십젼 가량이라. ᄆ᠁ 일 하오 여섯시에 시작ᄒ야 열흔시에 긋친다ᄒ며 ᄒ는 노름인즉 가진 풍악을 가초고 혹 츈향이와 리도령도 놀니고 쌍쥴도 타며 탈츔도 취고 무동픠도 잇스며 기외에 ᄯ 무슴픠가 더 잇는지는 ᄌ셰치 안으나 대기 이상 멷 가지로만 말ᄒ야도 풍악의계와 가무의 련슉흠과 의복과 물건 차린거시 별로 보잘거슨 업스니 과히 초초치 아니ᄒ며 츈향이 노리에 이르러는 어사츌도 ᄒ는 거동과 남녀 맛나노는 형상 일판을 다각각 졔복식을 ᄎ려 놀며 남원일읍이 흡샤히 온 듯 하더라 ᄒ며 망측 긔괴흔 츔도 만흔 즁 무동을 세층으로 타는 거시 ᄯ흔 쟝관이라 ᄒ더라.

—『제국신문』, 1902.12.16

먼저 협률사는 광대와 탈꾼, 소리꾼, 춤꾼, 소리패와 남사당, 땅재주꾼 등 다양한 장르의 민간 연희패들이 모인 집단임을 알 수 있고, 이들의 공연 종목 또한 춘향이와 이도령, 쌍줄, 탈춤, 무동패 등 민속 연희 레퍼토리들에 집중되어 있음을 확인할 수 있다. 특히 협률사 공연자들은 복장이나 매너에 신경 쓰기보다 관객을 위한 통속적 볼거리에 치중했다는 점에서, 왕실이 아닌 일반 대중을 주관객으로 한 흥행 단체임을 보여주고 있다.

칭경예식이 연기된 극장 희대는 흥행극장으로의 변신을 도모하면서 흥행 단체를 기획하였다. 오늘날 극장 '희대'와 혼동되고 있는 '협률사協

律社'는, 칭경예식을 위해 기왕에 모집되었던 기생들[6]과 이후 모집된 창부倡夫,[7] 그리고 그밖에 다양한 예인들을 추가하여 구성된 흥행 단체이다. 희대에서는 협률사를 구성한 뒤 위와 같은 흥행 공연을 개최했다.

협률사가 활동하던 극장 희대는 1904년 3월 중순경 폐지[8]되었다. 그러다 1906년 초에 다시 복설復設[9]되었고 1907년에는 관인구락부의 공연장으로 사용하다가 1908년부터는 원각사圓覺寺라는 이름으로 운용되었다. 중요한 점은 복설된 협률사부터 원각사에 이르는 시기에는 극장 희대가 모두 사영私營으로 운영되었으나 '왕실극장'이라는 타이틀을 내세워 행세[10]했다는 점이다. 관기官妓들은 여전히 복설 협률사와 관인구락부, 원각사 공연에 동원되었으며, 김창환을 비롯한 당시 최고의 창부들과 다수의 가기歌妓들이 원각사의 전속全屬으로 활동하였다. 20세기 전반기에 활동한 창부들이 증언하듯 소위 '원각사 시절은 가장 호화스러웠던 때'[11]로 알려져 있지만, 원각사의 운영주체들이 당시 실권을 쥐고 있던 일본인 및 친일파들이었다는 점에서 극장 운용의 목적과 공연의 내용들은 다시금 의미를 짚어볼 일이다. 특히 원각사 설립 후 사장을 역임하고 퇴임 이후로도 원각사에 깊은 관여를 했던 안순환安淳煥(1871~1942)에 주목할 필요가 있는데, 그는 궁내부에 소속되어 궁중의 연희와 음식을

---

6   칭경예식을 위해 모집된 기생은 두 차례 나타난다. 첫 번째는 삼패도가(三牌都家)를 구성하여 모집한 기생(『제국신문』, 1902.8.15)이고, 두 번째는 교방사의 다른 이름 협률사(協律司)에서 각색 기생 부류들을 모집(『황성신문』, 1902.8.25)한 경우다.
7   「倡夫歌債」, 『황성신문』, 1902.10.31.
8   조영규, 앞의 책, 110면.
9   「律社復設」, 『제국신문』, 1906.2.24.
10   복설 협률사, 관인구락부 시절 및 원각사 시절의 희대는 사영으로 운영되었으나 모두 황실을 사칭하면서 부당한 운영을 하였다. 이 극장에 관여된 자본, 운영 관계자들은 대개 일본인, 친일파들로 구성되었다. 자세한 내용은 위의 책, 112~192면 참고.
11   이동백·한성준, 「가무의 제문제」, 『춘추』 2-2, 조선춘추사, 1941.3, 151면.

관장하던 전선사典膳司의 과장[12]이었다. 1900년대 초 그가 운영하던 요리점 명월관明月館에 기생들이 공연을 하고 있었던 배경은,[13] 안순환이 전선과장이라는 자신의 지위를 이용해 원각사 및 궁내부에 소속된 기생들을 일본에서 도입된 기업妓業 공간인 요리점에서 활동하도록 매개자의 역할을 했기 때문이라 할 수 있다. 조선의 관기들은 20세기 이후 일본의 기업 방식인 '기생조합—요리점' 시스템에 적응하도록 변화되었는데, 이렇듯 '요리'와 '기생가무'가 결합된 요리점에서의 활동은 일제의 일방적 강압이라기보다 조선의 '궁중요리'와 '연희'를 담당하던 궁내부 전선과장인 안순환의 조력이 개입되었다는 점에서 20세기 전반 조선연예에 관여한 조선인들의 의미도 새롭게 조명되어야 할 것으로 본다.

2. 사설극장의 전속 공연자들과 공연 양상

희대가 관인구락부로 지정된 1907년 무렵에는 광무대, 단성사, 연흥사, 장안사와 같은 사설 흥행극장이 속속 생겨나기 시작했다. 이 사설극장들 역시 극장에 전속 공연자를 두고 흥행 영업을 했는데 무엇보다 전속기생들의 출신이 대개 지방에서 상경한 동기童妓들이었다는 점이 눈길을 끈다. 1914년『매일신보』의「예단일백인藝壇一百人」에 의하면 광무대

---

12 『대한매일신보』, 1908.12.18.
13 『대한매일신보』, 1907.11.28;『매일신보』, 1910.12.8;『매일신보』, 1915.4.27 등.

의 옥엽·산옥, 장안사의 금홍·초향, 단성사의 이화 등은 지방에서 올라온 기생[14]으로 확인된다.

극장 측에서 전속으로 활동할 기생들을 지방 출신 동기들로 뽑은 이유는, 당시 서울 활동 기생들은 유부기有夫妓, 무부기無夫妓의 형태로 민간에서 기업 활동을 하고 있었고, 한편으로는 세습(교방 출신)이 아닌 일반 기생들에게 극장에서 흥행하는 가무를 가르치는 일이 쉽지 않았기 때문으로 보인다. 극장에서 흥행했던 가무들은 관기들의 레퍼토리 뿐 아니라 재인·창부들의 것이 다수였기 때문에, 정악正樂에 익숙한 장성長成한 관기 출신보다는 어린 동기들이 더 적합했다고 여겨진다. 단「예단일백인」에 기재된 동기들의 상경 시점이 대략 10대 초반인 것을 보면, 전속기생들은 당시 스스로 상경했다고 보기는 어렵고 극장 전속창부 또는 그들의 인맥을 통해 서울로 진출했을 가능성이 커 보인다.

이 공연장에서는 환등·연쇄극·영화·활동사진 등의 근대물과, 판소리·재주·줄타기 등의 전통물, 그리고 판소리를 근대화한 창극唱劇이 연행되고 있었다. 이처럼 전통예술을 자원으로 한 레퍼토리들은 이미 1900년대 초 협률사부터 연행되었던 것이고, 사설극장 역시 다양한 신·구의 공연물들을 올렸다. 관기의 춤, 재인들의 소리와 재주 등의 전통연희 종목들은 과거 일반인들이 흔히 볼 수 있었던 감상물은 아니었기에 극장 설립 초반에 큰 인기를 끌었던 것으로 보인다. 그러나 시

---

14 옥엽은 9세부터 대구기생조합에서 공부하고 11세에 경성으로 올라오는 즉시로 광무대에 매일 출연했으며, 산옥은 경기도 수원 태생으로 8세부터 각종 가무를 연습하다가 9세에 경성으로 올라와 연흥사에서 승무로 이름을 얻었다. 그러나 다시 고향으로 내려갔다가 다시 11세에 상경하여 광무대에 출연했다는 사연을 밝히고 있다. 초향과 이화는 대구 출생이다. 단성사에 출연하는 채희는 11세에 올라온 것으로 보이며, 장안사에 출연하는 초향은 13세에 상경했다.

간이 지날수록 레퍼토리 개발이 요구되었고 극장은 새롭고 더 다양한 볼거리를 구상해야 했다. 극장은 대중들의 호응에 민감한 곳으로서 반응이 시들어지면 공연물에 변화를 준다. 따라서 기생도 대중의 기호를 고려하여 점차 창작이나 근대화된 작품을 보이게 되었던 것이다.

이렇듯 대중성에 부응하며 전통공연물에 새로움을 더해갔던 극장에서, 1913년과 1914년 사이에는 다시 구극舊劇 중심의 레퍼토리가 흥행되어 눈길을 끈다. 1913년 12월에서 1914년 9월에 이르는 시기에는 연흥사를 제외한 장안사·단성사·광무대에서 구극, 즉 전통연희물을 올렸는데, 이들 극장에서 모두 '기생'[15]을 흥행 공연자로 앞세웠다는 점이 흥미롭다. 기생을 내세운 이유는 기생이 당시 최고의 인기를 구가하던 공연자였기 때문이다. 이 배경에는 1913년에 관기 출신들이 본격적으로 기생조합을 결성하여 활동한 사실을 상기할 필요가 있다. 당시 서울에서 활동한 관기 출신들(유부기, 무부기)은 1913년 2월에 기생조합(광교조합, 다동조합)을 결성하여 본격적인 조합 시스템 체제로 돌입하였다. 이에 일반인들을 대상으로 기생들의 기업 활동이 본격화되면서 기생에 대한 대중들의 관심이 크게 상승되었다. 사설극장들은 높아진 기생에 대한 관심을 흥행 영업에 이용한 것이라 할 수 있다.

주의할 점은 이 전속기생들은 극장에 소속된 공연자로서 당시 극장에서 흥행하던 연희물, '구극'을 공연했다는 것이다. 1913년대 말에서

---

15 이 시기에는 대부분 기생 연희자를 대표성 있게 내세우고 있는데, 한 예로 『매일신보』 1914년 5월 12일의 「演劇과 活動」의 기사를 참고하면 "광무딕(光武臺) 쟝쯔고분지탄 쌍지조 산옥 옥엽의 병창 판소리 여월의 승무 금션의 셩쥬푸리 기타, 연흥샤(演興社) 현신단 림셩구 일힝의 신파연극 흥힝, 쟝안샤(長安社) 효양가 검홍의 슈심가 무동 요슐 안락무 희션의 판소리 기타, 단셩샤(團成社) 슈즁가 치란의 판소리 리화의 승무 식타령 검무 무동 기타"를 들 수 있다.

1914년 후반 극장에서 내세운 구극, 즉 전통연희물에는 판소리, 땅재주, 줄타기, 탈노름, 병창, 민속춤, 잡가 등 전근대 시기에 유행하던 각종 민속연희 프로그램들이 구성되어 있었으며 본래 관기들의 레퍼토리인 정재는 찾아보기 어렵다.

〈표 1〉과〈표 2〉는 1913~1914년 전통연희가 흥행하던 당시 전속기생들의 춤 종목[16]을 각 극장별로 정리한 것인데, 이를 통해 극장 전속기생과 조합기생과의 춤을 비교해 볼 수 있을 것이다. 표를 보면 각 극장별로 연행된 기생들의 춤 종목이 각기 달랐음을 알 수 있다. 장안사에서는 가장 여러 종목을 연행했고, 단성사와 광무대는 상대적으로 적었다. 그러나 자세히 살펴보면, 장안사는 당시 기생조합의 춤과 유사한 종목이 많이 발견되고, 단성사와 광무대는 서로 겹치는 종목이 많았다.

이에 다시 장안사와 기생조합의 춤을〈표 3〉에, 단성사와 광무대의 춤을〈표 4〉로 정리하였다. 장안사에서 공연된 춤 종목은 1912년의 우대기생[17]과 시곡기생, 그리고 1914년의 광교조합과 시곡신창조합과 유사한 종목이 상당수 발견된다.[18] 장안사 전속기생들은 궁중무용(정재)을 전혀 추지 않고 민속춤과 근대춤 만을 연행했는데, 조합기생과 겹치는 종목을 살펴보면 '관기 출신'인 우대기생(1912)과 광교조합

---

16 이상은 김영희 『『매일신보』 전통공연예술 관련기사 자료집』 1(보고사, 2006, 101~140면)에서 1913년 12월 18일부터 1914년 9월 2일까지의 기사를 토대로 작성했다.
17 우대기생은 관기, 그 중에서도 경기를 가리키는 것으로 보인다. 우대기생에 대한 설명은 본서 2장 2절을 참고.
18 이 시기에 관기 출신 기생조합은 광교조합과 다동조합이 있었으나, 다동조합은 1912년대에 극장에서 적극적인 활동을 보이지 않았다. 다동조합 기생이 처음 극장에서 공연을 선보인 시기는 1914년 6월 3일로 대중의 큰 관심을 모았지만, 이날 공연된 종목은 소개되지 않아 알 수 없다. 이후로도 '무부기조합 연주회'는 신문에 간혹 광고되었지만, 당시 조합기생들의 공연 종목이 지면에 소개된 반면 무부기조합은 없었던 점도 특이한 사실이다.

〈표 1〉 1913년 12월부터 1914년 9월까지 사설극장에서 공연된 기생들의 춤 종목

공연 종목 \ 극장	장안사	단성사	광무대
승무	(1914년) 2월-11 20 22 24 26 3월-5 10 11 18 4월-16 5월-14 6월-5 6 7 9 10 11 13 16 17 27	(1914년) 4월-30 5월-5 12 14 23 31 6월-2 14 16 17 18 19 21 23 25 26 27 28 7월-3 14 16 19	(1913년) 12월-18 (1914년) 1월-21 27 28 5월-12 28 7월-19 8월-6 8 9 11 12
쌍승무	(1914년) 3월-17 6월-7	·	·
검무	(1914년) 5월-23 6월-9 27 16 17	(1914년) 5월-12 23 31	(1914년) 6월-13 14 18 19 20 21 24 25 26 28 7월-3 14 25 8월-4 5 6 8 12 13 9월-2
승검무	(1914년) 5월-28	·	·
승진무	(1914년) 5월-5	·	·
승선안락무/ 안락무	(1914년) 4월-30 5월-12 14	·	·
법고	·	(1914년) 6월-16 17 18 28	(1914년) 5월-28 6월-27 8월-6 9월-2
한량무	(1914년) 6월-28	·	(1914년) 3월-14 17 18 5월-5 28 6월-4 5 6 9 10 13 16 17 19 23 24 25 26 7월-19
삼락무	(1914년) 6월-21 23 24 25 26 28	·	·
던긔불춤	(1914년) 6월-21 23 24	·	·

종목명 〵 극장	장안사	단성사	광무대
승무	22	22	12
쌍승무	2	·	·
검무	5	3	20
승검무	1	·	·
승진무	1	·	·
승선안락무/안락무	3	·	·
법고	·	4	4
한량무	1	·	19
삼락무	6	·	·
던긔불춤	3	·	·

〈표3〉 1913년 12월부터 1914년 9월까지 장안사와 기생조합의 춤 종목 비교 표

시기	1912		장안사	1914	
기생 소속	우대기생[19]	시곡기생[20]		광교조합[21]	시곡신창조합[22]
정재	장생보연지무 항장무 헌반도 무고 검무	무고 가인전목단 검무 포구락	승무 쌍승무 검무 승검무 승진무 승선안락무/안락무 한량무 법고 삼락무 던긔불춤	항장무 선유락 무고 가인전목단 포구락 장생보연지무 향령무 검무 사자무	항장무 선유락 가인전목단 장생보연지무 포구락 무고 검무 사자무
민속춤	팔선무 승무 (서민)안락무	남무 남무박지 성진무/승진무 승무 팔선무 앵접무 배무		서민안락무 승무	성진무 승무 남무
근대춤	전기춤 호접무 나비춤 전기호접무	전기무 전기호접무		·	·

〈표4〉 1913년 12월부터 1914년 9월까지 단성사 광무대 춤 공연 종목

극장	단성사	광무대
춤 종목	승무 검무 법고	승무 검무 법고 한량무

(1914)에서는 〈검무〉·〈승무〉·〈안락무〉가, '삼패 출신'인 시곡기생 (1912) 및 시곡신창조합(1914)에서는 〈검무〉·〈승무〉·〈승진무〉가 나타난다. 또한 1912년 우대기생과 시곡기생들의 추었던 〈전기호접무〉나 〈전기춤〉과 유사한 〈전기불춤〉도 보이며 〈검무〉와 〈승무〉를 변형·재창작한 〈쌍승무〉, 〈승검무〉도 보이고 〈삼락무〉와 같은 창작춤도 눈에 띈다.

극장 전속기생들은 1914년 당시 극장과 기업 활동으로 주목받고 있던 조합기생들의 영향을 받지 않을 수 없었을 것이다. 하지만 장안사의 전속기생들의 춤 종목에는 정재는 전무全無하고 민속춤, 전통창작춤 종목들만 보이고 있다. 특히 1914년 초에는 광교기생뿐 아니라 시곡신창조합기생까지 정재 종목을 크게 증가시켜 가고 있었는데[23] 그럼에도 그 추세를 따르지는 않았던 이유는 극장이 대중을 대상으로 흥행을 추구했던 공간이었기 때문이다. 장안사의 전속기생들은 조합기생들의 레퍼토리를 재연하는 경향이 강했지만, 보다 새롭고 역동성 있는 종목을 택한 것으로 보인다.

한편 단성사와 광무대는 〈승무〉, 〈검무〉, 〈법고〉가 동일하게 추어지고 있었다. 그러나 자세히 살펴보면, 단성사에서는 〈승무〉가, 광무대에서는 〈한량무〉가 유독 많이 추어졌다. 이런 점에서 단성사가 조합기생

---

19 우대기생이 1912년 4월 30일부터 1912년 5월 12일까지 단성사 강선루 공연에 참여하여 춘 춤 종목.
20 시곡기생이 1912년 5월 13일부터 5월 26일까지 단성사 강선루 공연에 참여하여 춘 춤 종목. 단 13일 기사는 신문에 실리지 않아 15일부터 확인할 수 있다.
21 『매일신보』 1914.1.28.
22 『매일신보』 1914.2.10.
23 『매일신보』, 1914.2.10. 정재 종목의 증가는 관기 출신인 무부기들의 기업 활동 합류가 원인으로 보이는데, 이에 대해서는 본서 2장 2절에서 다루었다.

의 춤 종목과 가깝고, 광무대는 새로운 종목을 추구했다고 해석할 수도 있다. 그러나 단성사가 기생들의 춤을 내세우기 시작한 시기가 장안사와 광무대의 시기보다 상대적으로 늦기[24] 때문에 단성사는 이 두 극장의 춤 종목을 탄력적으로 수용했을 가능성이 커 보인다. 단성사는 다른 극장보다 비교적 늦게 시작했지만 〈승무〉에 뛰어난 기생 이화梨花[25]를 영입하여 흥행을 도모하기 시작했다고 볼 수 있다.

광무대의 춤 종목은 좀 더 눈여겨 볼 필요가 있다. 광무대에서는 〈승무〉가 적게 나타나는 반면 〈검무〉와 〈한량무〉의 비중이 높다. 단성사처럼 〈법고〉가 보이는데, 앞서 언급한 대로 단성사가 장안사와 광무대의 흥행 양상을 따르고 있는 것이라면 〈법고〉는 광무대에서 시도한 종목이거나 기존에 있던 종목을 광무대에서 무대화한 것으로 짐작해 볼 수도 있다. 〈한량무〉는 일찍이 1908년 5월 28일 광무대[26]에서 추어진 종목 중에 하나로, 다시 추어졌다는 점에서 눈길을 끈다. 같은 날 광무

---

24 〈표 1〉에서 알 수 있듯, 단성사에서 〈승무〉는 1914년 4월 30일에 처음 기사가 보이며, 〈법고〉는 1914년 6월 16일에, 〈검무〉는 1914년 5월 12일에 나타난다. 장안사에서 〈승무〉는 1914년 1월 21일에, 〈검무〉는 1914년 5월 23일에 보인다. 광무대에서 〈승무〉는 1913년 12월 18일에, 〈법고〉는 1914년 5월 28일에 〈검무〉는 1914년 6월 1일에 처음 기사가 등장한다. 따라서 〈승무〉와 〈법고〉는 광무대에서 가장 먼저 추었고, 〈검무〉는 장안사에서 가장 먼저 추어졌음을 알 수 있다.

25 "평싱의 빈혼 직됴를 흔번 자랑코져 박팔괘와 싹을 지여 경셩에 올나온 후 쳐음으로 모딘에 올나 춤츄고 노릭홀격마다 여러 사룸의 환영이 물쓸 듯 갈치ᄒᆞᄂᆞᆫ 소릭가 우뢰굿홀 째에 (…중략…) 이 세샹 승무 중에는 아마 박리화의 승무가 아조 뎨일이라ᄂᆞᆫ 평판이 쟈쟈ᄒᆞ도다." 『매일신보』, 1914.5.28.

26 "特別大廣告」東大門 內 光武臺에셔 陰 本月 二十七日브터 諸般 연예를 一新 改良ᄒᆞ야 古今 奇絶흔 事를 摹倣ᄒᆞ고 聖世風流를 敎演 擴張ᄒᆞ야 僉君子의 性情과 眼目에 感發 愉快케 玩賞品을 設備ᄒᆞ얏ᄉᆞ오니 及期 光臨ᄒᆞ심을 敬要 順序 관기남무(官妓南舞), 가인전목단(佳人剪牧丹), 검무(劍舞), 이화무(梨花舞), 승무(僧舞), 한량무(閑良舞), 셩진무(性眞舞), 시사무(矢射舞) 무고(舞鼓), 전기광무(電氣光舞), 지구무(地球舞), 무동(舞童), 항장무(項莊舞)." 『황성신문』, 1908.5.28.

대에서 추어진 〈성진무〉, 〈남무〉는 이후 꾸준히 공연된 반면, 〈한량무〉는 1908년 광무대에서 공연된 이후 등장하지 않다가 1914년에 다시 왕성하게 추어지기 시작했다는 점에서 특이하다. 어쨌든 1914년에 다시 선보인 〈한량무〉[27]는 흥행된 사실을 알 수 있으며, 무엇보다 (장안사 1회 공연을 제외하고) 다른 극장에서는 찾아볼 수 없다는 점은 광무대의 연기자가 특출한 재주를 소지하여 관객을 독점했거나 광무대에서 연출한 독창적인 춤이라고 해석해 볼 수도 있다.

광무대가 〈한량무〉처럼 자체의 독자적인 춤을 개발하거나 무대화에 주력했을 가능성은 광무대에서 활동했던 공연자 이동안(1906~1995)[28]의 증언을 통해서 짐작해 볼 수 있다.

나는 광무대에서 쓰는 무용만 했지. 승무, 검무, 한량무, 태평무, 노장무, 선진무, 희극무, 화랑무, 병신춤, 성진무, 승전무, 춘향무, 화관무, 화선무, 바라무, 나비춤, 장검무, 스물한 가지 밖에 안 돼.

— 『수원 근·현대사 증언 자료집』 III, 수원시, 2005, 157~158면[29]

가장 잊을 수 없는 스승은 내가 현재 간직하고 있는 30여 종의 춤을 가르

---

27 광무대에서의 〈한량무〉는 주로 산옥과 옥엽이 추었다. 기사를 살펴보면, 『매일신보』 1914년 6월 6일의 "광무데 춘향가 산옥 옥엽의 한량무 쌍지조 무당의 넉타령 줄타ᄂᆞᆫ 지조(…후략…)"의 기사가 있으며 그 외에 1914년 3월 14일, 3월 18일 등 다수가 있다.

28 이동안은 경기도 화성 출신이다. 1983년 중요무형문화제 제79호 〈발탈〉의 기능 보유자로 지정되었다. 그는 경기도 재인청의 도대방을 지낸 조부 이하실과 부친 이재학의 집안에서 태어났다. 14세 때 남사당패에 홀려 무단 가출을 하면서 본격적으로 예인의 길로 들어섰으며, 1920년에 광무대에 들어가 극장에 출연하기 시작했다. 이규원, 정범태 사진, 『우리가 정말 알아야 할 우리 전통예인 백 사람』, 현암사, 1995, 425~426면.

29 손태도, 『우리 무형문화재의 현장에 서서』, 집문당, 2008, 231면에서 재인용.

친 재인청 출신이며 춤 명인이었던 김인호 선생인데, 그 어른에게서 춤뿐만 아니라 장단까지 고스란히 물려받았다.

―『수원 근·현대사 증언 자료집』 III, 수원시, 2005, 122~123면[30]

이동안은 1920년대까지 전통연희 흥행을 주도했던 광무대[31]에서 활동한 예인이다. 이 많은 종류의 춤이 모두 광무대에서 추어졌을지 의문이 가기도 하지만, "광무대에서 쓰는 무용"은 분명 존재했던 것으로 보인다. 중요한 점은 광무대에서는 상당히 여러 종류의 춤이 추어졌다는 사실이고, 그 춤은 이동안과 같은 재인들에 의해서 주도되었다는 것이다. 이동안에게 춤을 가르쳐 주었던 김인호는 용인 태생이자 조선 후기 재인청 출신이다. 재인청에서 연행되었던 춤들이 근대식 극장에 올려지면서 새롭게 무대화되어졌음을 짐작할 수 있다.

김인호는 이 시기 광무대의 공연 기사에 종종 확인된다는 점에서 매우 흥행성 있는 연희자였음을 추측할 수 있다. 그는 당시 신문에 〈땅재주〉, 〈재담〉, 〈중타령〉, 〈중춤〉, 〈주리타령〉, 〈우습거리〉, 〈법고〉, 〈탈노름〉 등의 연희자로 소개되고 있으며, 춤 종목으로는 〈중춤〉과 〈법고〉, 〈탈노름〉[32] 등을 공연한 것이 확인된다. 눈길을 끄는 점은 이동안

---

30 위의 책, 231면에서 재인용.
31 1920년대에는 기생조합이 전통물을 상연하는 단체로서의 성격을 잃어가고 전통연희를 주로 공연하는 극장들도 점차 자취를 감추어갔다. 1920년대 이후는 거의 유일하게 광무대가 전통연희 극장으로서 대표성을 띠며 유지했는데, 1924년 무렵부터는 광무대도 다른 신파극 단체에 대관을 해주기도 하다가 1928년 권상장으로 자리를 옮겨가 흥행하다가 사라졌다. 백현미, 『한국창극사 연구』, 태학사, 1997, 168면.
32 〈중춤〉, 〈법고〉, 〈탈노름〉은 각각 『매일신보』 1914년 4월 22일, 6월 27일, 7월 3일 기사에서 확인된다. 손태도, 앞의 책, 233면 참고.

은 광무대 시절 김인호에게 춤과 춤 장단만 배운 것이 아니라, 김관보金官寶에게 줄타기를, 장점보張點寶에게 대금과 피리, 해금을 배웠으며, 방태진方泰鎭에게 태평소를, 박춘재朴春在에게 발탈을, 조진영趙鎭英에게 남도잡가를 배웠다는 사실이다.[33] 이는—당시 기사에는 기생 중심으로 이름이 기재되고 재인은 거의 드러나지 않고 있지만— 이동안과 같은 전통예인들이 직접 공연했을 가능성을 충분히 시사하고 있다. 특히 이동안이 광무대에서 활동하던 1920년대에는 전통연희 공연장으로서 광무대가 유일했으므로, 전통춤에서 또한 다양한 볼거리를 제공하는데 노력했을 것으로 생각된다.

이동안의 증언에서 주목할 점은, 춤의 연출이나 교육을 담당한 대상이 남성 연희자였다는 점이다. 이러한 점에서 1915년 시정오년기념조선물산공진회施政五年記念朝鮮物産共進會에 참여한 광무대 전속연희자들의 춤도 주목하여 살펴볼 필요가 있다.

광대의 죠합셜립

경셩부 훈졍동 등디에 셜립ᄒ 경셩구파비우조합(京城舊派俳優組合)은 그 동안 당국에 쳥원 승인된 후 지나간 이십륙일 경셩 광무디와 연흥샤 두 곳에 잇ᄂ 남녀 비우 일동과 기타 비우 등이 만히 모혀 쟝리에 리힝ᄒ야 갈 수무 분쟝을 ᄒᆼᄒ얏다ᄂ디 김챵환 리동빅은 션싱으로 조합쟝은 쟝지욱 부조합쟝은 김인호 김봉이로 뎡ᄒ얏고 기타 총무ᄂ 죠양운 한문필 등으로 스찰은 곽쳔희로 모다 분쟝ᄒ 후 쟝리에 아모죠록 졍신을 찰여 남의 치욕을 면ᄒ고

33 이규원, 정범태 사진, 『우리가 정말 알아야 할 우리 전통예인 백사람』, 현암사, 1995, 427면.

잘 슈신ᄒᆞ야가미 죠합 발젼의 긔쵸라고 강지욱의 셜명이 잇셧다ᄂᆞᆫ듸 그 죠합

일톄 ᄉᆞ무의 장리ᄂᆞᆫ 이젼에 경험 만흔 윤병두가 분장ᄒᆞ야 본다더라.

— 『매일신보』, 1915.4.1

축시정오년기념물산공진회 조선구파연극[34] 특별광고

연극하는 절차 연극과목예제

심청가 삼회, 수궁가 삼회, 영남루(嶺南樓) 삼회, 춘향가 삼회, 삼남교자

십오회, 박타령 삼회, 황공자극 이회, 효양가 삼회, 삼국지연극 이십일회, 수

호지연극 이십삼회, 김태자연의 오회, 은세계 오회, 황학루이삼극 이회, **오**

동봉황무, 부용호접무, 쌍고사승무, 전뢰별검무, 창부별가무(唱夫別歌舞)셩주푸

리, 죽림칠현무, 요지(瑤池)대연실영(實影)연의, 좌창안진소리, 승도(繩渡),

쌍가야금, 地才땅재쥬, 수심가, 입창션소리, 六子歌律자배기, 鳥打鈴새타령,

僧打鈴중타령, 배다라기, 줄재주, 각 곡예 (…중략…)

산두도감 탈노리 가면무－엄계월, 김채란, 박이화, 염계향, 박금홍, 김해션, 박

월션, 김계션, 엄금션, 이금희 (…후략…)[35]

위 기사에는 1915년 시정오년기념조선물산공진회(이하 '시정오년공진

회')에 참가한 경성구파배우조합京城舊派俳優組合의 공연 종목이 적시되어

있다. 경성구파배우조합은 1915년 시정오년공진회에 공연하기 위해서

---

34 조선구파연극이란 조선구파배우조합의 연극을 말하는데 조선구파배우조합은 경성구
    파배우조합이다.
35 「축시정오년기념물산공진회 조선구파연극 특별광고」 팜플릿. 이진원, 「조선구파 배우
    조합 시정오년기념물산공진회 참여의 음악사적 고찰」, 『한국음반학』 13, 한국고음반연
    구회, 2003, 52면 참고.

결성[36]되었는데 위 예문에서 알 수 있듯 이 조합의 구성원은 당시 광무대와 연흥사에 소속된 연희자들이 중심이었다. 그러나 1914년 당시 연흥사에서는 신연극(신파극)을 중심으로 공연[37]하고 있었기 때문에, 이 날 신연극을 제외한 나머지 연희들은 주로 광무대 연희자들이 주도했을 가능성이 크다.

이 날의 공연 종목으로는 〈심청가〉, 〈수궁가〉, 〈춘향가〉, 〈삼국지연극〉, 〈박타령〉, 〈삼남교자〉, 〈황공자극〉, 〈수호지연극〉, 〈김태자연의〉, 〈황학루〉, 〈효양가〉 등의 신연극과 〈좌창〉, 〈쌍가야금〉, 〈수심가〉, 〈입창〉, 〈육자배기〉, 〈새타령〉, 〈중타령〉, 〈배다라기〉 등의 가창 및 기악 연주, 그리고 〈줄타기〉, 〈땅재주〉, 〈줄재주〉, 각종 곡예와 잡희가 준비되어 있었다. 춤은 〈오동봉황무〉, 〈부용호접무〉, 〈쌍고사승무〉, 〈전뢰별검무〉, 〈창부별가무성주풀이〉, 〈죽림칠현무〉가 공연되었다.

〈오동봉황무〉와 〈부용호접무〉는 이전에 보이지 않던 작품들인데 시정오년공진회를 위해 새로 창작된 작품일 수 있다. 〈쌍고사승무〉는 두 개의 북과 네 개의 〈승무〉를 결합시켜 기존의 작품을 재구성한 작품으로 보이고, 〈전뢰별검무〉는 검무에 특수효과(전뢰電雷)를 주어 근대적인 느낌이 나도록 연출한 것으로 보인다. 〈창부별가무성주풀이〉는 창부들이 성주풀이 노래를 부르며 직접 춤을 추었을 것으로 짐작된다.

이날 전속기생들도 춤을 추었는데 이들이 춘 춤은 〈산두도감 탈노리 가면무〉였다. 남성예인들의 민속춤인 탈춤이 오로지 전속기생들에 의

---

36 靑葉生, 「명창 이동백전」, 『조광』, 1937.3, 168면; 김석배, 「판소리 명창 김창환의 예술 활동」, 『판소리연구』 20, 판소리학회, 2005, 252~253면 참고.
37 백현미, 앞의 책, 92면.

해서 추어졌던 점은, 시정오년공진회에 함께 동원된 조합기생들의 주요 레퍼토리가 정재였기 때문에 이들과 차별화하고자 했던 의도로 파악된다.

극장 전속 공연자들에 있어 특기할 사항은 활동의 레퍼토리와 교습을 담당한 주체는 재인이고 기생은 이를 학습하는 역할로 존재했다는 점이다. 이는 기생이 동기童妓였다는 점과 교수자 위치에 있는 재인들이 이동백, 박춘재, 김인호와 같은 중견 예인이었다는 관계 속에서도 찾을 수 있다. 이러한 관계 구조는 권번에서도 동일하게 나타났는데, 현재 〈살풀이춤〉이나 〈승무〉 같은 민속춤의 계보가 재인 계층에게서 출발한다는 사실로도 알 수 있다. 그러나 이는 근대를 기점으로 형성된 풍경이라 할 수 있다. 전근대 시기 기생들의 가무 교육기관인 교방敎坊에서는 정악을 중심으로 교습되었고 이들의 교육은 수기생이나 중인 계층의 신분이 담당했기 때문이다. 권번은 교방의 춤이 이어지는 곳이기도 했지만, 새로운 민속춤이 생산되는 곳이기도 했다. 그리고 이 민속춤은 한성준, 이동안 같은 재인 계층이 권번의 춤 선생으로 투입되면서 이루어졌다.

제2장
기생의 신분 변동과 삼패의 춤 활동

1. 기생의 신분 및 활동의 변모

1) 일패 · 이패 · 삼패

일반적으로 조선의 전통가무를 계승해 온 기생들이라 하면 '관기'를 떠올린다. 관기들의 주요 직분은 궁중이나 관아에 예속되어 공적인 연향에서 정재呈才를 담당하는 것이었다. 하지만 사적으로 민간에서 기업妓業 활동을 전개하기도 하였으니 이러한 활동은 서울지역에서 나타나는 현상이었다.

관기는 경기京妓와 향기鄕妓로 구분되었는데 경기는 궁중과 서울 민간에서, 향기는 지방관아에서 활동한 기생을 말했다. 그러나 이능화(1869~1943)의 『조선해어화사』(1927)에서는 구한말 서울 민간에서 활동한 기생이 관기(경기) 외에도 두 부류가 더 있었음을 알려주고 있다.

근세(近世)를 가지고 말하자면, 도성 유녀(遊女)의 류(流)에 모두 세 가지 호칭이 있으니 일패(一牌), 이패(二牌), 삼패(三牌)이다. 일패는 기생이요, 이패는 은근자(殷勤者)이며, 삼패는 탑앙모리(搭仰謨利)이니 웃음을 파는 창녀(娼女)가 이에 속한다.[1]

기생이라는 것은 본디 지방 각 고을의 관비(官婢) 중에서 선발하여 노래와 춤을 가르쳐서 여악(女樂)으로 사용하던 것이다. (…중략…) 구한국시대에 기생을 일패라고 했는데, 아마도 기생이 창녀의 '류'에서 제일 윗길이기 때문에 이처럼 이름 한 것일 터이다.[2]

이능화의 글에서 볼 수 있듯 대한제국 시기에는 도성, 즉 서울에서 활동하던 기생으로 일패·이패·삼패가 있었다. 주목할 점은 이 일패·이패·삼패는 본래 있던 명칭이 아니라 '기생(관기)', '은근자', '탑앙모리'라는 이름에 새롭게 부여된 호칭이었다는 사실이다.

은근자와 탑앙모리의 존재는 19세기 문헌에서 확인되고 있다. 다만 은근자는 은근한 활동[3]을 한 탓인지 문헌에는 거의 나타나지 않고[4] 탑

---

1 이능화, 『朝鮮解語花史』(東洋書院, 翰南書林 發行, 1927), 이재곤 역, 『조선해어화사』, 동문선, 1992, 438면.
2 위의 책, 442면.
3 은근자에 대해 이능화는 은밀히 몸을 팔고, 남의 첩노릇하는 류가 많고, 기생 출신이 많다고 하였다. 위의 책, 443면.
4 은근자의 존재는 1860년대 쓰여진 고전소설 「게우사」에서 확인된다. "은군ᄌ 오입ᄒ연 노구老嫗 노와 청ᄒ기와, 아뤼 우딕 쇠쥬가(色酒家)를 (…후략…)"(김종철, 「게우사」, 『판소리 연구』 5, 판소리학회, 1994, 420면). 「게우사」에는 은군자라고 표기되었는데, 이능화는 '은밀히 몸을 파는 은근자가 오늘날 와전되어 은군자(隱君子)로 불리어진다'(이능화, 이재곤 역, 앞의 책, 443면)고 하였다.

앙모리의 존재는 눈에 띄게 발견된다. 단 첫 번째 예문에서 보이듯 탑 앙모리는 '창녀'에 속한다고 했는데, 아래 예문에서 좀 더 자세히 살펴 보도록 한다.

고종 때 박제형이 지은『근세조선정감』에 이르기를 "무릇 기생서방이 되 는 자에 몇 가지 종류가 있다. 대궐 안 각 전(殿)의 별감·포도군관·정원사 령·금부나장·궁가 인척의 겸인(청지기) 및 무사 이외에는 기생서방이 될 수 없었다. 대원군이 명령을 내려서 금부와 정원의 하례는 오직 창녀의 서방 이 되는 것만을 허락하였을 뿐 관기의 서방이 되는 것을 허락하지 않았다" 하였다. (…중략…) 정원사령과 금부나장은 창녀의 서방이 되는 것만을 허 락하고 기생서방이 되는 것은 허락하지 않았으니, 기생과 창녀가 또한 구별 이 있는 것이다. (…중략…) 대원군이 정권을 잡게 되자 비로소 제도를 만들 어서 사처소(四處所) 외입장(外入匠)은 기생서방(妓生書房)이 되게 하고, 정원(政院)과 금부(禁府)의 하례(下隷)는 삼패인 탑앙모리의 서방이 되는 것만을 허락했다.[5]

---

5   이능화, 이재곤 역, 앞의 책, 438~439면.
   "高宗時 人 朴齊炯 述. 近世 朝鮮政監에『凡 爲妓夫者―有 數種ᄒ니 除 各殿別監 捕盜軍官
   政院使令 禁府羅將 以至 宮家戚里之傔人(俗爲 廳直者 是) 及 武士 外에는 槪 不得 爲妓夫
   러니 大院君이 令 禁府政院之隷로 只 許爲娼夫ᄒ고 不許主官妓」云云이라. (…중략…)
   政院使令과 禁府羅將에 只 許爲娼夫. 以不許 爲妓夫ᄒ니 蓋 妓與娼이 亦 有 區別焉이라.
   (…중략…) 大院君이 當國에 始爲 定制ᄒ야 四處外入匠은 爲妓生書房ᄒ고 而政府禁府
   之隷는 只 許爲 三牌搭仰謀利之 書房矣라.』『조선해어화사』(영인한국학자료총서 2), 한
   국학연구소, 139~140면.

무릇 기부(妓夫)로 되는 자는 두어 종(種)이 있다. 각전(各殿)의 별감, 포
도청군관, 정원사령, 금부나장에서 각 궁가와 왕실의 외척 집 청지기 및 무
사(武士)를 제외한 외에는 모두 기부로 되지 못하였다. 대원군이 금부와 정
원하례는 다만 창부(娼夫)로 되는 것을 허가할 뿐 관기의 주인으로 되는 것
은 허가하지 않았다.

—박제형, 이익성 역, 『근세조선정감』, 한길사, 1992, 82면

두 예문은 1886년에 저술된 『근세조선정감』의 기생 관련 내용들이
다. 첫 번째는 『조선해어화사』에서 인용한 『근세조선정감』의 대목이
고, 두 번째는 첫 번째 글에 해당하는 원문이다.

먼저 첫 번째 글에서 주목하여 볼 내용은 '창녀'와 '삼패 탑앙모리'를
동일시하고 있다는 점이다. (이 글에 '삼패'라는 명칭이 나오지만 이 글이 『조선
해어화사』(1927)라는 점에서 이능화가 두 용어를 혼용한 것으로 보인다.) '금부와
정원의 하례는 창녀의 서방'이라고 한 대목과 '정원과 금부의 하례는 삼
패인 탑앙모리의 서방'이라고 한 대목이 일치하고 있기 때문이다. 위 두
글의 골자는 1886년 당시 민간에서는 '기생(관기)'과 '창녀'의 두 부류가
활동하고 있었으며, 이들에게는 각각 기생서방이 존재했는데 기생의 서
방妓夫에는 사처소 외입장이, 창녀의 서방娼夫에는 금부와 정원의 하례가
각각 신분적 조건으로 작용했다는 것이다. 서방娼夫을 두고 활동했다는
사실은 결국 삼패-탑앙모리 역시 활발한 민간 활동을 의미하는 것이라
볼 수 있는데, 창녀와 관련하여 다시 『근세조선정감』에는 다음과 같은
이야기가 실려 있다.

예전 예(例)에 관기(官妓)는 판여(板輿)를 타고 깁 장옷으로 전신을 감싸면서 낯만 내어 놓았다. 창녀(娼女)는 감히 판여를 타지 못해서 관기(官妓)와 구별하였는데 풍속이 점점 문란하여져서 관기(官妓)와 창녀(娼女)를 거의 식별할 수가 없게 되었다. 관기와 창녀가 모두 난교(爛轎)를 타며, 안경(眼鏡)을 쓰고 실로 수놓은 신을 신었는데, 이때에 이르러 다 금단하여, 예전대로 판여를 타고 검은 신을 신도록 하였다. 기생을 머리 없는 것은 본래 객(客)의 뜻에 따라 풍족하기도 박하기도 했는데, 대원군이 백스무 냥으로 정하였다.

— 박제형, 이익성 역, 『근세조선정감』, 한길사, 1992, 81~82면

무릇 마을의 화류계(花柳界) 사정을 대원군이 일일이 관리하니 사람들이 모두 두려워하고 꺼려해서 감히 기생을 청하지 못하고 기생도 또한 불편하게 여겼다. 부호(富豪)한 선비가 교외에 놀이하면서 혹 창녀(娼女)를 데리고 가면, 대원군이 알고 사자(士子)의 명예를 더럽혔다 하여 잡아다가 옥에 가두어버리니, 조신(朝臣)들이 모두 그 일을 좋아함을 비웃었다.

— 박제형, 이익성 역, 『근세조선정감』, 한길사, 1992, 82면

위의 예문에서 알 수 있는 사실은 19세기 후반에 창녀가 기생과 거의 동등한 외양을 갖추고 활동할 정도로 세가 컸다는 점이다. 다만 — 이러한 창녀의 성행과는 무관하게 — 창녀를 데리고 노는 일은 양반의 체면을 손상시키는 행위로 당시 사회적으로 지탄받는 일이었다는 점도 알게 한다. 이런 조선 후기 기생들의 존재 양상은 1900년대 초 기생 모집 기사를 통해 다시 한번 재확인된다.

전설(傳說)을 聞호則 근일 협률사(協律司)에서 각색(各色) 창기(娼妓)를
조직ᄒᆞᄂᆞᄃᆡ 태의원(太醫院) 소속 의녀(醫女)와 상의사 침선비(尙衣司針線
婢) 등을 이속(移屬)ᄒᆞ야 명왈(名曰) 관기라 ᄒᆞ고 무명색(無名色) 삼패(三
牌) 등을 병부(幷付)ᄒᆞ야 명왈(名曰) 예기(藝妓)라 ᄒᆞ고 신음률(新音律)을
교습ᄒᆞᄂᆞᄃᆡ ᄯᅩ 근일 관기(官妓)로 자원(自願) 신입자(新入者)가 유ᄒᆞ면 명
왈 예기(預妓)라 하고 관기예기지간(官妓藝妓之間)에 처ᄒᆞ야 무부야녀(無
夫冶女)를 許付ᄒᆞᄂᆞᄃᆡ 물론 某人ᄒᆞ고 십인, 이십인이 結社ᄒᆞ고 예기(預妓)에
願入ᄒᆞᆯ 여자를 請願ᄒᆞ면 (該司)에서 依願許付ᄒᆞᆯ次로 定規ᄒᆞ얏다더라.

—『황성신문』, 1902.8.25

위 글은 1902년 고종의 재위 40주년 기념 칭경예식을 치르기 위해
이 예식에 필요한 기생을 모집하기 위해 공고한 기사다. 기생을 무작위
로 뽑지 않고 몇 종류로 구분을 하였다는 점이 흥미로운데, '관기官妓',
'예기藝妓', '예기預妓', '무부야녀無夫冶女'가 그것이다. 첫 번째의 예기藝
妓는 '무명색 삼패'로서 신분이 확인되는데, 두 번째의 '예기預妓'와 '무
부야녀'의 신분은 알 수 없다. 다만 이 둘은 관기와 예기藝妓, 즉 관기와
삼패를 기준으로 그 사이에 배속된 부류라는 점만 알 수 있다. 예기預妓
는 관기로 지원할 만큼의 기예가 보장된 기생이었다는 점에서, '남의
첩노릇하는 류가 많고 기생(관기) 출신이 많았던'[6] 이패 은군자의 부류
를 떠올리게 한다. 또한 당시 민간에서의 기업 방식은 기부를 둔 유부
기의 형태였다는 점에서 서방 없는 기생을 가리키는 것으로 보이는 '무

---

6 이능화, 이재곤 역, 앞의 책, 443면.

부야녀' 역시 은근자의 부류로 보인다. 단 이 시기에 무부기가 활동을 하고 있었다면 무부기 역시 해당되었을 것으로 생각된다.

2) 기업 방식의 변화와 무부기의 등장

저자는 앞서 관기는 서울에서 활동하는 경기와 지방에서 활동하는 향기로 구분되었으며, 경기의 경우 공적인 행사 외에 민간에서의 사적인 기업 활동을 겸했다고 상술했다. 그리고 민간에서의 기업 방식은 기부를 두고 활동하는 유부기有夫妓의 형태였으며, 관기와 삼패 모두 기부가 있었음을 살펴보았다.

다만 관기의 신분으로 어떻게 민간에서 기업 활동을 하게 되었는지에 대해 의문을 가져볼 수 있다. 경기들은 언제부터, 무슨 이유로 기업 활동을 하게 되었을까. 인조반정(1623) 이전에는 장악원掌樂院의 여기女妓가 궁중의 진연內進宴을 담당했기 때문에 관기들이 외부 활동을 하지 않았다. 그러나 인조반정을 계기로 장악원의 여기가 혁파되었고 그 이후로는 내연內宴의 정재를 외방여기, 즉 향기鄕妓가 담당하게 되었으며 연향宴享을 마친 향기들은 다시 본향으로 내려갔다. 그러나 18세기 후반 이후(1744~1795)부터는 의녀醫女와 침선비針線婢가 공식적으로 정재를 공연한 것으로 보이는데, 즉 의녀와 침선비로 구성된 '경기'와 지방의 '향기'가 공동으로 진연에 참여하게 되는 현상이 19세기 중반 이후(1868~1887)까지 이어지고 있었다. 경기들은 본래 지방에서 뽑혀 올라온 자[7]들로 서울에서 3년 동안 입역 기간을 살았는데 이 기간 동안 경기들의 숙소와 생활비를 감당해 줄 사람이 필요했다. 이때 숙식을 제공해 주던 기부들이 기생을 관리하였고, 경기들은 기부들의 제약을 받으며 활동을 했던 것이다.[8]

그러나 이렇듯 기부의 규제하에 운용되던 유부기 기업 방식은 1900년대 들어 기부 없는 무부기無夫妓 형태로 변화되기 시작했다. 새로이 도입된 기생조합 시스템은 기부의 권한을 없애고 조합의 규약하에 운용되도록 한 제도였기 때문이다. 단 이러한 제도 시행 전에 이미 무부기들의 활동이 있었는데, 무부기의 발단은 고종 말년에 향기들이 궁중 진연에 선상하였다가 귀향하지 않고 서울에 머물면서[9] 시작된 것으로 본다. 주로 평양기생이 많았는데, 무부기의 수효가 점차 확산되자 1912년 2월에는 조선정악전습소朝鮮正樂傳習所(1911)가 지방에서 상경하여 머물고 있는 무부기들은 모집[10]하여 교육하기 시작했다. 이 모임이 이후 다동조합(1913)으로 이어지는데, 이처럼 무부기들은 자신들의 활동 형태에 적합한 기생조합 시스템을 적극 활용하였고, 반면 오랫동안 관행되어

---

7   18세기 후반 이후(1744~1795) 의녀와 침선비가 정재를 추게 되면서 아예 가무에 뛰어난 자를 의녀와 침선비로 뽑았다. 김종수, 『조선시대 궁중연향과 여악연구』, 민속원, 2001, 263면.

8   이상은 김종수, 『조선시대 궁중연향과 여악연구』, 민속원, 2001; 신경숙, 「19세기 일급 예기의 삶과 섹슈얼리티－의녀 옥소선을 중심으로」, 『사회와역사』 65, 한국사회사학회, 2004; 조재희, 「조선 후기 서울 기생의 기업(妓業) 활동」, 이화여대 석사논문, 2005; 신경숙, 「안민영과 기녀」, 『민족문화』 10, 한성대 민족문화연구소, 1999; 정우봉, 「강이천의 한경사에 대하여－18세기 서울의 시적 형상화」, 『한국학보』 20-2, 일지사, 2004; 이능화, 이재곤 역, 앞의 책 등을 토대로 작성함.

9   위의 책, 439면.

10   "중부(中部) 황토현(黃土峴)에 在ᄒ 정악전습소(正樂傳習所)는 일반(一般) 유지신사(有志紳士)의 조직으로 其 확장발전에 대ᄒ야 고심 연구함은 세소공지(世所共知)어니와 해소(該所) 사무원 중 이영환, 하순일, 백용진, 하규일 등이 각 지방에서 상경(上京) 두류(逗遛)하는 무부기녀(無夫妓女)를 모집ᄒ야 該所 內에셔 음악을 교습코져 흔다는 전설이 有ᄒ더라." 「無夫妓募集」, 『매일신보』, 1912.2.7.

온 유부기 영업은 새로운 시스템의 정착과 함께 점차 위축되고 자취를 감추게 되었다.

무부기들은 제도의 시행과 더불어 **빠르게** 확산되었고 이내 유부기들과의 경쟁적 구도가 형성되었다. 기부가 있어 불편했던 영업 방식이 해결되자 이용자들에게 좋은 반응을 얻었던 것이다.

요스이에 필경 진홍이라 ᄒᆞᄂᆞᆫ 평양기ᄉᆡᆼ이 서방 업시 영업ᄒᆞ겠다고 청원을 하야 인허ᄭᅡ지 엇고 쟝ᄎᆞᆺ 인허를 얼을 기ᄉᆡᆼ이 셋이 잇다ᄒᆞᆸ듸다. 기ᄉᆡᆼ의 집에 좀 가랴면 기ᄉᆡᆼ 서방의 ᄭᅩᆯ 보기 슬터니 인제ᄂᆞᆫ 잘 되얏셔. 다 같은 기ᄉᆡᆼ일 바에야 서방 업ᄂᆞᆫ 기ᄉᆡᆼ의 집으로 가지 서방 잇ᄂᆞᆫ 기ᄉᆞᆫ의 집으로ᄂᆞᆫ 안이 갈터이야.

—『매일신보』, 1912.5.22

유부기를 찬셩ᄒᆞ겟ᄂᆞ냐 무부기를 찬셩ᄒᆞ겟ᄂᆞ냐 ᄒᆞ면 나ᄂᆞᆫ 결코 무부기를 찬셩ᄒᆞᆫ다 할 터이야. 지금 법률 범위 안에서 인민의 ᄌᆞ유를 어듸ᄭᆞ지 보호ᄒᆞᄂᆞᆫ 시ᄃᆡ에 기부의 압제를 밧을 ᄲᅢᆫ 안이라 눈번이 ᄯᅳ고 졀명으로 제 몸에 병드리ᄂᆞᆫ 유부기를 찬셩할가.

—『매일신보』, 1912.8.20

무부기 유부기가 서로 은근히 영업을 경ᄌᆡᆼᄒᆞᄂᆞᆫ 모양인듸 승부ᄂᆞᆫ 아즉 알 수 업스나 무부기ᄂᆞᆫ 날마다 수효가 늘어가고 유부기ᄂᆞᆫ 별로 늘지 못하ᄂᆞᆫ 모양ᄂᆞᆫ습듸다.

—『매일신보』, 1912.8.27

이러한 경쟁구도는 1913년 무부기와 유부기들이 정식 조합을 결성하는 형국으로 발전하게 된다. 무부기는 다동조합을, 유부기는 광교조합을 결성하였다.

3) 기생·창기의 양분화

새로운 기업 방식인 기생조합은 기생 영업장을 가지면 누구나 기업 활동을 할 수 있도록 규정한 제도였다. 이러한 규정은 1908년 '기생단 속령妓生團束令'·'창기단속령娼妓團束令'[11]을 통해 실효성을 갖게 되었는데, 법령이 말해주듯 이제 기생의 활동 방식은 '기생'과 '창기'로 양분되고 있었다. '기생'은 기예로써, '창기'는 매음으로써 활동하는 기생을

---

11 "경시청령(警視廳令) 제5호 기생단속령(妓生團束令)을 좌(左)와 여(如)히 정홈, 융희2년(隆熙 二年) 9월 25일 경시총감(若林賚藏).
　第1條 妓生으로써 爲業ᄒᆞ는 者는 父母나 혹은 此에 代홀 친족(親族)의 연서(連署)훈 서면(書面)으로 소할경찰서(所轄警察署)를 경(經)하고 경시청(警視廳)에 신고ᄒᆞ야 인가증(認可證)을 수(受)함이 가(可)홈. 기업(其業)을 폐지(廢止)훈 시(時)는 인가증을 경시청에 환납(還納)홈이 가(可)홈.
　第2條 기생은 경시청에서 지정ᄒᆞ는 시기에 조합(組合)을 설(設)ᄒᆞ고 규약을 정ᄒᆞ야 경시청에 인가(認可)를 수(受)홈이 가홈.
　第3條 경시청은 풍속을 해ᄒᆞ거나 혹 공안(公安)을 문란ᄒᆞ는 우(虞)가 유(有)훈 줄로 인(認)ᄒᆞ는 시(時)는 기생 위업을 금지ᄒᆞ며 혹 정지ᄒᆞ는 사(事)가 유(有)홈.
　第4條 제1조의 인가증을 수(受)치 아니하고 기생을 위업(爲業)하는 자는 10일 이하의 구류나 우(又)는 십원(拾圓) 이하의 벌금에 처홈.
　부칙(附則)
　第5條 현금(現今) 기생으로 위업ᄒᆞ는 자는 본령(本令) 시행일로부터 30일 이내에 제1조 규정을 준행(遵行)홈이 가홈." 「妓生及娼妓에 關한 書類綴」, 서울시립대 서울학연구소, 『서울학총서』 권7, 1995, 160~161면. 단, '창기단속령'은 '기생단속령'에서 '기생'을 '창기'로만 고친 것일 뿐 내용은 동일하다.

말하는데, 업태 상으로 보자면 예기藝妓와 창기娼妓라 할 수 있다.

하지만 예기와 창기의 이중 분류는 조선기생들에게 생소한 개념이었다. 무엇보다 전통적으로 조선의 '기妓(관기·은근자·탑앙모리)'의 부류들은 모두 기예를 보유하였는데, 가무 활동을 하지 않고 오로지 매음만으로 영업하는 '창기'가 이에 포함되었던 것이다. 이러한 '예'와 '창'의 이중적 잣대는 '일패'·'이패'·'삼패'의 호칭이 도입될 즈음인 1900년을 전후한 시기에 생겨난 것으로 보인다. 1899년 『황성신문』에는 "소위 창녀로 2패니 3패니 갈보니 하는 명색들은 경무청에서 일병 잡아 증치하야 영위 폐지케 하고 다만 기생만 두리라고 한다더라"[12]고 하고 있으며, 1901년 일본인 츠네야 모리노리恒屋盛服가 쓴 『조선개화사朝鮮開化史』에 따르면 '일패는 관기, 이패는 관기에서 첩이 된 자 혹은 관기에 준한 예능의 소지자, 삼패는 사창私娼'[13]이라고 되어 있어, 이즈음 예기와 창기를 구분 지으려는 풍조를 확인할 수 있다.

주의할 점은 '기생단속령'은 기생조합을 통한 기생들의 가무 활동을 허용한 법이지만, '창기단속령'은 일본에서 유입된 공창제도公娼制度와 관련한 법령이라는 사실이다. 다만 일본은 후자와 관련하여 '창기娼妓'나 '유녀遊女'라는 직접적인 표현 대신 '예기藝妓'나 '작부酌婦' 같은 우회적 표현을 사용했다.

이러한 표현은 조선에도 영향을 미쳤는데, '예기藝妓'라는 표현은 1916년 3월 경무총감부령 제3호 「예기작부치옥영업취체규칙」이 발포되기 전

---

12 『황성신문』, 1899.8.15.
13 恒屋盛服, 『朝鮮開化史』(1901, p.339), 송연옥, 「대한제국기의 '기생단속령', '창기단속령」, 『한국사론』 40, 서울대 인문대 국사학과, 1998, 255면에서 재인용.

까지 다의적인 의미로 사용되었음을 유념할 필요가 있다. 이전까지 '예기'란 용어는 '가무로 활동하는 기생'을 의미하기도 했지만 단순히 '기생'을 통칭하는 일반명사로 사용되기도 하고, 또 성매매업과 관련된 '창기'를 가리키기도 했기 때문이다. 일반명사로 쓰인 경우는 '갑종'/'을종', '보통'/'특수', '1종'/'2종'이라는 단어 뒤에 예기를 붙여 기생이라는 신분을 표현할 때이다.(갑종예기 · 보통예기 · 1종예기/을종예기 · 특수예기 · 2종예기) '창기'를 가리키는 경우는 1906년부터 1916년까지 공창제도 관련 단속 규칙에서 사용된 용어를 통해 확인할 수 있는데, 을종이나 2종, 특수라는 명칭이 붙지 않고 예기라는 용어가 단독으로 적시되고 있어 예기가 성매매와 관련된 창기를 지칭하는 용어로 쓰이고 있음을 알 수 있다.[14]

기생과 창기의 구분이 생기면서 활동에 가장 큰 제약을 받은 것은 창기로 분류된 삼패다. 사실 창기 영업은 조선의 일본인 거류 지역이었던 부산, 인천, 원산 등을 중심으로 1900년대 초부터 시작되었다. 1904년에는 서울에도 「제2종 요리점 고용 예기 건강진단 시행규칙」이 발포되었고 유곽지도 생겼다. 이때 서울 시동詩洞에 설치된 유곽지로 갈보, 색주가 등의 사창과 함께 삼패도 이주를 강요받았는데, 다음 절에서 좀 더 자세히 살펴본다.

---

14 「공창제도 관련 이사청령 일람」, 「1910년대 공창제도 관련 법규 일람」, 山河英愛, 「한국 근대 공창제도 실시에 관한 연구」, 이화여대 석사논문, 1991, 부록, 64~67면 참고.

2. 삼패의 춤 활동과 갑종기생 신분 획득

삼패는 좌창坐唱 잡가를[15] 기예로 삼고 민간에서 활동하던 기생이었다. 하지만 1900년대에 들어서면 관기들과 함께 궁중 및 공·사적연회에 참여[16]하는 등 예기로서의 역량이 더욱 커지는 듯한 모습을 보여주었다. 그럼에도 1904년 서울에 유곽지가 구획되자 매음 활동을 겸하고 있던 삼패들이 이곳으로 추방당하는 신세를 면치 못하게 되었다.

기간에 경무사가 각쳐에서 매음하는 소위 삼패 등을 단속하야 시동(詩洞)으로 쳐소를 뎡하고 한 사십일 내로 몰슈히 이거하라고 훈령하얏더니 (…중략…) 삼작일에 또 경무청에서 각쳐 삼패 등을 착치하야 죠사한 즉 도합이 이백 팔색명인데 종금 이후로는 일절 시동 이외에서는 매음치 못할 쥴노 훈령하매 삼패 등 버리가 아조 막키었다하며 시동 근방으로 지나다 보면 과연 상황당이라고 문패를 써 붓치고

— 『대한일보』, 1904.6.12[17]

---

15 "탑앙모리는 삼패라고 일컫는다. (…중략…) 접객에 있어 잡가를 할 뿐이고, 기생이 하는 노래와 춤을 하지 못한다." 이능화, 이재곤 역, 앞의 책, 443면.

16 "금번 칭경례식에 기싱과 녀령을 불가불 준비흔지라. 삼픽의 도가를 봉상시 근쳐로 셜시흐고 어느 참령이 쥬간흐야 각쳐 삼픽를 모집흐야 노릭흐는 삼픽는 기싱을 삼고 노릭 못흐는 삼픽는 녀령으로 마련흐다더라." 「三牌都家」, 『제국신문』, 1902.8.15.
"경셩박람회를 본월일일붓터 개회흠은 본보에 이위 보도흐얏거니와 특별입장권을 송래 흐얏기 본사원이 기호의를 감흐야 재작일에 차를 관람흔지라 기경황을 개기흐건딕 (…중략…) 연예원에는 일주일에 삼차식 아국 기생 급 삼픽와 일본기싱이 각일일식 가무를 질주흔다는딕 이일에는 삼픽 강진과 련심과 가객 리순셔가 잡가를 질탕히 흐미 관객이 차쳐로 래집흐야 광장이 미만흐고."(未完) 「博覽會記」, 『황성신문』, 1907.9.6.
"日前 內大李址鎔氏가 於其妾室에셔 大張風流흐는딕 漢城중 一等 名妓와 三牌와 倡優를

근일(近日) 남서(南署) 시동(詩洞) 등지(等地) 상화실(賞花室)에셔 허다
흔 갈보(蝎甫) 건달(乾達)들이 가곡(歌曲) 공부(工夫)에 열심(熱心)ᄒ야 가
(歌) 선생(先生)을 청좌(請坐)ᄒ고 장조단곡(長調短曲)과 애음묘(哀音妙)결
이 가가낭자(家家狼藉)ᄒ디 해방순검(該坊巡檢)들은 개시(皆是) 애창(愛唱)
호색지도(好色之徒)인지 금단(禁斷)은 고사(姑捨)하고 기굴(妓窟)로 시무
(視務)ᄒ다니 거수(渠雖) 항장사(項壯士)라도 색계상(色界上)에ᄂ 무내하
(無奈何)라고 ᄒ더라.

—『대한매일신보』, 1905.9.24

삼패들은 자신들이 시동의 유곽 지역으로 내몰리게 되자 '상화실'[18]이
라는 독립 거주 구역을 만들어 일반 매음녀와 차별화하고자 했다. 예문
에는 삼패들이 상화실에서 가곡 선생을 불러 열심히 학습하고 있는 상황
이 묘사되고 있는데, 이는 관기들의 기예 종목을 모방함으로써 당시 관
기들의 신분인 '일패'의 자격을 획득하고자 한 노력에 다름 아니었다.

그러나 그보다 먼저 시도한 삼패들의 관기 모방 행보는 관기들의 '자
선연주회'였다. 관기들의 자선연주회는 1907년 말[19] 즈음부터 나타나

招集ᄒ고 淸歌妙舞로 競唱迭和ᄒ니 主人이 滿心快樂ᄒ야 使其別室로 亦唱一曲ᄒ고 自
己도 單宕巾으로 欣然起舞홀식 于時觀光者가 環如堵墻이라"『대한매일신보』, 1906.4.1.
17 권도희, 『한국 근대음악 사회사』, 민속원, 2004, 79면에서 재인용.
18 상황당이 아닌 상화실의 오기로 보임.
19 정충권이 조사한 바에 의하면, 기생들의 자선연주회는 1907년 12월 21일부터 1917년
10월 11일까지 나타나는 것으로 보인다(정충권, 「1900~1910년대 극장무대 전통 공연물
의 공연 양상 연구」, 서대석·손태도·정충권 편, 『전통구비문학과 근대공연예술』 I, 서울
대 출판부, 2006, 54면). 그러나 『대한매일신보』 1907년 11월 15일 기사에 "경성고아원에
경비보용할 차로 개성부에 전왕하야 자선연주회를 개최한다더라"는 기사와 1907년 12월
4일에 "고아원에서 妓樂을 領率하고 개성부에 전왕하얏다더니 (…중략…) 該府紳士가
풍화상 교육계에 大爲○○○悖라 하야 극구반대고(極口反對故)로 상미개회(尙未開會)

는데, 삼패들은 처음에 관기들의 자선연주회에 기부금을 내는 것[20]부터 모습을 보였다. 그리고 몇 달 뒤에는 직접 자선연주회를 열어 '연예로써 以演藝' 기부하기 시작했다.

기부예기(寄付藝妓)

조병욱 모모 씨가 경성 고아원 수리비에 보충ᄒ기 위ᄒ야 자선연주회를 단성사로 개최ᄒ얏ᄂ디 리순서 신순근 박춘경 제인이 **시동 거 예기** 강진 월색 련심 류색 홍도 경패 옥엽 채경 해주 목단 벽도 운향 도화 비취 롱옥 매화 진홍 금홍 란주 화선 강진 명옥 연련 월출 롱선 월희 죽엽 계심 계화 취월 련화 롱주 련홍 행화 옥향 봉희 리화 롱월 합 삼십팔인을 영솔(領率)ᄒ고 **이연예(以演藝)로 기부(寄付)**ᄒ기를 작정(酌定)ᄒ얏다더라

—『황성신문』, 1908.6.30[21]

본인 등이 자선부인회 내 기아수양소의 경비를 보충ᄒ기 위ᄒ야 자선연 주회를 설행ᄒ오니 신사귀부 인은 자선심을 특발ᄒ시와 여운 석람ᄒ심을 위망

라더라'고 하여 기생들을 중심으로 한 자선연주회가 — 비록 개최되었는지는 알 수 없지만 — 시도된 적이 있었음을 알게 한다.

20 "금번 협률사 관기자선연주회 시 경성고아원에 기부ᄒ 인원여금액이 여좌ᄒ니 류진홍 현영운 홍경희 정시창 기생류록 각습원 청국인왕성순 청국인량등소 기생월향 기생금주 기생벽도 각오원 (…중략…) 평양기생금화 **시동도화** 각오원 (…중략…) 기생화선 기생 롱월 **시동비취 시동상화실도중** 기생기화 (…중략…) 단성사 자선연주회 시 기부ᄒ 인원 여금액이 左如ᄒ니 (…중략…) 기생경월 **시동도화** 기생초운 기생소홍 각사원 기생련화 기금주 각삼원 (…후략…)."「경성고아원제일회」,『대한매일신보』, 1908.1.7.

21 "趙秉郁 某某氏가 孤兒院 修理費에 補充ᄒ기 爲ᄒ야 慈善演奏會를 團成社로 開催ᄒ얏ᄂ 대 (…중략…) 詩洞 藝妓 康津, 月色, 蓮心 (…중략…) 등 三拾八人을 領率하고 以演藝로 寄附ᄒ기로 酌定ᄒ얏다더라."「演藝寄附」,『대한매일신보』, 1908.6.30.

一, 처소는 사동 연홍사 내

一, 일자는 음륙월 초십일로 십이일ᄭᆞ지

一, 시간은 하오 륙시로 십이시ᄭᆞ지

一, 연예는 **무동, 예기창, 평양패 춘향가 기타 기예 등**

자선연예회

발기인 / 연홍사 총무 박완근 / 연홍사 감독 송종오 / **시동상화실 김명완**

/ 동(仝) 한창식 / 동 산월 동 월색 동 련심 / 동 류색 동 홍도 / **하교상화실**

고계천 / 동(仝)김순택 동 련 동 연련

—『황성신문』, 1908.7.8

금번에 사동 연홍사와 **시곡, 하교, 동구 각 상화실 예기** 등이 발기ᄒᆞ야 삼일

간에 자선연예회를 개설ᄒᆞ고 입장표 매각대금 구십일환 이십전 오리를 기

부ᄒᆞ얏기 자에 감사흠을 표흠

—『황성신문』, 1908.7.17

근대 극장에서 공연된 자선연주회는 조금 특별한 차원에서 바라볼

수 있다. 근대 극장이 생기기 시작하는 1900년대 후반에는 고위 관료,

부호, 부유층 중인, 귀족 등의 남성들이 기생을 대동하고 극장을 순례

하는 풍류 현상이 나타나기 시작했는데, 1890년대부터 일기 시작한 근

대화 및 문명화 담론의 영향으로 극장에서 공연되는 전통 통속연희 공

연과 이에 호응하는 관객들은 모두 비판의 대상이 되었다.[22] 자선연주

---

22 유선영, 「근대적 대중의 형성과 문화의 전환」, 『언론과 사회』 17-1, (사)언론과사회, 2009, 59~60면.

회는 이러한 배경 속에서 등장한 공연형태였다. '자선'이라는 명목을 내세운 기생들의 가무 공연은 당시 기생에 대한 비판을 누그러뜨리고 이미지를 개선시킬 수 있는 방안이기도 했다. 자선연주회는 일반인들이나 기생들이 주최하기도 하고 자선의 수혜를 받고자 하는 측에서 개최하기도 했다. 기생들의 가무 종목으로 구성된 자선연주회는 사람들의 관심을 크게 모았으며 연주회의 수익은 기생들이 '기부'를 하는 형태로 마무리되었다. 결국 '자선연주회'라는 타이틀은 기생들의 이미지 회복과 공연활동의 지속을 위해 긍정적 효과를 가져다 주었으며, 또 관람료가 자선에 쓰인다는 명분이 생긴 관객의 입장에서도 부담을 덜어주는 것이었다.

1904년 삼패들은 창기들의 거주 구역인 '시동'으로 이주하게 되었으나 모두 이동하지 못하여 남부의 '시곡' 및 '하교'와 '용산의 상화실', 그리고 '서부·중부·동부의 주상酒商'까지 거주하며 살았다.[23] 위의 예문에서처럼 삼패는 이들의 거주지(시동·하교·동구 등) 명에 '예기藝妓' 혹은 '상화실'이라는 호칭을 붙여 칭했던 것으로 보인다. 삼패들은 1908년 초에 관기들이 개최한 자선연주회에 기부금을 내는 것으로 시작하여 연예기부, 또는 자선공연 활동을 통해 관기들과 유사한 면모를 드러내려 노력했다.

그러나 실제 이들이 자선연주회에서 보여준 공연 종목은 관기들의 것이 아닌 삼패 자신들의 레퍼토리였다. 비록 관기들의 가창 종목인 가곡을 학습하기도 했지만, 앞의 1908년 7월 8일 자 기사에서 볼 수 있듯,

---

23 송방송, 「한성기생조합소의 예술사회사적 조명—대한제국 말기를 중심으로」, 『한국학보』, 한국학보, 29-4, 2003, 22~23면.

정작 자선연주회에서는 〈예기창〉과 같은 삼패의 종목을 선보였다. 하지만 1912년부터는 '관기의 춤'을 공연하는 사례가 종종 발견된다. 특히 1912년에는 '시곡예기', 또는 '시곡기생'이라는 이름으로 불리고 있었는데, '시곡'이라는 새로운 지역명에 '예기'·'기생'이 접합됨으로써 상화실이라는 이미지가 한결 희석될 수 있었을 것으로 보인다.

중부 파죠교 단셩샤에서는 구일 연극을 설힝ᄒᄂᆫᄃᆡ 밤에는 시곡(詩谷) 예기들이 각죵 졍직(呈才)를 보는 즁 룡션(弄仙)의 승진무와 채경(彩瓊)의 승무로 인ᄒᆞ야 관람쟈의 손뼉치는 쇼ᄅᆡ가 척척하며 낫이면은 씨름판을 붓쳐서 관람쟈의 흥긔를 돕ᄂᆞᆫ다ᄒᆞ고.

—『매일신보』, 1912.4.2

나는 어제밤에 모모 친구로 작반ᄒᆞ야 시곡기생의 집을 차져갓더니 압다 이이들이 금번 대운동에 나가셔 명예를 한 번 엇으랴고 젼후복식을 휘황찬란ᄒᆞ게 준비ᄒᆞ며 춤노ᄅᆡ 공부ᄒᆞ노라고 손 ᄃᆡ졉홀 여가가 업나부데 (…중략…) 드러보랴나 시곡기ᄉᆡᆼ 일판의 각식노름바지도 잇고

—『매일신보』, 1912.4.17

시곡기생들이야말로 이번에 큰 심 썻더라. 복색도 일신하게 잘 차리고 외양들도 졀등하고 그 우즁에셔 춤도 잘 츄고 아죠 생기가 되록되록하는 것이 참말 기생 갓던 걸.(評花生)

—『매일신보』, 1912.4.23

첫 예문은 시곡기생이 〈승진무〉와 〈승무〉를 추어 관객들에게 좋은 반응을 얻고 있다는 기사다. 단, 이 글에서 표현된 '각종 정재'는 〈승진무〉와 〈승무〉를 가리키고 있으므로 ― 향악정재나 당악정재에 국한되는 것이 아니라 ― 민속춤을 포함한 거시적 범주의 '관기 춤'[24]을 이른다는 것을 알 수 있다. 위 예문은 모두 시곡기생의 가무 연행이 대중들의 큰 관심거리였음을 나타내고 있는데, 마지막 예문에 '참말 기생 같다'는 표현에서 드러나듯 이들이 연행한 기예는 관기들의 것이고 이를 삼패가 꽤 능숙하게 소화했음을 짐작할 수 있다.

이러한 가운데 시곡기생이 단성사에서 기획된 '강선루降仙樓' 공연에 관기들을 대신하여 춤을 추었던 사실이 눈길을 끈다. 1912년 4월 12일 자 『매일신보』에는 '단성사에서 강선루 공연 준비 중'이라는 기사가 나왔고, 초기에는 연극 단체 중심으로 기생들의 가무와 활동사진, 창부들의 노래 등으로 구성되었다. 그러나 문영갑과 박춘재의 공연이 음담패설과 풍속괴란 등으로 지적받으면서 4월 30일 이들의 공연이 아예 없어지고 기생들의 춤을 중심으로 재편[25]되었다. 단 5월 13일[26]까지는 관기인 '우대기생'이

---

24 삼패들은 음악(잡가) 종목은 보유했지만 춤은 전혀 기예로 삼지 않았던 것으로 보인다. 다음 예문을 참고할 수 있다. "쥬인원경 리겸졔씨와 일진회평의원 홍긍섭씨와 기외 다른 모모졔씨가 직작일 오후 륙시 량에 쇼챵츳로 동대문밧 명진학교 니에 가셔 삼패 이명과 음악으로 딜탕이 노는디 삼패의 춤쥬기를 청ᄒ되 본시 비호지 못흠으로 거힝치 못ᄒ거늘 그 중 모모씨가 흥치를 이긔지 못ᄒ야 스스로 니러나셔 춤을 츌때에 슌힝 슌사가 그 연희에 참예흔 사름을 쳥ᄒ야 무른즉 그 학교의 찬성원이라 ᄒ엿다더라." 「명심학교의 삼패 노름」, 『대한매일신보』, 1908.6.2.

25 "중부 파죠교 단성사에서 흥힝ᄒᄂ 강선루일힝의 장쳐와 단쳐를 드러서 일춧 경고흔 결과로 **박츈지와 류영갑 등의 풍속괴란**ᄒᄂ 지료ᄂ **일톄로 업**시고 **슌젼흔 기악으로 흥힝**ᄒᄂ 중에 셔민안락무, 향장무, 헌반도의 모든 가무와 줄풍류는 진실로 셩대태평의 긔상을 자랑흘 쑨 안이라 그 쳥아흔 가곡과 반션흔 춤 장단은 가히 관람자의 심신을 화열케 ᄒ며 기타의 연긔춤과 나뷔춤이며 기싱환등과 금강산 샤진은 근일 연극장에ᄂ 처음 보ᄂ 바인즉 구일연극으로ᄂ 십분 완젼ᄒ다고 흘만ᄒ나 그 장니의 질서로 말ᄒ면 문란ᄒ기가 태심ᄒ도

출연하다가 이후 '시곡기생'으로 교체되었다.

우대기생이란 서울 우대 지역에서 활동한 경기京妓들을 말한다. 우대
기생이 누구인지 당시 기사에 나오지는 않지만, 이들의 춤 종목이 관기
들의 궁중정재라는 점에서 먼저 관기출신임을 짐작할 수 있다. 1912년
당시 관기 출신으로 서울지역에서 활동한 기생은 유부기와 무부기를
들 수 있는데, 관기 출신으로서 본래 우대에서 활동한 기생은 경기들이
다. '우대'란 서울 중촌中村지역을 우대와 아래대로 나눌 때의 윗지역을
말하는데, 중촌은 중인계층이 모여 살았다. 특히 아래대의 중인들이 기
생들의 기부妓夫가 되었는데, 19세기 후반 민간에서 기업妓業 활동을 하
던 경기들은 우대와 아래대에서 모두 활동했다. 무부기들은 본래 지방
에서 활동하던 기생들로서 고종 임기 말년에 궁중 진연에 참여하기 위
해 상경했다가 다시 귀향하지 않고 서울에 체류하고 있던 상태의 기생
들을 말하는데, 이들이 집단적으로 모집된 시기는 1912년 2월이었으
므로 서울 활동이 얼마 되지 않은 무부기보다는 유부기들을 우대기생
으로 불렀다고 보는 것이 자연스럽다.

그적게 밤에 하도 심심ᄒ기로 단셩샤 강선루(降仙樓)의 구경을 갓섯지.
(…중략…) 처음 소문에ᄂ 우뒤 기싱들이 한다더니 엇더케 되어서 시곡기생
(詩谷妓生)들이 와서 ᄒ던 걸. 나도 이샹히 무러보닛가 저녁ᄂ로 변경이 되엿

다."『매일신보』, 1912.4.30.
26 『매일신보』1912년 5월 15일 기사에는 이틀 전에 시곡기생으로 바뀌었다고 나와 있지
만, 14일 공연 기사에는 우대기생들의 이름이 적시되어 있다. 한 예로 우대기생 춘외춘은
1912년 5월 12일에 〈팔선녀무〉를 공연했는데, 14일 공연에서도 역시 춘외춘은 〈팔선녀
무〉를 춘 것으로 기재되어 있다. 아마 예정에 없이 갑자기 일정이 바뀌는 바람에 14일까
지 프로그램이 그대로 나간 것으로 생각된다.

딕여. 이러구뎌러구 잘들 ㅎ던 걸. 나는 우틔 기싱홀 째 구경ㅎ고 지금 시곡기
싱의 가무도 보앗네만은 우틔 기싱 중에는 련홍(蓮紅), 국희(菊姬)가 뎨일이
요, 시곡기싱 중에는 롱션(弄仙), 칙경(彩瓊)이가 뎨일이라 흘슈 밧긔 업셔.

— 『매일신보』, 1912.5.15

　　강선루 중부 파죠교 단셩샤 강선루에서 시곡기싱이 홍힝흔 이후로 밤마
다 인사틱가 나게 되얏는틱

— 『매일신보』, 1912.5.16

　　강션루 파죠교 단셩샤 강선루에서는 시곡기생들이 홍힝흔 이후로 믹일
슈입이 그 젼보다 비상히 만타ㅎ며

— 『매일신보』, 1912.5.21

　　시곡기생의 공연은 날마다 '인사태'가 날 정도로 인기있는 공연이었다.
우대기생을 대신한 시곡기생의 출연 자체가 흥미로운 것이기도 했지만,
우대기생의 레퍼토리를 곧잘 재현하는 모습이 매우 신기한 볼거리이기도
했던 것 같다. 하지만 위 예문처럼, '시곡기생이 흥행한 이후로 수입이
그 전보다 비상히 많아진' 데에는 춤 종목의 변화도 일정하게 작용했을
것으로 보인다. 〈표 5〉와 〈표 6〉에 기생 공연이 중심이 된 4월 30일 이후
로 우대기생과 시곡기생의 춤 레퍼토리를 정리해 보았다. 단, 4월 30일의
공연은 레퍼토리 전체는 아니지만 다수의 종목이 기사에 언급되었으므로
기재한다. 또 5월 14일은 우대기생의 기사가 실렸으나 실제로는 시곡기
생이 출연하였기 때문에 이 날의 기사는 제외시킨다.

〈표 5〉 1912년 우대기생의 강선루 춤 공연 종목

	공연 종목	4/30	5/7	5/8	5/9	5/10	5/11	5/12
정재	장생보연지무		○	○	○			
	항장무					○	○	○
	향령무	○						
	헌반도	○						
	무고			○	○	○	○	○
	검무		○	○	○	○	○	○
	죽간자[27]		○	○	○			
민속춤[28]	팔선무		○					○
	승무		○	○	○	○	○	○
	서민안락무 · 안락무	○					○	○
기타	전기호접무 · 전기춤/나비춤	○	○	○	○	○	○	○

〈표 6〉 1912년 시곡기생의 강선루 춤 공연 종목

	공연 종목	5/15	5/16	5/17	5/18	5/19	5/21	5/22	5/23	5/24	5/25	5/26
정재	무고	○	○	○	○	○			○	○	○	○
	가인전목단	○	○	○		○			○	○	○	○
	검무	○			○	○	○		○	○	○	○
	포구락				○		○	○				
민속춤	남무/남무바지	○				○○	○					
	성진무/승진무				○	○	○					
	승무	○	○	○				○	○	○	○	○
	팔선무	○	○	○								
	앵접무				○	○	○	○	○	○	○	○
	배무	○					○	○	○	○	○	○
기타	전기무/ 전기호접무	○			○○[29]	○○	○	○	○	○	○	○

---

27 죽간자는 춤이 아니라 정재를 출 때 드는 의물(儀物)이지만, 죽간자도 정재 종목과 함께 명기되어 있어서 포함시켰다. 죽간자의 등장은 정재를 특별히 강조하고자 한 의도로 보인다.

28 '민속춤'이라는 표현은 궁중무용이 아닌 기생들의 전통춤을 지칭하기 위한 용어로 저자가 임의로 사용하였다. 이 글에서는 '전기춤'과 같은 근대식 춤이 아니고, 비궁중무용에 해당하는 전통춤을 말한다.

1912년 우대기생의 강선루 공연 춤 종목

- 궁중무용 : 장생보연지무, 항장무, 향령무, 헌반도, 무고, 검무

- 민속춤 : 팔선무, 승무, 안락무

- 그 밖의 근대춤 : 전기춤 등

1912년 시곡기생의 강선루 공연 춤 종목

- 정재 : 무고, 가인전목단, 검무, 포구락

- 민속춤 : 남무/남무바지, 성진무/승진무, 승무, 팔선무, 앵접무, 배무

- 그 밖의 근대춤 : 전기춤 등

　기생 중심으로 전환된 강선루 공연에서 주목할 사실은 '정재'가 크게 증가했다는 점이다. 아정한 정재를 중심으로 구성한 이유는 전술했듯 민속 연회자들의 공연물이 풍속괴란하다는 비판을 받고 있었기 때문으로 보인다. 하지만 삼패들은 이전까지 정재(궁중무용)를 춘 바가 없었는데, 어떻게 우대기생을 대신하여 정재를 추게 되었는지 궁금해진다.

　춤을 연행하기 위해서는 이에 대한 학습이 선행되어야 하는데 그렇다면 누가 삼패들을 가르쳤을까. 여기서 1911년에 설립된 조선정악전습소朝鮮正樂傳習所에 주목할 수 있다. 조선정악전습소는 조양구락부朝陽俱樂部(1909)[30]의 후신으로 정악을 유지하고 보급하기 위해 만들어진 민

29　표에서 ○ 표시가 두 개인 것은 두 가지 종목이 각각 공연되었다는 뜻이다.
30　조양구락부의 총재는 이준용, 부총재는 유길준이었으며, 발기인에는 김경남·하순일·조남승·한석진·이병문·백용진·고우경·한규우·김현주·한용구가 참여했고, 교사 및 담당 과목에는 감독 함재운, 가요부 교사장 하순일, 가(歌)교사 신경선 장덕근 이영환, 무(舞)교사 이병문 함화진, 음악부 교사장 김경남, 현금교사 이병문 조이순, 휘금교사 고상익, 가야금 교사 김종석 이병문, 양금교사 백용진 김현주, 풍금교사

간 음악교육기관이다. 조양구락부가 설립되었지만 실질적인 음악 교육
이 이루어지지 못했고, 1911년 2월에 정악유지회正樂維持會[31]라는 후원
단체가 결성되면서 조선정악전습소로 개칭된 뒤 교육기관의 기능을 발
휘했다. 상술했듯 조선정악전습소는 1912년 2월 무부기를 모집한다는
기사를 냈고 무부기들은 이곳에서 정악과 정재를 배웠다. 삼패가 정재
를 출 수 있었던 점 또한 조선정악전습소를 통해서였을 것이다. 다만
삼패의 신분이 관기출신이 아니었던 까닭에 관기들의 학습종목을 공식
적으로 배우기는 어려웠을 수 있다. 삼패들이 관기들의 가무종목을 습
득할 수 있었던 배경에는 정악유지회의 부회장이었던 내각대신 조중응
趙重應[32]의 도움이 컸을 것으로 보인다. 그는 삼패들이 '기생'이 되는데
지대한 역할을 한 인물인데, 1916년 삼패들이 정식 기생이 되자 그 공
을 조중응에게 돌렸다고 한다.[33]

  하지만 강선루의 공연 종목을 자세히 보면 시곡기생들은 우대기생에
비해 민속춤의 비중이 더 높았음을 알 수 있다. 시곡기생의 민속춤은

김인식 등이 있었다. 『대한민보』, 1910.1.2, 박은경, 「한국 최초의 민간음악교육기관
조선정악전습소 연구」, 『음악과 민족』 21, 민족음악학회, 2001, 166~168면.

31 정악유지회의 발기인으로는 이준공·박영효·윤택영·민병석·조중응·윤덕영·유
    길준·이지용·김종한·민영찬·박기양·김승규가 참여하였다. 위의 글, 168면.

32 조중응(趙重應, 1860~1919) : 한말 문신. 친일반민족행위자. 1907년 이완용 내각의 법
    무대신, 농상공부대신을 지냈음. 한일병합 조약 체결에 찬성한 매국 7역신 중에 하나로
    일본정부로부터 자작(子爵)의 칭호를 받음.

33 "고 조중응 자작의 후원을 힘입어 '시공굴', '삼패'라고 화류계에서 제일 천대를 받는 창
    부들에게 기생이라는 명칭을 주어 조합 허가가 나니 그것이 소위 신창권번으로 오늘의
    신정에 있는 한성창부조합의 전신으로 당시 '시공굴 삼패'들은 어찌나 좋았던지 조자작
    의 은혜를 갚는다고 일주일에 한 번씩 찬우무골(永樂町)에 있던 조자작의 집에 가서 춤을
    추고 노래를 하기까지 하였었다." 무호낭인(無號浪人), 「대경성 화류계의 금석(今昔)
    성쇠기(盛衰記)」(『중앙』 3-2, 1936.12), 손종흠·박경우·유춘동 편, 『근대 기생의 문
    화와 예술』 자료편 2, 보고사, 2009, 515면.

〈남무(남무바지)〉·〈성진무(승진무)〉·〈승무〉·〈팔선무〉·〈앵접무〉·
〈배무〉인데, 이 중에서 〈앵접무〉와 〈배무〉는 시곡기생들이 새롭게 도모
한 종목으로 보이고 〈팔선무〉는 우대기생들의 종목을 모방한 것으로 보
인다. 그리고 나머지 〈남무(남무바지)〉, 〈성진무(승진무)〉, 〈승무〉는 강선
루에 참여하기 전부터 시곡기생들이 공연하던 춤[34]이었다. 이 세 종목은
비록 민속춤이지만 1900년대 관기들이 궁중연향 및 고위 관료들의 연
회에서 추었던 모습이 나타나 눈길을 끈다.

만수성절 경시성황(萬壽聖節慶視盛況)

작일(昨日)은 즉아(卽我) 황상폐하 만수성절(皇上陛下萬壽聖節)이신디
각처(各處)에셔 경축(慶祝)흔 성황(盛況)이 如左ㅎ더라 △원유회 절차(園
遊會節次) (…중략…) 유람(遊覽) 及 연희(演戲)로 영화당 전정(映花堂前
庭)에셔 **기녀(妓女)의 항장무(項莊舞)**를 관(觀)ㅎ고 필한정(畢寒亭)에셔 **승무
(僧舞) 及 무고(舞鼓)**를 연연(連演)ㅎ고 (…후략…)

—『황성신문』, 1906.9.14

경희성연(慶會盛宴)

昨日 북궐 경회루에서 계태랑씨(桂太郎氏)의 전별연(餞別宴)을 개하엿
는데 內宴에는 총리대신 이하 각부부원청 칙주임관급 일반 사회 제원이오,
외국빈에는 이등(伊藤)총감 급 각국영사와 일반 신상(紳商)이 동부인 부내
하엿는데 (…중략…) 한일 양국의 관계가 점차 화평됨을 설명하고 다과를

34 『매일신보』, 1912.4.2·14·17.

필하였는데 여흥을 본국기생의 **검남무(劍男舞)**로 파회하였더라.

—『황성신문』, 1907.10.30[35]

경회루연황(慶會樓宴況)

일반 부민(一般府民)과 내외국 고등관(內外國高等官) 及 동 부인 천여 원(同夫人千餘員)이 경회루(慶會樓)에 회집(會集)ᄒ야 경축(慶祝)의 성(誠)을 정(呈)ᄒ니 기 순서(其順序)는 (…중략…) 동(同) 오시(五時)의 여흥(餘興) 무동(舞童) / 창부 승도(唱夫繩渡) / 잡가단(雜歌團) / **기생연무(妓生演舞)-포구락(抛球樂), 무고(舞鼓), 검무(釰舞), 성진무(聖眞舞), 승무(僧舞)**인듸 육시(六時) 삼십분(三十分)에 내빈(來賓)이 수의 산귀(隨意散歸) ᄒ얏더라.

—『대한매일신보』, 1908.8.29

1906년부터 1908년에 열린 연회에는 정재만 추어지지 않았던 사실을 알 수 있다. 기사화된 종목이 당시 공연 레퍼토리의 전부이거나, 주요한 종목이었을 가능성이 있다는 점에서 이 시기에는 정재 못지않게 민속춤이 꽤 중요한 비중을 차지했을 것으로 여겨진다. 무엇보다 정재 종목 또한 〈항장무〉·〈포구락〉·〈무고〉·〈검무〉였던 점은, 정재 중에서도 흥미 위주의 종목이 선택되었다는 점을 파악할 수 있다. 이러한 양상은 근대 극장에서 '기생'의 부류가 혼란스러워지고 있던 시기에 '관기'라는 점은 강조되고 있었으나, 관기들의 춤을 대표하는 '정재'가 부각되지는 않았다고 해석할 수 있고, 흥을 돋우는 연회에서 자주 추어졌

---

35 김영희, 「일제강점 초기 기생제도에 관한 연구—일제의 왜곡 과정을 중심으로」, 『한국무용사학』 7, 한국무용사학회, 2007, 122면.

던 춤 종목들이 20세기 이후 근대 극장에서도 여전히 흥행물로 이어졌다고 해석할 수 있다. 즉 1912년 강선루 공연에서 정재 중심의 프로그램으로 구성되기 이전에는 〈승무〉·〈검남무〉·〈성진무〉와 같은 민속춤이 활발히 추어졌을 것을 예상할 수 있다. 1912년 시곡기생들이 우대기생보다 민속춤에 많은 비중을 둔 것은 흥행성을 고려한 구성이었다고 생각된다.

그러나 삼패들은 1912년 강선루 공연 이후에 정재 종목에 더욱 비중을 두기 시작한 것으로 보인다.[36] 이는 1912년 무부기가 서울 기업 활동에 합류하여 점차 세를 확장해가고 있었던 상황과 연관이 있다고 할 수 있는데, 무부기의 합류는 '관기 출신' 기생의 가세라는 상징적 의미를 담고 있었다. 관기의 춤을 상징하는 정재의 부상은 이런 배경과 무관하지 않으며 삼패 또한 이 시류를 따라갔던 것으로 여겨진다. 정재의 부상과 증가는 1915년에 열린 '시정오년기념조선물산공진회'에서 절정을 이루는데, 공진회 포스터 그림이 조선기생이 정재를 연행하는 모습이었던 사실은 정재가 조선기생을 대표하는 춤으로 각인되는데 중요한 작용을 했을 것이기 때문이다. 공진회에서 삼패들도 — 비록 관기 출신들과 다른 장소[37]였지만 — 관기들처럼 정재 연행에 참여하고 있었

---

36 강선루 공연 이후 기생들은 극장 공연을 이어갔지만, 춤 레퍼토리가 구체적으로 수록된 기사는 1914년 초에 등장한다. 1914년 1월 28일에 단성사에서 광교조합 기생들의 연주회가 있었고 이때 〈항장무〉·〈선유락〉·〈무고〉·〈가인전목단〉·〈포구락〉·〈장생보연지무〉·〈향령무〉·〈서민안락무〉·〈검무〉·〈승무〉·〈사자무〉가 공연되었다. 얼마 후인 1914년 2월 10일 시곡신창조합 기생들도 단성사에서 공연을 했는데 〈항장무〉·〈선유락〉·〈가인전목단〉·〈장생보연지무〉·〈포구락〉·〈무고〉·〈성진무〉·〈승무〉·〈남무〉·〈검무〉·〈사자무〉를 추어 광교조합 기생들의 공연 종목과 거의 흡사하며 정재 종목이 크게 늘어났음을 알 수 있다.

37 광교조합과 다동조합 기생은 연예관에서, 시곡신창조합 기생은 조선연극관에서 공연했다.

는데, 이로써 삼패의 '기생'에 대한 이미지는 한층 덧입혀질 수 있었다고 본다.

　　원릭 창기의 영업장을 가지고 한 달에 멋번식 검스를 마져가며 세상 샤름의 시곡 삼픽라는 지목과 일흠을 밧던 그 시곡 계집들로 말ᄒ면 오즉 이유한되고 탄식흠을 마지 못ᄒ야 원톄 기싱에 동렬코져 ᄒ던 그 간졀ᄒ 마음과 싱각은 물론일지라. 그런딕 년전에 겨우 예창기라는 영업장을 맛허 가지고는 그계야 죠끔 긔운을 닉여 기싱이라고 일커넛고 (…중략…) 지나간 십구일 본명 경찰셔에셔 창기 이십이 명을 불너 기싱의 몸 삼가 가지는 일을 훈유ᄒ고 일톄 믿음은 ᄒ지 못홀 줄로 알게 ᄒ 후 기싱 인가증을 닉여 쥬믹 기싱 일동은 감격홈을 못 익이더라는딕 식 기싱 누구는 아이고 인졔는 우리들도 셧셧ᄒ 식 면목으로 손님도 모시고 노라보겟고 어딕가 막힐 것이 업시 못ᄒ야 보던 것을 다ᄋ야 보겟슴니다. 인졔 졍말 기싱이 되고 보닛가 엇지 죠흔지 모르겟구요.

—「妓生된 新彰組合」, 『매일신보』, 1916.5.21

　　신창조합 기생이 정말 갑종의 기생이 되기까지는 대단한 고생을 겪어온 것이라. (…중략…) 어쨌든 시곡에서 기생이 분명하게 되지 못하여 애를 쓰던 것은 몇 해 동안 내려오는 사실이라. (…중략…) 아무쪼록 기생과 같이 되어 보리라고 그동안 따로 신창조합이라는 이름도 세우고 선생을 고용하여 교방소에서 가무도 열성으로 가르치며 (…중략…) 예기, 창기 2장의 영업인가를 맡은 까닭에 그래도 순절한 기생과는 달라서 (…후략…)

—「妓生이 되기신지 이 뒤가 더 어려워」, 『매일신보』, 1916.5.21

새로운 기생제도의 시행으로 창기로 분류된 삼패들은 예창기藝娼妓 영업장을 얻어 관기들의 가무를 학습할 수 있었고, 이렇게 관기 가무를 모방 연행한 결과 1916년 5월 19일 '갑종기생' 신분을 획득할 수 있었다. 다만 예창기 영업장의 인허나, 관기들의 가무 종목을 습득할 수 있었던 배경에 친일파 조중응의 후원이 있었다는 점, 그리고 삼패의 기생 신분 획득은 또 다른 측면에서 조선기생의 범주를 확대시킨 사건이라는 점에서, 기생사업을 통한 일제의 문화적 침략 의도를 생각해 볼 수 있다. 전통시대에 상설적으로 베풀어졌던 왕실과 관의 공적 행사는 근대로 접어드는 갑오개혁기에 단절되기 시작했고, 이 공간에서 활동하던 많은 예인들은 크게 타격을 받게 되었다. 하지만 일제는 제도로써 기생들의 경제 활동 및 가무 연행을 지속시켰고, 일반인을 상대로 영업하게 함으로써 조선의 기업문화를 확장·성행하게 했다. 기생제도는 조선의 가무를 지속시키는 기능도 했지만, 유흥문화를 조장하는 폐단을 초래하기도 했다.

삼패들은 이미 19세기 말에 매우 성장해 있었다. 활동에 있어서 뿐 아니라 복식마저 관기들과 구분이 안 될 정도로 민간 기업에서 이들이 차지하는 세勢는 매우 컸다. 그러나 기예나 매음에 있어서는 분명한 구분이 있어, 삼패들은 잡가를 할 뿐 관기들의 가무는 하지 못했다. 하지만 기예와 매음으로 기생의 활동을 구분했던 새로운 기생제도(기생단속령·창기단속령)는 '기생'이 되기 위한 조건이 '기예'에 있었기 때문에, 삼패가 관기의 가무를 추종하게 된 배경이 이러한 맥락에 있었음을 상기할 수 있다. 근대 시기 극장을 통한 춤 기록은 1910년대에 가장 왕성하게 나타난다. 이 중에는 관기 출신들의 춤 연행도 있었지만, 창기로 전락한 삼패가 기생(1916)이 되기 위해 관기들의 춤을 모방했던 상황이 반영되어 있다.

제3장
서울지역 기생의 요리점 활동과 춤 양상

이 장에서는 근대 시기에 연행된 기생의 춤 연행 실체를 좀 더 실증적으로 파악하기 위해 20세기 이후 기생들의 주요 활동 공간으로 자리하게 된 요리점에 대해 살펴보고자 한다. 20세기 초 기생제도가 새롭게 도입되면서 기생들은 기생조합에 소속되어 활동하게 되었다. 기생조합에 소속된 기생은 1인이 기업妓業 활동을 할 수 있는 구조였으며, 개인 형태로 왕성한 공연 활동을 펼친 공간은 요리점이었다.

기존에 기생춤에 대한 연구는, 근대식 극장에서의 공연이나 권번에서 학습된 춤 종목을 중심으로 고찰되었고 요리점과 관련된 내용은 찾아보기 어렵다. 그 이유는 요리점이 기생들의 활동 공간으로 자리하기는 했지만 음식점, 또는 대중적 유흥 공간이라는 특수한 공간적 특성 때문에 학문적 대상에서 벗어난 것이 아닌가 생각된다. 그러나 요리점은 기생들이 활동했던 주요한 장소이기 때문에 기생춤에 대한 연구는 요리점 공간과 연계하여 검토가 요구된다. 이 장에서는 요리점에서 기생들이 활동하게 된 배경과 활동 양상을 살피고, 이곳에서 연행된 춤의 면모와 특성을 조명해 보고자 한다.

1. 일본 요리점의 이입과 기생의 활동 방식

20세기를 전후하여 일본에서 이입된 '요리점'은 요리를 먹을 수 있는 음식점이자 크고 작은 연회를 벌일 수 있는 대중적 모임 공간이었다. 요리점의 형태는 갑종(제1종)과 을종(제2종)으로 나뉘었으며, 전자에는 가무를 연행하는 예기藝妓가, 후자는 매음을 하는 창기娼妓가 출입하였다.[1]

조선에 유입된 초기의 요리점은 제2종 요리점(을종요리점)이었던 것으로 보인다. 1876년 일본과 조일수호조규를 맺고 부산을 필두로 문호를 개방한 조선은 원산(1880), 서울(1882), 인천(1883)을 순서로 차례로 개항하였다. 이 지역을 중심으로 일본인들의 거류가 시작되었는데, 일본 군대와 관리, 무역상들이 들어오면서 이들을 고객으로 노린 성매매업자들도 이주하게 되었다. 통감부 시기에는 각지의 거류민단이 앞을 다투어 유곽 설치에 열중하였는데[2] 1906년 이후 거류민 수가 8만을 넘게 되면서 일본인을 상대로 하는 공창지가 점차 증가하기 시작하였다. 유곽 설치에 열중한 가장 큰 이유는 거류민단의 재원을 마련하는 데 있었다고 하는데, 신정新町에서는 유곽업자에게 토지 임대료를 받아 일본

---

1   1916년 3월 31일 총감부령으로 제3호 「예기작부치옥영업취체규칙(藝妓酌婦置屋營業取締規則)」과 이것이 발전한 제4호 「대좌부창기취체규칙(貸座敷娼妓取締規則)」에는 '주석에 앉아서 술을 따르고 기예를 업으로 하는 일본 여인을 예기(藝妓)라 부르고 한국 여성으로서 같은 일을 하는 자를 기생(妓生)이라 호칭하고, 불특정다수인에게 성을 제공하고 대가를 받는 자는 창기(娼妓)'라 엄격히 구분하고 있다. 손정목, 『일제강점기 도시 사회상 연구』, 일지사, 1996, 445면.
2   박정애, 「일제의 공창제 시행과 사창 관리 연구」, 숙명여대 박사논문, 2009, 40면.

거류민 자제의 교육비로 썼으며 군산에서는 거류민단 재원의 확충을 위하여 유곽을 신설하였고 평양에서도 유곽지가 거류민단의 주요한 재원이었다고 한다.[3] 다만 이러한 유곽지에서의 성매매 관련 규칙[4]에 을종요리점 단속 규칙이 포함되었던 사실은 결국 유곽지, 또는 공창지 관련 영업은 을종요리점의 영업과 관계됨을 말해준다고 할 수 있다.

서울에도 일찍이 1899년 광교 남쪽에 목욕탕 겸업 일식 음식점 수월루가 있었고, 무교동의 취향루가 있었으며, 1900년 송교 청향관이 있었다고 한다. 신문로에는 정거장 근처를 오가는 손님을 대상으로 여자를 두고 장사를 했던 유흥주점 격 요리옥인 신풍관도 있었다고 한다. 그밖에 1904년 이전에 개업한 목욕탕 딸린 혜천탕이 있었고, 1907년에는 일본 거주지인 본정本町에 개업한 봉황성도 있었다고 한다.[5] 그러나 이처럼 조선요리를 가지고 운영한 요리점들이 1900년 전후로 등장하기 시작했지만, 이곳은 기생들의 가무를 초청할 수 있는 갑종요리점이 아니라 목욕탕을 겸비한 음식점이거나 을종요리점이었던 것으로 보인다.

갑종요리점의 형태는 1903년 9월 17일에 개업한 명월관[6]에서부터 시작된 것으로 보인다. 단 명월관 개업 직후부터 기생들의 가무가 공연되었는지 기록에서 찾기 어렵고, 1908년 1월 10일에 명월관이 대대적 확장 공고를 내면서 기생들의 활동을 홍보하였다.

---

3   위의 글, 40면.
4   공창제 관련 관련 규칙은 山河英愛, 「한국근대 공창제도 실시에 관한 연구」, 이화여대 석사논문, 1991, 부록 64~67면 「공창제도 관련 이사청령 일람」, 「1910년대 공창제도 관련 법규 일람」 참고.
5   정형지, 「대한제국기 조선요리옥의 출현」, 『이화사학연구』, 이화사학연구소, 2012, 212~213면.
6   주영하, 「조선요리옥의 탄생-안순환과 명월관」, 『동양학』 50, 단국대 동양학연구원, 2011, 145면.

명월관 확장 광고(明月舘擴張廣告)

공유두병(恭惟斗柄)이 동지(東指)에 천하(天下)] 개춘(開春)흥되 사회
대운(社會大運)이 유왕유창(愈往愈昌)흥지라 본관(本舘)이 위차도축(爲此
禱祝)흥와 영업기관(營業機關)을 확장분려(擴張奮勵)흥야 일신개량(一新
改良)흥고 기구포진(器俱舖陳)과 분재장식(盆栽莊飾)이 수천인이상(雖千
人以上)이라도 의식설비(儀式設備)가 호무결점(毫無缺點)이옵기 확장(擴
張)흥 물품(物品)을 좌개앙포(左開仰佈)흥오니 행수(幸須) 권애광원(眷愛
光願) 흥시와 비증번창(俾增繁昌)케 흥심을 천만지망(千萬至希)

공연 사회 필요품 좌개(公宴私會必要品左開)

一 대소연회 연수품 급 각종 기구(大小宴會宴需品及各種機俱)

一 후이식기 酒

一 한요리 특별 개량 교자(韓料理特別改良交子)

一 썍란듸 酒

一 동보통교자(소普通交子)

一 포도주(葡萄酒)

一 얼 交子

一 각국 경편식물(各國輕便食物) 용숙(甬熟)

一 주효상(酒肴床)

一 진찬합 건찬합(眞饌盒乾饌盒)

一 식교자(食交子) (大小)

一 권련 여송 연애 급 연(卷烟呂松烟埃及烟)

一 각종 서양 요리(各種西洋料理)

一 약주 소주 구화주(藥酒燒酒俱和酒)

一 국정종주(菊正宗酒)

一 각종맥주(各種麥酒)

一 삼편주(三鞭酒)

기타 미색(美色) 가동(歌童) 창부(唱夫) 장고(長鼓) 대고(大鼓) 청구(請求)
즉(則) 수시(隨時) 응공(應供)

一 연회기구품(宴會器具品)을 或 세차(貰借)도 ㅎ오며 위탁(委托)에도 수
응(酬應)ㅎ옵

대한 경성 중서(大韓京城中署) 광화문통(光化門通) 황토현 기념비(黃土峴
紀念碑) 전 명월관(前明月舘) 고백(告白) (電話 七百二十五番)[7]

위 기사에서 알 수 있듯이 요리점 명월관은 요리를 파는 곳이라는 의
미를 넘어 '대소연회'를 벌일 수 있는 대중적 모임 공간이었다. '수천인
이상이라도' 연회할 수 있도록 의식설비와 물품을 확장하였다는 문구
는, 그만큼 거대한 인원을 수용할 수 있는 넓은 장소와 설비를 갖추었
다는 자신감의 표현이다. 필요하면 '연회기구품'을 빌려주기도 하고 위
탁도 해주며 미색, 가동, 창부, 장고, 대고를 청구하면 제공한다고 덧붙
였다. '미색'은 기생을 가리키며, 따라서 연회에 흥을 돋울 기생과 가
동·창부 등의 공연자를 불러줄 수 있다는 뜻이고, 장고와 대고는 연회
를 하는 사람들이 직접 즐길 수 있도록 악기를 제공한다는 뜻으로 풀이
된다. 결국 1908년 명월관의 확장은 일반인들을 위한 대소연회의 성격

---

7   『황성신문』, 1908.1.10.

을 더욱 강화한 것이고, 이때부터 일반인을 상대로 기생들의 연회 참여도 더욱 활성화되기 시작했을 것으로 짐작된다.

명목상 '음식을 파는 곳'이라는 타이틀을 가지고 있었지만 요리점은 대중들이 크고 작은 연회를 벌일 수 있는 공간이었고 이곳을 찾은 대중들은 음식을 먹거나 요리점에 구비된 연회용 물품(장고, 대고 등)을 가지고 스스로 여흥을 즐길 수도 있었다. 요리점의 연회공간은 방房의 형태를 띤 협소한 공간부터 특설무대를 갖춘 넓은 연회실까지 마련되어 적은 인원부터 다수의 단체 이용객까지 포용할 수 있었다.

무엇보다 이 공간에서 가장 특별한 기능은 전문 연희자들을 초청해 가무 공연을 감상할 수 있다는 점이다. 그리고 요리점 활동을 가장 왕성하게 했던 연희자는 기생이었다. 단 요리점에서 활동한 기생은 전근대 시기의 기생, 즉 '관기'가 아니었다는 사실을 유의할 필요가 있다. 20세기의 기생은 '관기 출신'들과 '일반 여성'들이 혼재되어 있었다.

다음 절에서는 요리점에서 나타나는 기생들의 존재 및 활동 방식을 살펴보도록 하겠다.

2. 기생조합의 등장과 무부기의 요리점 활동

1) 기생단속령의 시행과 무부기 활동의 공식화

갑오개혁으로 인한 신분제 폐지로 사실상 관기들의 제도적 세습은 사라졌다. 하지만 1908년에 '기생단속령妓生團束令'[8]이 발포됨으로써 기생의 활동이 다시 법적으로 가동되었으며, 이 제도로 당시 활동하던 조선의 기생들(관기一牌, 은군자二牌, 탑앙모리三牌)과 일반인 신분이었던 여성들까지 기업 활동을 할 수 있게 되었다.

조선 후기에 존재하던 관기는 경기京妓와 향기鄕妓로 나뉘었으며, 경기의 경우에는 궁중의 공적인 행사와 민간의 사적인 기업 활동을 겸하고 있었다. '기생단속령' 이전에 시행되었던 전통적인 기업 방식은 기부妓夫가 기생의 영업을 주재하던 '유부기有夫妓' 형태였다. 그러나 기생조합 설립 후 기생의 관리는 조합이 대체함으로써 사실상 조선기생의 기업 방식은 '무부기' 형태로 전환되었다 할 수 있다.

사실 단속령이 발포되기 전부터 서울에는 상당한 수효의 '무부기'가 활동하고 있었다. 이들은 주로 평양지역에서 상경한 관기들이었으며 진연進宴 후 귀향하지 않고 서울에서 기업 활동을 전개했다.[9] 무부기들의 활동은 1913년 '다동조합'의 결성으로 공식화되었지만, 그 발단은 조선정악전습소朝鮮正樂傳習所가 무부기를 모집하여 교습한 것에서 비롯

8 　'기생단속령'의 내용은 본서 2장 1절 참고.
9 　이능화, 이재곤 역, 『朝鮮解語花史』, 동문선, 1992, 439면.

된다. 조선정악전습소는 조양구락부朝陽俱樂部(1909)의 후신으로 정악을 유지·보급하기 위해 1911년에 설립된 음악교육 기관이다. 1912년 전습소의 학감이자 가곡 교사인 하규일河圭一을 비롯하여 전습소 교사들이 서울에 머물고 있는 지방 기생들을 모아 여악분교실女樂分敎室을 설치하여 가르치기 시작했다.[10] 이 무부기들에게 가무를 교수[11]한 그 이듬해에 무부기들의 조합인 다동조합이 설립되었다. 그러나 기생조합 설립 이후 기생들의 요리점 활동을 비난하는 글이 속속 등장하기 시작했는데, 주로 무부기조합·다동조합 기생들을 향하고 있었다.

2) 화초기생의 요리점 활동

상술했듯 일본을 통해 유입된 요리점은 예기가 활동하는 갑종요리점과 창기가 활동하는 을종요리점의 두 가지 형태였다. 1908년 발포된 '기생단속령'과 '창기단속령'은 예기와 창기를 명확히 구분하고 영업활동에 대한 규정을 법률화한 것이다. 전자는 '기생조합'을 통한 기생들의 활동을 합법적인 행위로 인정한 법률이었으며, 후자는 집창촌을 중심으로 한 '공창제'의 시행법령이었다.[12] 이에 가무로 활동하는 갑종기생은 법적으로 매음이 불가[13]하였고, 반대로 매음으로 활동하는 을

10　『매일신보』, 1912.2.7.
11　『매일신보』, 1912.8.29.
12　서지영, 「'기생(妓生)'과 '기업(妓業)'에 관한 역사적 고찰」, 『여성이론』 13, 여성문화이론연구소, 2005, 156면.
13　갑종기생이 밀매음을 하다가 경찰의 처분을 받았다는 기사(『매일신보』, 1916.12.2)와, 갑종기생이 은밀히 매음 활동을 하여 대검거를 실시했다는 기사가 있다. 후자의 글을

종기생은 가무가 엄격히 금지[14]되었다.

갑종기생들은 기생조합에서 일정한 가무 학습을 익히면 요리점으로 공연을 나갈 수 있었다. 그러나 기생조합이 결성된 지 얼마 지나지 않아 기생들의 가무 실력에 대한 논란이 일어나고 있었다. 아래는 유부기와 무부기의 조합인 광교조합과 다동조합이 설립[15]된 지 1년여 지난 1914년의 기사다.

요ᄾ히 기ᄉ들은 일홈만 조합으로 걸어노으면 발셔 기ᄉ이라고 각 료리뎜으로 단이면서 인ᄉᄒ여 두고 아못됴록 자조 불녀달나고 쳥을 ᄒ여두지요. 그러ᄒᆫ 기ᄉ이 무슨 가무가 잇스며 손을 딕졉ᄒᆯ줄인들 엇지 알겟슴닛가. 얼골이나 힛그름ᄒ고 모양이나 과히 흉치안이ᄒ면 그ᄅᆡ도 부르는 사름이 잇셔셔 이리간다져리간다ᄒ고 버텨먹지요. (…중략…) 녜젼에 기ᄉ이라ᄒ면 쳣ᄌᆡ는 가무를 보고, 둘ᄌᆡ는 ᄉ름을 보는 것이요, 셋ᄌᆡ는 얼골을 보는 것인딕 지금와셔는 아조 졍반딕가 되엿지요. 졔가 기ᄉ노릇ᄒᆯ ᄯᅢ에는 손님압헤 나아가셔 어딕가 임의로 손고락 한아를 함부루 놀니겟슴닛가. 졍말로 망

싣는다. "쇼위 기ᄉ됴합이란 거슬 셜립케ᄒ고 갑종과 을종으로 계급을 졍ᄒ야 갑종기ᄉ은 가무와 음률로써 영업케ᄒ고 을종기ᄉ은 ᄆᆞ음을 공허ᄒ되 달마다 근강진단을 ᄒ야 위ᄉ을 보호ᄒ여 오던바 요사이 쇼위 갑종기ᄉ이란 것이 경관의 눈을 속이고 가만히 ᄆᆞ음ᄒᆞᄂᆞᆫ 것을 도로○ 례사로 아는 고로 경찰셔에서는 일젼부터 딕검거를 시쟉ᄒ고 위션 갑종기ᄉ에 강진양츈姜晋陽春(一七) 됴진양츈曹晋陽春(一六) 최봉심崔鳳心(一六) 뎡연옥鄭蓮玉(一六) 네 명을 현힝범으로 인치ᄒ야 일쥬일 구류에 쳐ᄒ○고 (…후략…)" 「진주의 풍기 취체-밀매음녀 산양질」, 『매일신보』, 1916.2.1.

14 "우리 선생님 말씀을 들어보며는, 옛날에는 그 요리집이 갑종이 있고 을종이 있어요. 인제 갑종에서는 북을 치고 노래를 할 수가 있지마는 을종에서는 소리를 그러케 하며는 조사가 가요"(한국문화예술위원회, 『박송희』(한국 근현대예술사 구술채록연구 시리즈 193)(http://www.daarts.or.kr/gusool-artist)

15 『매일신보』, 1913.2.20.

칙흔 것은 요사이 기싱이 올시다.

—「一老妓의 自白 (二)」, 『매일신보』, 1914.7.29

위 예문에는 전통적으로 기생에게 있어 가장 중시되었던 덕목은 가무였는데 그 비중이 크게 약화되어 감을 한탄하는 노기老妓의 심경이 담겨 있다. 특히 '이름만 조합으로 걸어놓으면 벌써 기생이라고 요리점으로 다니면서 불러달라고 청을 하여 둔다'는 내용과 '얼굴이나 모양이나 과히 흉치 아니하면 그래도 부르는 사람이 있다'는 대목을 아울러 볼 때, 예기의 필수 요건인 가무가 엄격하게 고려되지 않았던 당시 요리점의 실태가 드러나고 있다.

기생조합 소속 기생들이 공연을 통해 요리점에서 경제 활동을 하는 시스템은 근대 시기에 나타난 새로운 기업 방식이었다. 그러나 이처럼 기예 실력이 없는 이른바 '화초기생'들의 활동은 당시 갑종요리점에서 공공연히 자행되고 있었다. 화초기생이라는 단어는 기생의 공식 명칭이 아니기 때문에 실제로 당대 기사에서 거의 발견되지 않는다. 하지만 이 용어는 당시에 공공연히 쓰였던 것으로 보이는데, 1927년에 발간된 기생잡지 『장한』을 통해 그 의미를 확인할 수 있다.

생각해 보십시오─몸에는 아─무 재조도 업고 다만 젊은 나희에 얼골 고흔 것만 자랑한다 하면 그의 수명이 얼마나 길게 가겟습니가? 이것이 소위 화초기생이라는 것이니, 화초기생은 일시는 얼골이 어엽븐 탓으로 잘 불릴지는 모르겟지마는 그의 수명은 아참의 이슬과 가치 극히 쌀을 거임니다.

—「예술적 기생이 되라」, 『長恨』, 장한사, 1927[16]

화초기생들의 활동은 실제 어떠했을까. 서울에서 화초기생들이 가장 활기를 띠던 시기는 요리점이 가장 성업을 이루던 대정 6~7년(1917~ 1918)으로 보이는데, 이때 기생을 비난하는 기사가 '다동조합' 기생들에게 쏠리고 있었다.

> 근일 소위 **다동기싱죠합의 소문을 드르라**. (…중략…) 그 죠직의 취지인즉 신시딕에 신식 기싱을 양성ᄒ야 시딕의 요구에 응ᄒ곗다ᄒᄂ 뜻으로 좃차 나온 일이라. 그럼으로 셜립 쵸에ᄂ 일반사회에 동졍을 엇을 쑨 안이라 ……
> 사회상에 죠혼 평판이 업지안이ᄒᆷ으로 즈릭로 죠션에 고유ᄒ던 관기 광교 기싱죠합을 능히 압두하려 ᄒᄂ 영향이 잇더니 (…중략…) 뭇노니 이것이 **그 죠합 임원된 여러 샤롬의 경영방법이 뎍당치 못ᄒ고** ᄯᄂ **조합원 된 기싱들의 단쇽을 잘못ᄒᆷ으로 ᄒᆷ인가. 그러치 안이ᄒ면 소위 기싱들이 임원의 지휘롤 밧지 안코 즈힝즈지 ᄒᄂ 소위에셔 좃ᄎ나온 일인가**. 이닯은 것은 요슷이 다동기싱들의 힝동이 졈졈 타락ᄒ여 일반샤회의 동졍을 일홀 쑨 안이라 감히 기싱이라 일ᄋᄂ 몸으로 스당이나 다름업는 힝동을 붓그럼 업시 힝ᄒ여 져의가 스스로 흑암턴디 ᄀᆺ혼 굴 쇽으로 몸을 써러치고 즈 하는도다.
> ―『매일신보』, 1916.7.11

오입쟁이들이 홍수같이 밀려들어 부어라 마시자 논팔아라 밭팔아라 하는 통에 조선의 부자는 다 망하나 보다 싶던 대정(大正) 6~7년경 외입쟁이 부랑자 사태가 나서 석 달에 30만원을 썼느니 하루에 천원을 썼느니 하고 야단이

---

16 손종흠·박경우·유춘동 편, 『근대 기생의 문화와 예술』 자료편 1, 보고사, 2012, 52~ 52면.

났던 것이다. (…중략…) 다동조합에 몰렸던 남선(南鮮), 서선(西鮮) 기생들이 돈 타령을 할 때는 세상이 어찌나 어수룩했던지 부사후출급(父死後出給)이라는 증표를 써 놓고 부잣집 아들들이 고리대금업자들에게 돈을 얻어 쓸 수가 있었다. (…중략…) 여기서부터 화류계의 고습(古習)은 자취조차 없어지고 기생들은 돈이 있는 놈이면 누구든지 좋다 주의(主義)로 덤비고, 오입쟁이들은 가무는 두었다 보자 인물이 첫째다 주의로 평양 기생만 찾게 되니, 평양감사 되기를 일생에 소원하던 노인들에게는 꿈에도 생각할 수 없는 꽃다발이다. 평양기생은 평양 가서나 볼 줄 알았던 그들의 눈앞에 말 잘 듣고 싹싹한 미기(美妓)가 벽년정(百年情)이나 든 듯이 생글생글 웃고 안겨드니 오장인들 못 빼주며 육부인들 아낄까 보냐. 이리하여 한참동안 경성은 평양 기생의 천지가 되어 있었다.

— 「대경성 화류계의 금석(今昔) 성쇠기(盛衰記)」, 『중앙』 3-2, 1936.12[17]

'외입쟁이 부랑자 사태'가 나던 1917~1918년 경성에는 각 지방의 기생들이 서울로 운집[18]하여 기업 활동에 열을 올리고 있었으므로 서울지역 요리점이 크게 성업했음을 짐작할 수 있다. 기생조합(권번)은

---

17 손종흠·박경우·유춘동 편, 『근대 기생의 문화와 예술』 자료편 2, 보고사, 2009, 511~512면.

18 "륙칠년까지 경성에 기성이라는 것은 빅명 닉외에 지나지 못ᄒ던 것이 지금은 할삭 쑤여셔 영업을 맛혼 기성이 삼빅 이십 칠명이오 그 외에 공부ᄒ다는 어린 기성이 모다 그려 모으면 이빅명이나 되야 지금 화류계에 몸을 잠그고 부랑자의 짐망ᄒ는 돈을 먹는 기성이 무려 오빅명이라 (…중략…) 실로 경성의 셰월은 기성의 셰월이라. 평양 진주 대구 등디 싀향에셔는 가량업던 것들이 서울에만 올나와셔 몃달만 부시디이면 한달에 빅원버리는 그야말노 드러누어셔도 ᄒ는고로 싀향의 기성들은 올나오나니 경성이다 평양이나 대구사람의 말을 드르면 그곳의 기성은 거의 다 경성으로 치다라셔 본고당에서 보다 경성에를 와야만 져의 고향 기성을 만히 본다ᄒ는 말만 드러도 경성에셔 기성의 셰월이 얼마나 됴혼지 탄식홀일이 안인가." 「오백명의 기성이 무엇을 먹고 입고 사는지 아느냐. 기성이 한달에 이빅원 버리는 우수웁다 평양 대구의 기성은 경성에 와셔야 본다」, 『매일신보』, 1918.6.2.

기생들을 관리하고 통제하며 기예 향상을 위해 노력하는 역할을 했기 때문에 예기, 또는 예기들의 가무는 기생조합이 내세우는 상징이자 자존심과 밀접하게 연관된다고 할 수 있다. 1910년대 초 유부기와 예창기 삼패가 극장에서 가무 공연에 열성을 보였던 것도 각자의 조직 홍보와 명예를 위한 활동이었다고 할 수 있다. 그러나 무부기들은 극장을 통한 공연 활동에 적극적이지 않았다. 이들은 주로 요리점 영업에 치중하고 있었으며, 무부기 조합인 다동조합이 설립된 지 1년이 지난 1914년 6월이 되어서야 극장에 처음 공연 모습을 드러냈다.[19]

조직이 결성된 지 얼마 지나지 않아 대중들의 비난을 받기 시작했던 다동조합은 사실상 다동조합 내부의 운영이 기생들을 규제하는 것이 아니라 방치하고 있다고 여기게 한다. 특히 위 기사에서 '다동조합의 임원된 여러 사람의 경영 방법이 적당하지 못하고'라는 내용과 '다동조합에 몰렸던 기생들이 돈타령을 할 때는 부사후출급父死後出給이라는 증표를 써 놓고 부잣집 아들들이 고리대금업자들에게 돈을 얻어 쓸 수가 있었다'는 대목이 눈길을 끈다. 즉 1917~1918년경에는 다동조합 기생이 출입하는 요리점 이용객들에게 자금을 대주는 고리대금업이 관여했다는 사실을 알 수 있는데, 여기에는 친일파의 거두 송병준이 깊숙이 개입하고 있었다.

> 대정권번의 배후에는 설립 초부터 송병준 색작(色爵)이 잇어 자기의 경영하는 대성사(고리대금업)로 그 권번을 관할하여 간접으로 기업을 하다가 그 권번에 감

---

19 「무부기의 시출연(始出演) – 무부기연쥬가 인제 나와 릭일 밤부터 단셩샤샤에셔」, 『매일신보』, 1914.6.2.

독으로 있던 하규일(河奎—)이가 송병준과 의사가 충돌(실은 송파 안순환과 충돌

됨)되야 퇴사하게 되니 다년간 하씨의 노련한 가곡과 풍취에 취한 기생들은

일시에 낙망되야 풍전의 낙화와 가티 사권번으로 이산하니 전일에 번화하

던 대정권번은 문전낙냉안마희(門前落冷鞍馬稀)의 비운에 지(至)하얏다.

— 일기자, 「경성의 화류계」, 『개벽』 48, 1924.6

　　다동조합-대정권번은 송병준의 고리대금업과 긴밀한 관계 속에서
운영되고 있었고, 이 과정에서 화초기생들이 급증했던 것으로 보인다.
그리고 여기에는 화초기생을 자유롭게 출입할 수 있도록 '배려'한 요리
점 운영자 안순환의 동조도 있었으며, 이러한 안순환과 송병준의 운영
방침이 하규일의 의견과 충돌되었던 것이다. 하규일의 다동조합 교사
사임은, 가무 선생의 기예 교수도 제대로 받지 않고 기생 행세를 하고 다
닐 수 있게 허가한 다동조합의 비정상적인 운영방침에 있었던 것으로
여겨진다.

　　이때 가무 지도자였던 하규일을 따르는 예기들이 함께 빠져나가 경
성 사四권번으로 흩어졌다고 하니, 대정권번에는 예기의 급감 사태가
발생했을 것을 예상할 수 있다. 하규일이 대정권번을 나간 시기는 정확
히 알 수 없으나 무부기에 대한 비판적인 평은 1916년부터 1919년[20]
에 가장 극에 달했던 것으로 보이고, 대정권번의 화초기생은 이 시기에
가장 활개를 친 것으로 여겨진다. 단 하규일은 1923년 경화권번을 매

20　1919년 11월 11일부터 13일까지 극장 우미관에서는 대정권번의 '국화회'라는 연주회가
　　열렸는데 기생들의 춤 복식이나 기예 수준이 매우 형편없었음을 지적하고 있다.(관련
　　기사는 『매일신보』, 1919.11.13~15) 이 연주회 논란 또한 하규일의 부재를 알려주는
　　대목이다.

수하여 전일 연고가 있던 기생들과 함께 조선권번[21]을 설립하게 되는데, 1924년 기사에 '지금 조선권번에 하규일이 있는 것이 한 자랑'[22]이라고 언급하고 있어 '무부기'들의 명예도 하규일로 인해 차츰 회복되어질 것을 예견하는 듯 보인다.

1936년 잡지 『삼천리』에 실린 「명기영화사 조선권번名妓榮華史 朝鮮券番」[23]이라는 글에는 한성·조선·종로권번 중에 '가장 역사가 오래되고 유명한' 권번을 조선권번이라고 언급하면서, 명치 43년(1910) 하규일 씨와 그밖에 몇몇이 기생을 모집하여 조합을 만들었다고 설명하고 있다. 조선권번을 '조선에서 가장 오래된 권번'으로 소개한 점은 오래된 기준을 전통시대의 관기가 아닌 근대 시기에 새롭게 형성된 '기생조합'에 두고자 했기 때문이다. 이 글에는 조선권번이 '무부기조합(1912) → 다동조합(1913) → 대정권번(1918) → 조선권번(1923)'의 맥으로 이어지고 대다수의 평양기생들로 구성된 조직이라 서술되어 있다. 그리고 하규일의 지도로 배출된 명기名技[24]들의 존재를 언급하고 있다. 그러

---

21 그러나 1924년 송병준이 다시 조선권번을 매수하였다.
22 "무부기조합이라는 간판을 걸고 평양기생을 중심으로 하여 조직된 것이니 송병준 백작을 배경으로 기세를 돋우기에 이르러 오늘의 조선권번이 된 것이니 이 권번에는 사세(辭世)의 원로 하규일 씨가 있는 것이 한 자랑이라 하겠다." 「대경성 화류계의 금석(今昔) 성쇠기(盛衰記)」(『중앙』 3-2, 1936.12), 손종흠·박경우·유춘동 편, 앞의 책, 515면.
23 「명기영화사, 조선권번」, 『삼천리』 8, 1936.
24 "조선권번은 오로지 하규일씨의 공로이요, 꾸준한 지도가 잇섯다한다. 또한 이 권번의 초장긔로부터 오늘날까지 손밑에서 자라난 긔생이 數 3,000명을 헤아린다고 하니 실로 조선 긔생권번사의 첫 페-지를 일우는 하규일씨의 존재는 뚜렷한 바가 잇다할 것이다. 지금에 하규일씨는 조선권번을 움즉이는 한 주인으로 되엿다. 조선 정악(正樂)은 물론이지만, 춤 잘 추고 노래 잘 부르는 하규일씨의 손 아래에서 하나에서 수 천을 헤아리는 수많은 기생들 가운데서도 얼골 잘나고 재조가 용하고 춤 잘 추고 노래 잘 불너서 장안의 호걸과 풍류객들이 너도 나도 하며 단춤을 삼키며 연연 사모하든 긔생들이 하나요 단둘이 아니려니 (…후략…)" 「명기영화사, 조선권번」, 『삼천리』 8, 1936.

나 '무부기조합'부터 '조선권번'에 이르는 동안에는 하규일의 공백 기간이 있었고, 대정권번에서 순 평양기생들로만 따로 독립하여 대동권번[25]을 조직했던 사례도 존재했다. '권번'의 역사성과 '명기'들의 존재를 강조하고자 한 이 글은 조선권번의 역사적 맥을 조선 가무의 대가이자 교사였던 '하규일'의 족적에 두고자 했다는 사실을 읽을 수 있다. 근대 시기를 통틀어 경성에서 활동한 '무부기', 또는 '평양기생'들의 집단 구조 속에는 '화초기생'의 활동과 '명기'들의 활동이 공존했다. 1910년대는 '화초기생'에 대한 질책이 두드러졌고, 1930년대 이후에는 '명기'들의 존재가 부각되었다.

그러나 '화초기생'은 예기들의 활동에 분명 타격을 끼친 존재였다. 기예에 주력하며 활동했던 예기들이 요리점에서 겪는 자신들의 처지를 공식적인 지면을 통해 토로하고자 한 모습이 발견된다.

엇잿든 저로 말하면 여러 손님들에게 노래와 춤을 파는 터이니가 어느 손님이고 나에게 요구하시는 노래나 춤을 그 손님의 비위에 마즈시도록 하여 들이는 것이 저로서 할 일인즉 (…중략…) 엇던 손님은 기생과 창기를 혼동해 보시는 폐단이 만슴니다.

－妓生, 「보통인간으로 대하야 주엇스면」, 『장한』, 장한사, 1927.9[26]

예기란 무엇인가. 연석에 초대받아 음악과 가무를 연주하여 연석에 흥을

---

25 「경성의 화류계」, 『개벽』 48, 1924. 대동권번은 1920년에 설립되었다. 그러나 1924년에는 간판만 있고 폐업 상태였다고 한다.

26 손종흠·박경우·유춘동 편, 『근대 기생의 문화와 예술－자료편 1』, 117~118면.

한층 높이게 일단의 풍류를 가미함에 종사하는 여성이다. (…중략…) 영웅 열사가 만란(漫瀾)과 악전고투하며 고심참담하여 성공의 월계관을 쓸 때에 우리는 가무로써 그의 영화를 더욱 빛나게 하는도다. 어찌 일개 유야탕자의 수중물이 되고 마는 것이 예기의 본이랴.

—윤옥향, 「예기의 입장과 자각」, 『장한』, 장한사, 1927.9[27]

위 글은 1927년에 발행한 『장한長恨』이라는 잡지에 기재된 내용이다. 『장한』은 1927년 당시 경성의 권번에서 활동하던 기생들이 주된 필자[28]로 참여하여 발간된 최초의 기생잡지이다. 발행기관인 '장한사'는 1927년 당시 경성 시내 사권번(한남, 한성, 조선, 대동)과 요리점, 그리고 일부 영향력 있는 기생들의 후원 속에서 기생잡지 간행을 위해 새로이 설립된 잡지사로 추정되며 발행인은 김보패로 원로급 예기로 추측된다.[29] 필자로 참여한 기생은 당시 권번에서 활동하고 있는 기생들로 보이는데, 박록주와 같은 이름난 명창을 포함하여 대부분 20대 중후반의 기생들로 확인된다.[30] 『장한』은 기생 스스로의 목소리를 내기 위해 만들어진 잡지였지만, 『장한』이 발행된 보다 깊은 목적은 기업과 관계되어 있는 사권번과 요리점에서 예기들의 활동 환경이 나날이 악화되어 감을 지면을 통해 우회적으로 대처해 보고자 한 방편은 아니었을까

---

27   위의 책, 241~242면.
28   『長恨』 창간호(1월호)의 경우, 총 48개의 크고 작은 글들로 이루어져 있는데, 이 중 기생 필자의 글이 26편으로 가장 큰 비중을 차지하고 있다. 서지영, 「식민지 시대 기생 연구 (3)—기생잡지 『長恨』을 중심으로」, 『대동문화연구』 53, 성균관대 대동문화연구회, 2006, 354면.
29   위의 글, 351면. 서지영은 발행인인 김보패를 삼패 출신으로 추정하고 있다.
30   위의 글, 355~356면.

여겨지기도 한다.

　요리점에서 활동했던 기생들이 예기로 살아가기 위해서는 상당한 고충과 인내가 수반되었을 것으로 여겨진다. 얼마나 많은 예기들이 자신의 의지를 지켜냈는지 알 수 없으나 분명 '명기名妓'들은 존재했고, 이들은 해방 후 자신이 '예기'였음을 당당히 드러냈다. 자신들의 기예를 더욱 가꾸고 보존하려 했던 예기들의 존재가 기생들의 조선가무를 지켜내는 밑바탕이 되었을 것으로 생각된다.

3. 요리점에서 연행된 기생춤의 특성

1) 『조선미인보감』을 통해 본 기생들의 춤 경향

　근대 시기 경성에 소재한 요리점에는 두 가지 공연 공간이 있었다. 하나는 근대식 극장과 같이 프로시니엄 무대를 본뜬 특설무대이고 다른 하나는 방의 한켠을 무대로 활용한 방중房中 공간이었다. 전자는 다소 큰 규모의 작품을 올릴 수 있었고 후자는 협소한 공간성으로 인해 공연 종목에 제약을 받았다. 그러나 이 두 공간에서는 모두 정식 무복舞服과 무구舞具를 갖추고 반주 악사를 대동하여 기생들의 정식 춤 레퍼토리를 공연하였다.

　당시 기업 방식은 예기 개인이 단독으로 활동하는 구조가 기본 체제였기 때문에, 기생들은 자신의 특기를 계발하고 향상시키기 위해 주력하였다. 이 점에서 기생들의 가무 레퍼토리는 당시 대중들에게 호응을 얻거나 유행하던 종류였을 것이 주지의 사실이다. 1910년대 기생들의 기예 정보를 소개한 「예단일백인藝壇一百人」과 『조선미인보감朝鮮美人寶鑑』은 이 점에서 주목할 필요가 있다. 「예단일백인」은 매일신보사에서 1914년 1월 28일부터 6월 11일까지 가무음곡 등 예술이 우월한 인물 100인을 수집하여 연재한 글인데, 실제로 소개된 예인은 기생이 90명으로 압도적으로 많았다. 『조선미인보감』은 조선 전도全道에 있는 예기들이 소개되었으며, 1918년 7월에 경성일보사의 사장이었던 아오야기 쓰나타로靑柳綱太郞와 신구서림新舊書林을 경영하던 지송욱이 공동 작업을 하여 발간하였다. 이 책은 서문에서 밝히고 있듯, "예기의 용태 연츄姸醜(용모의 아름다움과 추함－인용자 주)와 기예 우열이며 그 약력의 대개"를 설명해 놓은 자료다. 즉, 이 자료는 기생의 기예 종목을 포함해 기생의 이름과 나이, 사진, 출신지와 현주소, 기생이 된 사연, 학습 경력, 기생에 대한 짧은 평가 등 '기생 자체'에 대한 정보를 담고 있다.[31] 이러한 구성은 개인적인

---

31 이러한 『조선미인보감』의 구성은 「예단일백인」과 흡사하다.
「藝壇一百人」
설도(薛濤) 十七
"평양명기 설도(薛濤)는 방년이 이십일셰라. 본릭 평양 출싱으로 열한살에 기싱서직에 입학ᄒ야 여러 가지로 노릭와 츔을 공부ᄒ얏는디 텬싱려질이라. 쳥아ᄒ 셩음은 시됴 가ᄉ 잡가 등이 무비졀창이오 승무 검무 항장무의 긔긔 션수로다. 잉슌호치가 열닐 졔 랑랑ᄒ 말소리로 손님을 졉딕ᄒ는 법은 슈단도 능난ᄒ고 교틱도 비길 곳이 업다. 이럼으로 일홈이 평양일경에 쟈쟈ᄒ니 은안쥰마 호화직은 모다 셜도의 문압으로 칙직을 더지는지라. 그 쑨 안이라 아름다운 셩질을 가진 셜도는 몸은 기싱으로 츌신ᄒ여 잇스되 륙십여셰 된 로부모를 효셩으로 봉양ᄒ야 혹시 부모의 병이 잇슬 째는 몸에 의딕를 쓰르지 안이ᄒ고 얼골에 슈틱가 가득ᄒ야 잠시도 병셕을 써나지 안이ᄒ고 의약으로 치료ᄒ며 또흔 셩품이 온화ᄒ야 평싱에 큰 소리를 입밧긔 닉이지 안이홈으로 셜도를 졉촉ᄒ는 사름은 쳔 말가지 슈심이 잇던 가슴이라도 봄히에 눈록듯 홀지라. '셰월아 가지를 마러라, 네 가

활동이 가능해진 기업 방식에 따라 기생의 개별 정보를 파악할 수 있도록 이용객의 입장에서 고안되어진 느낌을 준다. '외입쟁이 부랑자 사태'가 나던 대정 6~7년(1917~1918)에 발행되었던 『조선미인보감』은 기생에 대해 관심을 가진 숱한 사람들에게 읽혔을 것으로 짐작된다.

「예단일백인」과 『조선미인보감』이 등장한 시기는 비록 4년여 차이로 크지 않지만, 춤 종목에 있어서는 뚜렷히 변별된다. 「예단일백인」의 경우 경성에 소재한 조합기생[32]들의 춤 종목은 주로 〈검무〉·〈승무〉·〈남무〉·〈입무〉 등으로 독무獨舞, 2인무, 4인무로 구성된 민속춤의 비중이 높게 나타났다. 놀음의 성격을 띤 요리점의 연행이라는 점에서 정재보다는 민속춤이, 또 기생의 개인적 특기를 소개한 지면이라 점에서 소수의 군무나 개인춤이 적시된 것은 일견 당연해 보인다. 그렇다면 유

가면 닉가 늙어' 하는 것은 셜도의 탄식이요 '화류계를 샤절하고 유정랑군 맛낫스면' 하는 것은 셜도의 소원이라. 적적히 뷔인 밤에 일병잔촉 벗을 슴고 올연독좌하여 쇼셜 한권으로 만단회포를 잇고자.' 『매일신보』, 1914.2.18.
"『조선미인보감』
한성권번(漢城券番)
리부용(李芙蓉) (二十五才)
원적(原籍) 京城府 茶玉町 七九
현재(現在) 京城府 觀水洞 四七
기예(技藝)-가(歌), 우계면(羽界面), 경서잡가(京西雜歌), 각종정재무(各種呈才舞).
梅粧이 先露하니 鼻梁은 差低로다. 燕頷은 圓滿이오 蟬髮은 美麗이라. 玉箏小 金蓮小오 水性雲心은 最寬緩이라. 家貧親老 可奈何오. 尋常歌舞는 究非素懷也로다.
달갓치 말근얼골, 가득하게 밧친턱은 만면복긔 얼이엿고 눅은듯한 그승미는 미워하리 바이업네 경향잡가 우죠계면 각식춤도 능란하니 만당춘식 고혼향긔 리부용이 분명하다 다옥정 성장으로 부모긔한 결박하야 청루종적 여덜히에 가는 청춘 어이홀고 이십오셰 놀나웨라. 어셔오소 어셔오소 의중인아 어셔오소 닥가보셰 닥가보셰 녀즈힝실 닥가보셰" 송방송 색인, 이진원 해제, 『조선미인보감』, 민속원, 2007, 한성권번 5면.
32 「예단일백인」은 『조선미인보감』과 달리 기생조합에 소속된 예기들만 소개된 것이 아니었다. 극장에서 전속으로 활동하던 기생까지 포함하고 있었다. 그러나 「예단일백인」에도 역시 기생조합 소속 예기 위주로 기재되어 있으며, 지역 분포는 경성과 평양(해주, 의주 약간)을 중심으로 소개되고 있다.

사한 자료의 특성을 지닌 『조선미인보감』에도 동일한 양상이 나타나야 하는데, 여기에는 '정재'의 비중이 상당히 높게 나타나 눈길을 끈다. 전국에 걸쳐 총 605명의 예기[33]들이 조사된 『조선미인보감』에서는 이들 중 205명이 정재를 특기로 내세우고 있었다. 이는 그 다음으로 많은 종목인 〈검무〉가 92명이었음을 볼 때 매우 큰 폭의 차다. 예기들은 왜 자신들의 춤 특기 종목으로 정재를 많이 내세웠을까.

예기의 정재 급증 현상을 이해하기 위해서는 1915년 9월 11일부터 10월 31일까지 50일 동안 '구 경복궁'에서 열린 시정오년기념조선물산공진회始政五年記念朝鮮物産共進會에 주목할 필요가 있다. 일본의 조선 통치 5년을 기념하기 위한 박람회 규모의 이 행사는 조선총독부의 통치로 인해 '진보'했다는 것을 입증하기 위해 마련되었다. 특히 내지인들이 조선의 발전된 실상을 보고, 조선 통치에 관심을 갖도록 하는 것이 중요한 목적이었기 때문에, 전시의 구성이나 분류에 있어서 총독부의 시선으로 배치되었다.[34] 원색 화보로 발행된 공진회 포스터[35]에는 궁중무용 복식을 한 조선기생의 춤추는 포즈가 화면 가득 담겨 주목을 끈다.

대개 박람회나 물산공진회는 물산과 산업제품뿐 아니라 학술, 기계, 교육, 보건 등이 참여하며 오락 및 연예 같은 공연을 개최하여 큰 관심 속에 기획[36]된다. 그러나 공진회의 본 목적보다 더 부각된 춤추는 기생의

---

33 단 『조선미인보감』 중에는 진주기생조합(『매일신보』 1913년 5월 16일 기사 참고) 등 누락된 조합이 있어 전국의 모든 권번이 빠짐없이 조사된 자료라고는 보기 어렵다.
34 주윤정, 「조선물산공진회와 식민주의 시선」, 『문화과학』 33, 문화과학사, 2003, 147면.
35 포스터는 공진회장의 모습을 배경으로 이중 분할되어 화보 윗부분에는 경복궁의 근정전과 경회루의 모습이, 아래에는 천황가의 상징인 국화와 근대적 건물들이 대비되어 배치되어 있다. 위의 글, 149면.
36 이진원, 「조선구파배우조합 시정오년기념 물산공진회 참여의 음악사적 고찰」, 『한국음반학』 13, 한국고음반연구회, 2003, 59면.

〈그림 1〉 시정오년기념조선물산공진회 포스터
출처: 한국콘텐츠진흥원 컬처링 www.culturing.kr

포스터는 자칫 공진회가 아닌 기생의 공연 홍보물로 착각할 소지마저 주고 있다. 기생들의 춤을 전면에 내세우려는 의도는 무엇이었을까.

이 행사에는 당시 경성에 소재한 세 조합(광교조합·다동조합·신창조합) 기생들이 초청되어 춤을 공연하였는데, 춤 종목은 대부분 정재[37]로 이루어졌다. 이 행사에 정재 중심의 공연이 연행된 점은 주의 깊은 해석을 요한다. 조선 왕과 왕실에 대한 위업과 존숭을 나타내는 상징적 공연물인 정재가 일제의 통치 5년을 축하하기 위한 자리에 동원되어졌기 때문이다.

[37] 시정오년기념조선물산공진회에서 공연된 조합기생들의 춤 종목

		정재		민속춤
광교조합	9월	장생보연지무, 가인전목단, 검무, 무고무, 연화대무, 춘앵전, 무애무, 홍문연, 연백복, 수연장, 박접무, 무산향, 오양선, 춘앵무	9월	승무, 남무
	10월	봉래의, 육화대, 춘앵무, 무고무, 오양선, 검기무, 무산향, 춘앵무, 향령무, 연화무, 승무, 연백복지무, 박접무, 검무	10월	승무
다동조합	9월	시정오년기념 성태무, 보연무, 연화대무, 헌천화무, 춘광호, 사선무, 아박무, 공막무, 첨수무, 무산향, 향령무, 오양선, 검기무, 관동무, 무고, 무애무, 만수무	9월	쌍승무
	10월	봉래의, 장생보연지무, 헌왕화무, 사선무, 춘앵무, 무산향, 무애무, 검무, 가인전목단, 수연장	10월	쌍검무, 승무
신창조합	9월	춘앵전, 봉래의, 연백복지무, 수연장, 선유락, 춘앵무, 사자무, 장생보연지무, 무고, 무산양, 항장무, 검기무, 최화무, 향령무, 가인전목단, 보상무	9월	승무, 성진무, 앵정무, 여흥무

공진회 기간에 연행된 정재 중에 가장 특기할 작품은 〈시정오년기념성택무始政五年記念聖澤舞〉와 〈철도축하무鐵道祝賀舞〉이다. 〈철도축하무〉는 10월 3일에 추었으나 기록을 확인하기 어렵고, 〈시정기념오년성택무〉는 다동조합 기생들이 개회 당일과 9월 22일에 춘 기록이 있다.

〈시정오년기념성택무〉는 제목 그대로 일본이 조선에 대한 정치를 시작한 지 5년을 기념하여 만든 '성택무'를 뜻한다. 이 작품은 조선 초기의 당악정재인 〈성택聖澤〉을 바탕으로 구성되었는데 〈성택〉은 사신使臣의 위연慰宴에서 추어진 춤이었으며 중국 황제의 덕을 흠모하고 치하하는 내용으로 이루어졌다.[38] 그러나 시정오년기념조선물산공진회에서는 황제가 아닌 일본을 중심에 놓고 13도道로 개편된 조선의 행정구역을 기생 열세 사람이 나누어 일선인日鮮人이 융화하여 장래에 발전하기를 축원하는 내용으로 재구성되었다.[39]

---

38 김영희, 앞의 책, 120면.

39 "異彩의 聖澤舞 다동조합기싱의 출연. 이번 공진회에 출연ᄒᆞᄂᆞᆫ 다동기싱조합에셔ᄂᆞᆫ 특별히 시로 춤을 만드러 여흥을 돕게ᄒᆞᄂᆞᆫ 중에도 그 중에 가쟝 특츌ᄒᆞᆫ 춤은 시정오년긔념싱틱무「始政五年記念聖澤舞」이니 그 춤은 기싱 열세 스름이 십삼도로 난호아 여러 가지 식으로 디방을 대표ᄒᆞ야 일선인이 융화ᄒᆞ야 쟝리에 발젼ᄒᆞ기를 축원ᄒᆞᄂᆞᆫ 춤이라. 강원도와 경상북도ᄂᆞᆫ 청식복을 입어 동편으로 스고, 경샹남도 젼라북도ᄂᆞᆫ 홍식으로 남편에 스며, 젼라남도와 츙쳥남도ᄂᆞᆫ 분홍의 복식으로 셔남간방으로 스며, 츙쳥북도ᄂᆞᆫ 연두식의 복식으로 가온디도 안이오, 가쟝이도 안인 디위에 스고, 황히도ᄂᆞᆫ 옥식의복으로 가온디도 안이며, 셔편도 안인 곳에 스며, 평안남북도ᄂᆞᆫ 빅식 의복으로 셔편에 스고, 함경남북도ᄂᆞᆫ 흑식 의복으로 북방에 쳐ᄒᆞ고, 중앙은 경긔도이니 황식의복을 입고 최초는 일렬로 무디에 나와 풍악이 긋치며 샹근일가곡「桑槿一家曲」을 음악과 합쥬ᄒᆞ고 그 후ᄂᆞᆫ 춤의 형톄가 변ᄒᆞ야 졍방형「正方形」을 지어 물산을 류회교환ᄒᆞᄂᆞᆫ 형샹을 보이ᄂᆞᆫ 것이며 그 후ᄂᆞᆫ 또 형톄가 변ᄒᆞ야 네 사름이 삼힝으로 스고, 그 압헤ᄂᆞᆫ 경긔도를 디표ᄒᆞ야 황식의복이 셔셔 부즈런히 힘을 다ᄒᆞ야 진보ᄒᆞᄂᆞᆫ 형샹을 의미ᄒᆞ얏고, 네 번지ᄂᆞᆫ 일렬로 변ᄒᆞ야 일졔히 동심화락홈을 의미ᄒᆞ얏고, 다셧번지ᄂᆞᆫ 다시 쳐음과 ᄀᆞ치 일렬이 되고 경긔도ᄂᆞᆫ 압헤 셔셔 각도를 령솔ᄒᆞ고 환본안도「還本安堵」ᄒᆞᄂᆞᆫ 형샹을 지음이라더라." 「성택의 무, 태평의 곡—젼에 못보던 공진회의 여흥, 밤으로 낫으로 명기와 명창, 화려ᄒᆞᆫ 연예관과 닉션기싱의 가무, 기회 당일의 대힝렬」, 『매일신보』, 1915.9.10.

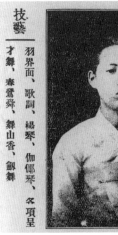

공진회는 시정 5년의 결과를 대대적으로 알리기 위해 마련된 것이고, 그 결과는 기생들의 춤을 통해서 홍보·소개되었다. 시정오년공진회를 통해 소개된 정재는 조선기생의 대표 기예로 더욱 부각·각인시키는 작용을 했으며, 1918년『조선미인보감』에 기생들의 춤 특기 종목으로 '정재(무)'가 다수 기

〈그림 2〉 한성권번 원향희(元香姬)
출처: 조선연구회, 『조선미인보감』, 송방송 색인, 이진원 해제, 민속원, 2007

재되어 있는 현상은, 이러한 정치·사회적 현상과도 밀접한 연관이 있다.

이러한 점에서 볼 때『조선미인보감』에서 '군무群舞정재'와 '독무獨舞정재'를 따로 분리시켜 놓고 있는 점은 흥미롭다. 한성권번 기생 원향희元香姬의 경우를 예로 들면, 춤 특기 종목은 〈각항정재〉·〈춘앵무〉·〈무산향〉·〈검무〉인데, 〈각항정재〉라고 명기한 뒤에 다시 독무 정재에 속하는 〈춘앵무〉·〈무산향〉을 별기해 놓았다. 이는 예기들이 독무 정재도 하나의 '개인 특기 종목'으로 강조하려는 현상을 보여주는 대목이 아닐 수 없다.『조선미인보감』에 독무정재를 군무정재(정재무·각항정재무)와 함께 별기한 기생들은 총 26명[40]으로 서울에 소재한 권번 기생에 국한된다는 점도 특기할 사실이다.[41]

---

40 조선연구회 편, 『조선미인보감』, 민속원, 2007 참조.
41 이는 〈춘앵무〉와 〈무산향〉이 본래 궁중에서 추었던 춤이고 지방권번에서는 추어지지 않던 춤이라는 점이 1차적으로 작용했을 것이다. 〈춘앵무〉와 〈무산향〉은 궁중에 출입했던 경기 출신들(광교조합 기생)이 보유하고 있었을 것이고, 향기인 무부기조합 기생(다

기예(자)	정재무/각항정재	춘앵무	무산향	검무	승무·長袖승무	남무(바지)	입무	장삼무	남중속무(살푸리춤)	단무(短舞)	법고	고무(鼓舞)	手舞踊	歌舞	항장무	경장무	南方諸舞	내지무	서양무도
권번(30)	47	17	9	17	10	3	8	·	·	·	·	·	·	·	·	·	·	·	·
권번(32)	73	1	·	12	10	·	1	3	2	·	·	·	·	·	·	·	·	23	33
권번(5)	29	2	·	8	8	·	·	·	·	1	5	·	·	·	·	·	1	·	·
권번(0)	20	6	1	8	1	3	2	·	·	·	·	·	·	·	·	·	·	·	·
조합(2)	11	·	·	8	16	5	·	·	·	·	·	1	·	·	·	·	·	·	·
조합()	·	·	·	2	3	3	·	·	·	·	·	·	·	·	·	·	·	·	·
조합(1)	·	·	·	·	·	·	·	·	·	·	·	·	1	5	·	·	·	·	·
조합()	·	·	·	1	1	1	·	·	·	·	·	·	·	·	·	·	·	·	·
조합()	·	·	·	7	7	·	·	·	·	·	·	·	·	·	·	·	·	·	·
조합()	·	·	·	7	7	3	·	·	·	·	·	·	·	·	2	1	·	·	·
[조](3)	·	·	·	3	3	1	·	·	·	·	·	·	·	·	·	·	·	·	·
조합()	19	·	·	8	6	5	9	·	·	·	·	·	·	·	·	·	·	·	·
조합	1	·	·	2	1	1	·	·	·	·	·	·	·	·	·	·	·	·	·
조합	1	·	·	2	1	·	2	·	·	·	·	·	·	·	·	·	·	·	·
.합	4	·	·	1	1	·	·	·	·	·	·	·	·	·	·	·	·	·	·
합	·	·	·	6	6	2	·	·	·	·	·	·	·	·	·	·	·	·	·
()	205	26	10	92	81	27	22	3	2	1	5	1	1	5	2	1	1	23	33

　　동조합)들은 하규일의 지도를 통해 습득했을 것으로 보인다. 삼패인 신창조합 기생까지
보유했다는 점이 특이하지만 독무 정재가 서울에서만 나타났다는 사실도 특기할 점이다.

2) 요리점 특설무대와 방중에서의 춤 양상

그렇다면 요리점의 공연 공간인 특설무대와 방중에서는 어떤 춤을 추었을까. 요리점에서 기생들이 공연한 기사를 찾기는 쉽지 않다. 다만 명월관의 경우를 예로 들면 기생들의 공연 모습은 1900년대 후반부터 나타나고 있다.[42] 그러나 대부분 고급 관리나 귀빈들의 연회 형태가 보이고 일반인들을 대상으로 한 사례는 1910년대 후반 이후로 나타나고 있어 요리점에서의 춤 공연은 1910년대 이후에 본격화되었을 것으로 예상된다.

〈그림 3〉은 명월관 특설무대에서 기생들이 〈검무〉 복식을 하고 포즈

〈그림 3〉 명월관 본점 연회장 무대에서의 4인 〈검무〉 포즈
출처 : 국립민속박물관, 『엽서속의 기생읽기』(박민일 기증 특별전), 2008, 89면

---

42 1900년대 후반 기생들이 요리점에서 공연한 사례도 매우 드물게 나타난다.(『대한매일신보』, 1907.11.28; 『매일신보』, 1910.12.8 등) 한편 기생의 공연이 직접적으로 언급되지는 않았으나 기생의 가무가 연행되었을 것으로 보이는 기사도 간혹 보이고 있다.(『황성신문』, 1908.10.8; 『황성신문』, 1908.10.14; 『황성신문』, 1909.4.14)

〈그림 4〉 요리점 식도원에서 〈검무〉를 추는 기생. 1910년대
출처 : 국립국악원, 『근현대 한국음악 풍경』, 2007

를 취한 모습이다. 기생들이 서 있는 뒤편 벽 그림이 흥미로운데, 수려한
경치와 누정을 입체적으로 그려놓아 야외 공연장 같은 효과를 주고 있다.
누정의 공간은 조선시대 관기들의 주요 공연 장소였는데 마치 실내에서
도 유사한 감상의 기분을 가질 수 있도록 고안한 느낌이 든다. 그러나 명
월관에서 추어진 〈검남무〉는 '다수한 기생'[43]에 의해 추어진 바 있으므
로 4인보다 더 많은 군무로 구성되었을 가능성도 있다. 〈그림 4〉에서 보
이는 8인 〈검무〉는 요리점 식도원의 특설무대에서 촬영된 것이다.

하지만 사진에 보듯 특설무대는 그리 넓은 공간은 아니었다. 대략 당
시 근대식 극장과 요리점 방중 공간의 중간적 규모였을 것으로 추정되

---

43 "法部(법부) 일반관리(一般官吏)가 해부차관(該部次官) 환영회(歡迎會)를 재작일(再昨日)
　　명월관(明月館)에서 설행(設行) 홈은 별항(別項)과 如ᄒ거니와 其 성황(盛況)을 聞흔 즉
　　다수(多數)흔 기생(妓生) 等이 검남무(劍男舞)를 정(呈)ᄒ였ᄂ데 승평(昇平)한 세계(世
　　界)를 표시(表示)하였더라."『대한매일신보』, 1907.11.28.

는데, 이 공간에는 다수의 군무정재보다 2인 내지 4인의 작품들이 더 활발히 올려졌을 것으로 추측된다. 이 점에서 근대 시기에 종종 나타나고 있는 '〈쌍승무雙僧舞〉'가 주목을 끈다. 요리점에서 추어졌던 〈쌍승무〉를 관람한 김천흥의 회고에 따르면, 이강선과 임 모林某라는 여성 둘이 춘 〈쌍승무〉가 돋보였는데, 이강선의 춤은 여성적으로 곱고 유연했으며 임 씨의 춤은 남성적 느낌으로 힘차고 활기 있어서 대조적인 조화가 이루어졌다고 한다.[44] 요리점을 통해 새롭게 등장한 '특설무대'는 중·소규모의 공간적 특성을 가지고 있어 2~4인의 군무를 활성화시키고, 독무를 활용하여 역동적이고 흥미로운 2인무가 개발되는 데 영향을 미친 공간이라 할 수 있다.

요리점의 특설무대는 20세기를 전후하여 도입된 서양식 프로시니엄

〈그림 5〉 승무복을 입고 같은 포즈를 취한 두 명의 기생
출처: 국립국악원, 『근현대 한국음악 풍경』, 2007

〈그림 6〉 일제강점기 사진엽서에 나타난 기생 2인의 〈검무〉 포즈
출처: 국립민속박물관, 『엽서 속의 기생 읽기』, 2008

---

44 김천흥, 『心昭 金千興 舞樂 七十年』, 민속원, 1995, 126면.

무대를 본뜬 공연 공간이다. 1930년대의 큰 요리점으로는 돈의동의 명월관, 관수동의 국일관, 식도원, 인사동의 천향원, 무교동의 조선관, 낙원동 탑골공원 뒤의 송죽원, 다동의 춘경원 등이 있었고, 명월관·국일관·천향원·식도원에는 큰 연회장에 무대가 구비되어 있어 대연회가 열리는 날에는 의례히 공연이 따랐다고 한다.[45] 김천흥에 의하면 명월관, 국일관, 천향원, 식도원 등의 공연장에서는 〈봉산탈춤〉[46]과 같은 연희도 거행되었다고 한다. 탈춤은 비교적 넓은 공간을 차지하는 종목이므로 무대의 아래 공간에서 추어졌던 것으로 보인다. 〈봉산탈춤〉에 등장하는 〈사자춤〉인지는 알 수 없으나 〈그림 7〉은 식도원에서 연행된 〈사자춤〉의 한 장면이다.

〈그림 7〉 요리점 식도원에서 〈사자춤〉을 추는 모습. 1910년대
출처: 국립국악원, 『근현대 한국음악 풍경』, 2007

---

45 위의 책, 125~126면.
46 위의 책, 126면.

사실 요리점에서 더 일반적인 공연 형태는 방 안, 즉 방중房中에서였다고 할 수 있다. 1932년 잡지『삼천리』에는 당시 가장 최고의 수준에 있었던 조선 요리점으로 식도원과 명월관을 꼽았으며, 두 곳이 경성에서 가장 쟁패를 다투는 음식점이라고 했다. 명월관의 손님방에는 비단방석과 자수병풍, 그리고 장구·가야금·거문고·단소·피리 등의 악기가 갖추어졌고, 식도원의 손님방에는 주단으로 만든 방석과 매란국죽梅蘭菊竹을 그린 병풍, 그리고 여기에 장구와 춤을 추는 기생이 특색이라고 소개했다.[47] 연주나 노래, 그리고 춤을 출 수 있도록 악기와 장구가 비치되어 있다는 사실은, 비록 방의 공간이지만 공연을 할 수 있도록 꾸며놓은 장소였다는 점을 알 수 있다.

〈그림 8〉 요리점에서 포즈를 취한 가야금과 長鼓 연주 기생들
출처: 국립민속박물관,『엽서속의 기생읽기』(박민일 기증 특별전), 2008, 91면

---

47 주영하, 앞의 글, 12면.

1930년대 경성의 대표적 세 권번, 한성·조선·종로권번에서는 정재와 민속춤이 모두 학습되고 있었다. 방중에서는 협소한 공간성으로 인해 주로 1인 내지 2인의 춤이 연행되었을 것으로 여겨지는데 「예단일백인」과 『조선미인보감』을 참고하면 〈승무〉, 〈춘앵무〉, 〈무산향〉과 〈남무〉, 〈입무〉 등의 춤이 공연되었을 것으로 보인다. 〈그림 9〉와 〈그림 10〉의 사진을 통해 독무의 형태를 확인한다.

〈그림 9〉는 화문석 위에서 추는 정재 〈춘앵무〉고, 〈그림 10〉은 〈승

〈그림 9〉 요릿집 식도원에서 〈춘앵무〉를 추는 기생
출처: 국립국악원, 『근현대 한국음악 풍경』, 2007

〈그림 10〉 요릿집 식도원에서 〈승무〉를 추는 기생
출처: 국립국악원, 『근현대 한국음악 풍경』, 2007

무〉다. 병풍이 둘러쳐져 방 안임을 짐작하게 하나, 기생의 신장으로부터 천정까지의 거리를 추산할 때 이 방의 높이는 그리 낮지 않았을 것으로 추정된다. 특히 〈승무〉는 장삼 소매를 위로 뿌리며 추는 춤이기 때문에 어느 정도 수직적인 공간이 확보되지 않으면 공연하기 어려운 종목이다. 그러나 이런 공간이 일반적이라 보이지는 않고 천정 높이가 낮은 방이 더 일반적이었을 것이라 생각된다. 『조선미인보감』에 기재된 〈승무〉 보유 기생이 전국적이었던 점과 춤 전체 종목 중 〈승무〉가 3번째로 많은 비중[48]을 차지하고 있던 사실은, 연행 공간에 큰 지배를 받지 않았다는 의미로 해석되기 때문에 당시의 장삼 소매는 현재처럼 길지 않았을 것으로 예상된다.[49] 〈그림 5〉의 〈승무〉 사진에서 볼 수 있듯 당시의 장삼 길이는 기생이 어깨 높이로 팔을 들었을 때 소매 끝자락이 땅에 닿지 않을 정도였을 것으로 보인다. 그럼에도 〈승무〉는 삼현육각의 악사 편성과 춤사위가 갖는 공간적 특성을 고려할 때 넓은 공간을 필요로 하는 춤이다. 〈승무〉가 방중에서 추어졌다면 〈그림 9〉, 〈그림 10〉에서처럼 공간성이 확보된 곳이었을 것이다.

---

48 『조선미인보감』의 춤 기록 중 가장 많은 종목은 정재(205명)이며, 두 번째가 〈검무〉(92명)고 세 번째가 〈승무〉(83명)다. 다음은 〈남무(남무바지)〉(28명), 〈입무〉(28명), 〈춘앵무〉(26명), 〈무산향〉(10명) 등의 순이다. 단 〈내지무〉(23명)와 〈서양무도〉(26명) 등 외국무용도 있는데 대정권번에서만 나타난다.
49 현행 〈승무〉의 장삼 자락이 2미터가 넘는 점을 감안하면 이는 해방 후 대형 극장 공연이 활성화되면서 길어진 것이 아닌가 생각된다.

4. 지방 요리점에서 연행된 방중무의 일면

요리점은 기생 1인이 활동할 수 있는 곳이었다. 놀음에 불려가는 형태가 반드시 혼자였다는 뜻이 아니라, 여럿이 함께 동반되어도 가무 공연은 개인 연행이 가능했다는 것이다. 이 점에서 기생들은 개인 특기 종목을 보유하고 있었으며, 그 종목은 당시 대중들에게 관심을 끌거나 요리점에서 인기가 높은 공연물이었음을 짐작할 수 있다. 독무의 경우 2인무, 또는 그 이상의 인원으로 출 때 분산되었던 관객의 시선이 한 명의 무자舞者에게로 집중되면서 기생의 춤 수준을 평가하는 분위기도 조성되었을 것이다. 기생들의 가무 실력은 비교될 수밖에 없었고 실력이 부족한 기생들은 그만큼 활동이 줄어들 수밖에 없었을 것이다.

하지만 서울지역 기생들이 독무로 많이 추었던 〈승무〉, 〈춘앵무〉, 〈무산향〉 등의 경우에는 삼현육각三絃六角[50]의 반주악기가 편성되는 춤이기 때문에 최소 7인(무자 1인과 반주자 6인) 이상의 출연자들을 수용할 수 공간이 필요하다. 사실 '삼현육각'은 전통시대 춤 공연에 일반적으로 수반되는 악기 편성이었다. 따라서 협소한 방중에서 전통춤을 추기에는 동작표현에 제한을 받을 뿐 아니라 악사들이 배치되기에도, 또 음향의 크기에 있어서도 적합하지 않다고 할 수 있다.

요리점의 춤 공간에 대해서는 군산 소화권번의 예기였던 장금도 (1929~2019)의 증언이 도움을 준다. 그녀는 〈살풀이춤〉은 주로 요리점

---

[50] 궁중무용인 정재는 물론이고 〈승무〉나 〈검무〉, 〈남무〉와 같은 서울 권번에서 자주 추어진 민속춤 역시 삼현육각(향피리2, 젓대1, 해금1, 북1, 장구1)이 동원되는 작품이다.

에서 추었고, 〈승무〉는 삼현육각이 대동되는 큰 잔치에서 추었다[51]고 한다. 이 말은 결국 〈살풀이춤〉은 간단한 악기의 구성만으로 추어졌던 춤이라는 사실을 알려주는 것이다. 즉, 〈살풀이춤〉과 같은 허튼춤은 장단(장고)을 처 추는 악사 1인과 기악 연주자 1인으로 구성되는 독주 기악곡 〈산조〉에 맞추어 출 수 있었던 춤임을 알려주고 있다. 이러한 허튼춤은 민속악과 민속춤이 풍성했던 지방에서 주로 추어졌던 것으로 보이는데, 다시 장금도의 말을 빌어 〈살풀이춤〉의 연행 형태를 확인해 본다.

> 음악을 들으면은 한이 있더라고 음악이 …… 그럴 때는 한이 나면은 팔을 놀리더라도 가만가만히 놀려주고 또 좀 흥이 나면 똑같은 음악이라도 이렇게 능청능청 놀리고 …… 내가 할 때 이 가락은 맘에 든다면 그럼하고, 맘에 안 들면 없애버리고 …… 그냥 갈라면 가고 내가 지수고 싶을 때가 있거든 …… 아 여기는 이렇게 …… 맘이 이렇게 그럴 때가 있잖아 …… [52]

'음악을 들었을 때 한스럽기도 하고 흥겹기도 한' 느낌에 맞추어 추었던 〈살풀이춤〉은, 음악 〈산조〉에서 느리고 애달픈 '진양장단'에서 흥겨운 '자진모리장단' 또는 '휘모리장단'으로 넘어가는 대목을 연상시킨다. 〈살풀이춤〉과 같은 허튼춤은 장단의 지속遲速과 음악적 분위기에 따라 변화를 주었던 즉흥춤이었음을 확인할 수 있다.

---

51 "요정에선 주로 〈살풀이춤〉을 추고 환갑집 등 잔치집에 가서는 악사가 많이 동원되는 〈승무〉를 추었어요." 유인화, 장금도 편, 『춤과 그들』, 동아시아, 2008, 78면.
52 한효림, 「민살풀이춤 명인(名人) 장금도의 춤에 대한 고찰」, 『한국체육철학회』 14-1, 한국체육철학회, 2006, 275면에서 장금도 인터뷰 내용을 재인용.

방중을 무대로 삼는 공연공간은 전통시대에 발견하기 힘들다. 전통시대의 춤은 대체로 삼현육각의 반주를 대동하는 형태를 갖추었기 때문이다. 방중이라는 공연 공간은 근대 시기 요리점 손님방에 공연을 할 수 있도록 자리가 마련되면서 나타난 문화로 보인다. 허튼춤은 권번에서 기본춤으로 훈련되었던 춤인데 작품화되면서 놀음의 공간에 활용되어졌다. 하지만 방중이라는 협소한 공간을 무대로 한 까닭에 발디딤이나 동작 표현이 섬세해지고 호흡과 내면의 감정도 더욱 세밀하고 농밀한 맛을 이끌어내도록 발달되어졌을 것으로 보인다.

제4장

20세기 전반기 〈살풀이춤〉의 전개 양상

〈살풀이춤〉의 시원적 토대는 무속에 두고 있지만, 오늘날 전승되는 〈살풀이춤〉의 실질적 형태는 20세기 전반기에 이루어졌다고 할 수 있다. 이 글에서의 '20세기 전반기'란 1894년 갑오개혁으로 전통적 연행 환경이 와해된 시점부터 해방(1945) 전까지이다. 굿판에서의 살풀이춤이 이 시기에 이르러 새로운 연행 공간을 통해 전개됨으로써 오늘날과 같은 예술적·감상적 형태로 강화·고착되어졌다고 할 수 있다.

1990년을 전후하여 전국적으로 조사된 승무·살풀이춤 문화재조사보고서[1]에는 20세기 전반기에 〈살풀이춤〉을 추었던 대상들이 조사되어 있어 대략의 상황을 확인할 수 있다. 단 이 자료에는 조사 당시에 생

---

[1] 국립문화재연구소, 「승무·살풀이춤—경남·북」, 『무형문화재조사보고서』 12, 1989; 「승무·살풀이춤—전남·북」, 『무형문화재조사보고서』 13, 1990; 「승무·살풀이춤—서울·경기·충청」, 『무형문화재조사보고서』 14, 1991.

존해 있던 사람들이 대상이 되었으므로 작고한 예인들은 조사되지 않았다. 따라서 한영숙과 같은 작고한 예인들과 당시 조사에서 누락된 몇몇 대상(조갑녀 등)들은 저자가 추가 자료를 통해 보충하였다. 단 이 글에서는 20세기 전반기前半期에 변화된 공간에서 연행된 〈살풀이춤〉 양상에 초점을 두었으므로 굿판의 전승 맥락을 두고 있는 김숙자의 경기도당굿 〈도살풀이춤〉은 제외하였다.[2]

이 장에서 참고한 주 자료는 1989~1996년에 국립문화재연구소에서 발행한 무형문화재 조사보고서들[3]이며, 그밖에 1980년대 중반에 명무名舞를 발굴하여 수록한 『한국의 명무』(한국일보사, 1985)와 기타 조사 및 연구자료[4]를 참고하였다.

무형문화재 조사보고서에 의하면 해방 이전인 20세기 전반기 〈살풀이춤〉의 전승은 권번을 통해 이루어진 경우가 가장 많고 특정 조직이나 단체를 통해 전승된 경우도 있다. 즉 현재는 〈살풀이춤〉이 기방류, 재인류, 무속류 등으로 나뉘어 있고 이에 따른 전승자가 특정 인물을

2   김숙자는 경기도당굿 〈도살풀이춤〉의 계승자다. 그러나 김숙자도 20세기 전반기 권번에서 학습한 바 있다. 문화재보고서에 의하면 김숙자에게 〈살풀이춤〉을 배운 김이월은 '살풀이춤은 기생춤이라 하여 조그만 사각수건을 들고 추었는데 긴 수건으로 추는 김숙자의 도살풀이춤이 의아해했다'고 한다(국립문화재연구소, 「입춤·한량무·검무」, '김이월', 『무형문화재조사보고서』 19, 1996, 151면). 이를 볼 때 김숙자 역시 권번의 남도시나위춤에 영향을 받았을 것으로 보이지만, 현재 경기도당굿 〈도살풀이춤〉은 20세기 이후의 권번이 아니라 전통시대의 맥락, 즉 굿판의 맥락 속에 있기 때문에 이 장에서 살필 〈살풀이춤〉의 범주와 다르다. 이 글에서는 다루지 않는다.
3   이 글에서는 위 세 권의 「승무·살풀이춤」 보고서를 주 근거 자료로 삼았고 「입춤·한량무·검무」(『무형문화재조사보고서』 19, 1996)도 주요하게 참고하였다. 후자의 보고서에는 『승무·살풀이춤』 보고서에서 누락되거나 미비한 조사자 및 내용들이 수록된 경우가 있기 때문이다.
4   성기숙, 「입춤의 생성배경과 유파에 따른 전승맥락」, 『한국 전통춤 연구』, 현대미학사, 1999; 이규원, 정범태 사진, 『우리가 정말 알아야 할 우리 전통예인 백 사람』, 현암사, 1995 등.

중심으로 알려져 있지만, 조사보고서에는 전승자의 신분과 활동상황이 나와 있어 보다 실제적이고 포괄적 입장에서 이해해 볼 수 있다.

그러나 보고서의 조사 대상자는 대체로 1930년대 이후에 활동한 사람들이다. 따라서 이 장에서는 1930년대를 기준으로 1910년대와 1930년대 이후의 양상을 나누어 살펴보고자 한다. 전자에서는 현존하는 〈살풀이춤〉과 유사한 형태를 보이는 1907년의 사진과 1918년 『조선미인보감』의 〈살풀이춤〉 기록을 통해 1910년대의 〈살풀이춤〉의 양상을 유추해보자 하며, 후자에서는 조사보고서를 통해 전국적인 〈살풀이춤〉의 전승 양상을 확인해 보고자 한다.

1. 1910년대까지 〈살풀이춤〉의 전개 양상

오늘날 〈살풀이춤〉의 기원은 '남도 무무南道巫舞'에서 파생된 것이라고 보는 입장이 일반적이다. 〈살풀이춤〉은 '살을 푼다'는 어원을 가지고 있지만 남도 무속과의 보다 실질적인 연관성은 반주음악이 '남도시나위'로 연주된다는 점에 있다고 할 것이다. 그러나 주지하듯 20세기 전반 〈살풀이춤〉의 최초의 기록 자료인 『조선미인보감』에 〈살풀이춤〉을 "남중속무南中俗舞"로 표기한 점은 '남도 무무'설을 다시 한번 주목해 보게 하는 단서가 된다. 1918년에 발간된 『조선미인보감』에는 대정권번 소속 기생인 김옥래金玉來와 리명화李明花의 기예 란에 "南中俗舞 살푸리춤"이 기재되어 있다.

김옥래(金玉來) 19세
원적 : 전라남도 함평군
현재 : 경성부 관훈동 195
기예－시조, 가야금, 남도잡가, 南中俗舞(살푸리춤)
(…중략…) 열한 살적 철몰나셔 동기 몸으로 고향잡가 살푸리춤 가야금
짜지 못홀것이 바이업시 다 비오고셔 (…후략…)[5]

리명화(李明花) 13세
원적 : 경성부 조동(棗洞)
현재 : 경성부 관훈동 195
기예－가야금 병창, 양금, 南道俚曲, 시조, 南中俗舞(살푸리춤)[6]

이 두 명의 기생은 1918년 당시 같은 거주지에 살고 있으나 김옥래
의 원적은 전라남도 함평군이고 리명화는 경성부 조동으로 되어 있어
김옥래만 남도南道 출신임을 알 수 있다. 즉 이 '남중속무 살풀이춤'은
같은 거주지에 사는 두 기생이 추었음을 알 수 있는데 위 인용문을 볼
때 고향에서 '잡가, 살풀이춤, 가야금' 등을 배워 상경한 김옥래가 같은
거주지에 살고 있던 경성부 조동 출신 리명화에게 가르쳐 주었을[7] 가능

---

5   송방송 색인, 이진원 해제, 『조선미인보감』, 민속원, 2007, 대정권번 62면.
6   위의 책, 대정권번 81면.
7   김영희, 『개화기 대중예술의 꽃, 기생』, 민속원, 2006, 139면.

성이 있다. 특히 1918년에 19세로 기록된 김옥래가 11세 때 이 춤을 배워 상경한 것이라면 〈살풀이춤〉은 1910년 이전에 남도 지역 권번에서 학습되고 있었다는 사실도 알 수 있다.

그러나 『조선미인보감』의 기록 중에서 〈살풀이춤〉이 전국의 권번 중 대정권번의 단 한 곳에서만 나타나고 있는 사실은 이 춤이 1910년대 후반 당시 〈승무〉나 〈검무〉처럼 보편화된 민속춤은 아니었음을 짐작할 수 있고, 한편 지방 기생이 자신의 특기 종목으로 내세운 점은 그 지역 권번에서 작품으로 활용되고 있었음을 알려준다고 할 것이다. 그러면 1910년대 〈살풀이춤〉은 어떻게 추어졌을까.

〈그림 11〉의 사진을 주목할 만한데 긴 수건을 들고 두 명의 기생이

〈그림 11〉 〈船中의 舞蹈와 奏樂〉, 1907년
출처: 국립민속박물관, 『엽서 속의 기생 읽기』, 2008, 71면

춤을 추고 있는 이 모습은 오늘날의 〈살풀이춤〉과 거의 동일해 보이는 형태다. 이 사진은 1907년의 사인sign이 있는 사진엽서로, 아래 부분에 "선중船中의 무도舞蹈와 주악奏樂"이라는 제목이 달려 있다.[8] 당시에 이 춤을 '살풀이춤'이라고 불렀는지는 알 수 없으나 오늘날과 같은 〈살풀이춤〉의 형태는 이 시기에도 추어지고 있었던 사실을 확인할 수 있다.

그러나 주의할 점은 이 사진에는 오늘날처럼 홀춤이 아닌 두 명의 연무자演舞者가 서로 등을 진 상배相背의 형태로 같은 동작을 취하고 있다는 사실이다. 사진상으로 조금 뒤에 있는 기생이 다소 놀란 표정으로 카메라를 바라보는 모습이 찍혔는데, 이는 사진 촬영을 위해 의도된 포즈가 아니라 공연 중에 포착된 장면임을 알 수 있는 대목으로, 이 시기의 〈살풀이춤〉은 2인무의 형태로 추어지고 있던 정황을 확인할 수 있다. 또 서로 반대 방향을 바라보고 같은 동작을 대칭적으로 구사하고 있는 이 장면은, 두 공연자가 하나의 짜여진 작품을 연행하고 있다는 사실도 알려주고 있다.

오늘날 전승되는 〈살풀이춤〉, 〈입춤〉, 〈수건춤〉, 〈허튼춤〉 등의 홀춤 작품들은 본래 즉흥적 요소가 매우 강한 춤으로 알려져 있다. 그러나 1910년대의 〈살풀이춤〉은 이처럼 2인의 작품으로 구성되어 추었을 가능성도 배재할 수 없다.

〈그림 12〉와 〈그림 13〉은 조선 후기 사가私家의 잔치 풍경을 그린 풍속화로 춤의 한 장면이 묘사되어 있다. 공연 장소는 옥내 마당에 설치된

8　김영희, 「기생엽서 속의 한국 근대춤」, 국립민속박물관 편, 『엽서 속의 기생 읽기』, 민속원, 2008, 189면.

〈그림 12〉〈회혼례도〉 세부도(細部圖), 작자미상 18세기

출처: 국립국악원, 『조선시대 음악풍속도』 II, 민속원, 2004, 11면

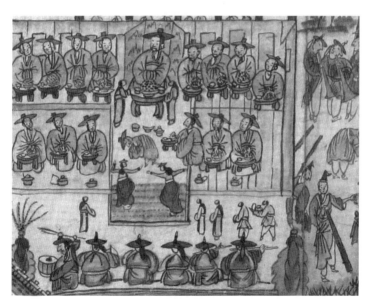

〈그림 13〉 풍산김씨세전서화첩(豊山金氏世傳書畵帖)〈촉석루연회도(矗石樓宴會圖)〉
세부도(細部圖), 1725년

출처: 국립국악원, 『조선시대 음악풍속도』 I, 민속원, 2002, 96면

가설무대에서 연행되었을 것으로 예상된다. 두 그림 모두 2명의 연무자가 마주보고 삼현육각 반주에 맞추어 춤사위를 펼치고 있다. 특기할 점은 조선 후기 기록화에는 이처럼 사가에서 삼현육각을 대동하고 정식 공연 공간에서 추어지는 춤은 혼자서 추는 경우를 찾기 어렵다는 것이다.[9]

이 춤은 2인이 춘다는 점에서 즉흥춤으로 보기는 어렵다. 왜냐하면 즉흥춤이란 춤추는 사람이 악사들의 음악에 즉흥적으로 대응하여 기량을 뽐내는 춤인데, 2인이 즉흥춤을 추었다면 판의 자연스런 흐름을 위해 미리 춤을 맞추어 왔을 것이기 때문이다. 만약 맞추어 왔다면 이는 즉흥춤이라고 보기 어렵다.[10] 〈그림 12〉와 〈그림 13〉의 춤은 손에 한 삼汗衫이나 무구舞具가 들리지 않았다는 점에서 〈입춤〉의 형태로 보아진다. 조선 후기에 연행된 〈입춤〉의 형태는 다음 19세기 문헌을 통해 짐작해 볼 수 있다.

곽산군 중화하고 선천부 숙소하니 물색도 번화하며 색향으로 소문났다
의검정 너른대청 대연을 배설하고 여러기생 불러다가 춤추는 구경하자
맵시있는 입춤이며 시원하다 북춤이요 공교하다 포구락과 처량하다 배따라기
공교하다 포구락과 처량하다 배따라기 한가하다 헌반도요 우습도다 승무로다

—「연행가」[11]

---

9 국립국악원에서 편찬한 『조선시대 음악풍속도』 I(민속원, 2002), II(민속원, 2004)에 수록된 춤추는 장면 중에는 〈그림 12〉, 〈그림 13〉처럼 두 명의 연무자가 추는 경우가 다수 발견되고 홑춤은 보이지 않는다.
10 〈그림 13〉의 포즈는 두 연무자가 팔을 벌린 채 서로 마주보고 있는데, 오른쪽 무인(舞人)은 살짝 전진하듯 앞으로, 왼쪽 무인(舞人)은 살짝 뒤로 물러서 있어 연출상의 구성으로 보인다.
11 성무경, 「조선 후기 지방 교방의 관변풍류와 악·가·무」, 정현석 편저, 성무경 역주, 『교방가요』, 보고사, 2002, 48면.

춤추는 기생들은 머리에 수건 매고

웃영산 늦은 춤에 중영산 춤을 몰아

잔영산 입춤 추니 무산선녀(巫山仙女) 내려온다

배따라기 북춤이며 대무(對舞) 남무(男舞) 다 춘 후에

—「한양가」[12]

첫 번째 예문인 「연행가」는 조선 말기의 문신인 홍순학이 고종 3년 (1866)에 가례주청사 서장관의 자격으로 북경에 다녀와서 지은 기행가 사이고, 두 번째 예문 「한양가」는 1844년 한산거사에 의해 지어진 풍물가사집이다. 예문에 실린 「연행가」 대목은 사행 일행이 선천지역에 머물 때 선천부사가 의검정에 베푼 연회에 참석한 장면이다.[13] 「연행가」에는 〈입춤〉을 '맵시 있는' 또는 '무산선녀 내려온다'는 표현으로 묘사하고 있어 〈입춤〉이 기생의 빼어난 춤맵시와 아름다운 모습을 드러내는 춤이었음을 짐작하게 한다. 단 19세기 후반에 추어졌던 〈입춤〉은 정악 기악곡인 영산회상靈山會相의 '상령산(웃영산)-중령산-세령산 (잔영산)' 반주에 맞추어 추었던 춤이라는 점도 「한양가」를 통해 알 수 있다. 이는 오늘날 '굿거리'나 '시나위' 등 민속악 반주에 맞추어 추는 〈입춤〉과 달랐다는 점을 확인시켜주는 대목이기도 하다. 특히 두 번째 인용문에 "대무 남무 다 춘 후에"라는 부분이 주목되는데, '대무對舞'는 서로 마주보고 추는 춤이라는 뜻이고, '남무男舞'[14] 또한 2인이 짝을 이

---

12 이석래 교주, 『풍속가사집-한양가 · 농가월령가』, 신구문화사, 1974, 64~65면.
13 성무경, 앞의 글, 48면.
14 〈남무〉는 남역과 여역으로 분장한 2인이 서로 포옹하고 갖은 농염한 미태를 보여주는 남녀무다. 김정연, 『한국무용도감』, 한국고전음악출판사, 1971, 105면.

루어 추는 춤이라는 점에서, 조선 후기의 공연용 춤의 형태는 2인무가 꽤 보편적이었을 것으로 예상할 수 있다.

이 점에서 1918년 『조선미인보감』에 실린 대정권번의 김옥래·리명화의 '남중속무 살풀이춤' 역시, 남도 속악俗樂에 맞춘 춤이기는 하지만 춤 구성은 2인무였을 가능성을 내재하고 있다. 기생조합(다동조합·광교조합 1913년 설립) 운영 초기라고 할 수 있는 1910년대에는 과거 기생들의 춤 관습인 2인무의 형태가 연행되었을 가능성이 있기 때문이다.

오늘날 홀춤으로 추어지는 〈입춤〉 형태는 기생의 개인 활동이 가능해지면서 형성된 것이라 할 수 있다. 관기제도가 혁파되고 새롭게 시행된 기생조합 제도는 기생이 혼자서 기업 활동을 할 수 있도록 운용되었다. 이에 기생은 저마다 자신의 개인 장기特技를 보유하고 있었다. 하지만 〈남무〉, 〈검무〉, 정재呈才 등 2인 이상의 춤 작품도 공연했던 사실은 1인 체제의 활동이 가능했으나 2인 이상의 동원 역시 가능했기 때문이다. 단 홀춤은 2인 이상이어야 출 수 있는 춤보다 실용적이었다는 점에서 점차 활성화되었을 것으로 보인다. 민속악 장단에 맞추어 추는 〈입춤〉, 〈살풀이춤〉 등의 홀춤 작품은 1930년대 지방권번에서 많이 추어진 것으로 나타난다. 다음 절에서 살펴보도록 하겠다.

2. 1930~1940년대 전라도와 경상도의
〈살풀이춤〉 전승 양상

이 절에서는 해방 전 1930년대 이후에 전개된 〈살풀이춤〉의 전승 양상을 파악하기 위하여 1990년을 전후하여 전국적으로 조사된 무형문화재 조사보고서 「승무·살풀이춤」을 주 자료로 참고한다. 이에 보고서에 나타난 대상자 중 20세기 전반기에 권번에서 〈살풀이춤〉을 배운 대상을 찾고 그 교수자가 누구인지를 확인하고자 한다. 단 해방 이후지만, 20세기 전반기에 활동한 예인들에게 〈살풀이춤〉을 배운 경우를 일부 포함시켰다. 이는 경상도지역에 해당하는데, 해방 이후지만 20세기 전반의 〈살풀이춤〉의 형태를 전수받았고, 무엇보다 이때 전승받은 줄기가 오늘날 이어지고 있기 때문에 비교를 위해 첨가시켰다.[15]

이 절에서는 먼저 1950년대까지를 범위로 정하여 전라도와 경상도 지역을 살펴보고, 3절에서는 서울 및 기타 지역을 검토하도록 하겠다.

---

15 이 글의 대상은 문화재보고서를 중심으로 선정하였기 때문에 현재 〈살풀이춤〉의 류파이지만 보고서에 기재되지 않은 정소산, 조갑녀, 장금도 등은 본격적으로 다루지 않았다. 단 정소산은 대구와 서울을 거친 권번 학습과, 다시 대구 정착 후 춤 교육 활동이라는 이력을 볼 때 정소산이 〈살풀이춤〉을 사사한 스승을 파악하기 어렵다. 저자는 이 장에서 서술한 내용처럼 경상도지역 〈살풀이춤〉은 해방 이후에 형성되었을 것으로 추측하고 있다. 조갑녀와 장금도는 본격적으로 다루지는 않았지만 본문의 관련 내용에서 언급하였다. 또한 현재 〈호남살풀이춤〉(전라북도무형문화재 제15호) 문화재로 지정되어 있는 최선은 전주 전동권번 출신의 노기(老妓) 정목단에게 배워 '전라도 기녀 출신'이라는 본 글의 범주에 해당된다. 하지만 이 글에서는 해방 이후에 전승이 이루어진 경우 학습자가 '권번 출신'에 해당되는 경우에만 포함시키고자 한다.

1) 전라도 재인[16]의 권번 투입과
전라도 · 경상도 지역 〈살풀이춤〉의 전승 양상

전라도지역 권번에서 〈살풀이춤〉을 학습한 대상은 총 17명이고 경상도지역은 총 3명[17]으로 나타나 두 지역의 전승 양상이 큰 차이를 보이고 있음을 알 수 있다. 전라도지역이 크게 우세한 현상은 오늘날 〈살풀이춤〉이 남도지역의 무무巫舞에서 시원했다고 알려진 〈살풀이춤〉의 기원설과 연관성이 보이는 대목이어서 흥미롭다.

〈표 8〉 20세기 전반 전라도 · 경상도지역 살풀이춤의 교습 상황/양상[18]

교습 지역	학습자		춤 교수자	
	이름	학습 장소/신분	이름	출생/소속
전라도	박영선	정읍권번/일반인	정자선(男) (巫系)	전라북도/정읍권번 교사
〃	김유앵	이리권번/기생	정자선(男) (巫系)	전라북도/이리권번 교사
〃	장록운	광주권번/기생	박영구(男)	광주권번 교사
〃	한진옥	남원권번/전문예인	이장산(선)(男) (巫系)	전남 옥과/남원권번 교사
〃	조앵무[19] (조모안)	전남 담양/ 광주권번 기생[20]	김금옥(女) (관기 출신)[21]	전북 흥덕/광주권번 교사[22]
〃			조모안 (조앵무(女)) (관기 출신)[23]	전남 담양/광주권번 기생[24]
〃	안채봉[25]	광주권번/기생	박용구(男)	남도 출신 추정/광주권번 교사
〃	한성준	정읍권번/전문예인	전계문(男) (巫系)	전북 태인/정읍권번 교사
〃	이매방 · 양학	목포권번/전문예인	이대조(男) (巫系)	남도 출신/목포권번 교사

---

16 여기서 '재인'은 전근대 시기의 남성 예인을 지칭한다. 즉 이들은 20세기에 들어 활동을 시작한 예인이 아니라, 전근대 시기에 판소리, 기악 연주자, 재담, 재주 등의 연예 활동에 가담했던, 신분적으로 재인 · 광대였던 사람들을 말한다. 즉 이들이 20세기 이후에 춤에 어떻게 관여했는지 살피는 것이 이 장에서 주안하는 점이다.

17 「승무 · 살풀이춤」 문화재보고서에 나타난 경상도지역 조사 대상은 총 23명이지만, 이 글에서 제한하는 범위에 해당하는 경우는 3명으로 나타났다.

〃	이매방	광주권번/전문예인	박영구(男)	남도 출신 추정/광주권번
〃	이매방	광주권번/전문예인	이창조(男)	남도 출신 추정/광주권번 교사
〃	장월중선	광주권번/전문예인	박영구(男)	남도 출신 추정/광주권번 교사
〃	장월중선	정읍권번/전문예인	정자선(男)	전라북도/정읍권번 교사
〃	김계화	목포권번/기생[26]	임춘심	목포권번 교사[27]
			신용주(男)	전남 담양 출신/명창[28]
경상도	권명화	대동권번/기생	박지홍(男)	전남 나주/대동권번 교사
〃	유금선	동래권번/기생	강창범(男)	전북 남원/동래권번 교사
〃	김수악	진주권번/기생	김녹주(女)	전라도/권번 출신[29]

먼저 전라도지역 권번에서의 상황을 살펴보면, 〈살풀이춤〉을 가르친
교사는 정자선, 박영구, 이장산(선),[30] 김백용, 김금옥, 조앵무(조모안),

---

18 표 안에 달린 각주는 『승무·살풀이춤』 보고서에서 조사자로 꼽힌 대상이 아니라, 보고
서 총론 및 서론 부분에 기재되어 있거나 기타 연구자가 참고한 자료에서 찾은 경우에
붙인 것이다.
19 〈표 8〉에 제시된 조앵무(조모안)와 조앵무를 가르친 김금옥은 「승무·살풀이춤–전
남·북」(『무형문화재조사보고서』 13)에 광주권번 춤 선생으로 기록된 인물이다. 문화
재보고서와 『한국의 명무』를 참고하면 이 두 기생은 관기 출신이라고 한다. 단 문화재보
고서에는 〈살풀이춤〉을 가르쳤다는 기록은 없지만, 『한국의 명무』에 나오는 〈승무〉의
명무들 중 조모안(일명 앵무) 항목에서 조모안이 〈승무〉 외에 내놓는 춤으로 〈살풀이춤〉
을 꼽고 있기에 위 표에 첨가하였다.
20 구희서, 정범태 사진, 『한국의 명무』, 한국일보사, 1985, 39면.
21 국립문화재연구소, 「승무·살풀이춤–전남·북」, 『무형문화재조사보고서』 13, 1990,
6면.
22 위의 글, 40면; 『한국의 명무』, 39면.
23 위의 글, 6·40면.
24 조모안(조앵무, 1909~?) : 전남 담양 출생. 『한국의 명무』, 39면.
25 국립문화재연구소, 「입춤·한량무·검무」, 『무형문화재조사보고서』 19, 1996, 166~
169면.
26 국립문화재연구소, 「승무·살풀이춤–전남·북」, 『무형문화재조사보고서』 13, 1990,
61면; 『한국의 명무』, 69면.
27 국립문화재연구소, 「승무·살풀이춤–전남·북」, 『무형문화재조사보고서』 13, 1990,
61면.
28 『한국의 명무』, 69면; 이규원, 앞의 책, 383면.
29 국립문화재연구소, 「승무·살풀이춤–경남·북도」, 『무형문화재조사보고서』 12, 1989,
62면.

전계문, 이대조, 이창조, 신용주, 임춘심 등으로 나타난다.[31] 이들은 거의 전라도 출신들이며 조앵무(조모안), 김금옥,[32] 임춘심 등의 여성 교수자들도 보이지만 남성 교수자가 상당히 많이 나타남을 알 수 있다.

주목할 점은 남성 춤 교수자의 대부분이 전근대 시기에 활동한 원로예인이라는 점이다. 먼저 전북 출신 정자선은 정읍권번과 이리권번, 그리고 전주권번에서 활동[33]했는데, 한성준(1875~1941)보다 대략 10세쯤 높은 것으로 추정[34]하고 있다. 이장산은 전남 곡성군 옥과면 태생으로 세습무가世襲巫家 출신이자 고종 때 취악吹樂으로 종9품의 참봉 벼슬[35]을 받았다고 전해진다. 이장산은 남원권번에서 활동했으며 오늘날 〈민살풀이춤〉의 대가로 알려진 조갑녀(1923~1915)를 가르친 춤 스승으로 유명하다.

전북 태인 출생으로 한성준보다 2~3세 정도 위의 연배인 전계문 (1872~1940) 또한 세습무가 출신으로 정읍권번의 춤 선생[36]이었다. 전계문은, 한성준이 일 년에 한두 번씩 보름 정도 머물며 북가락과 춤사

---

30 이장산인지 이장선인지 분명하지 않다. 이 글에서는 이장산으로 표기한다.
31 「승무·살풀이춤―전남·북」,『무형문화재조사보고서』13; 「승무·살풀이춤―경남·북도」,『무형문화재조사보고서』12; 「입춤·한량무·검무」,『무형문화재조사보고서』19;『한국의 명무』를 참고함.
32 국립문화재연구소, 「승무·살풀이춤―전남·북」,『무형문화재조사보고서』13, 1990, 6면. 조앵무와 김금옥은 모두 관기 출신이라고 한다.
33 위의 글, 9면.
34 배혜국, 「전주 한량무 형성과 춤사위에 관한 연구―금파 김조균 선생의 춤을 중심으로」, 전북대 석사논문, 2009, 33면.
35 국립문화재연구소, 「승무·살풀이춤―전남·북」,『무형문화재조사보고서』13, 1990, 56~58면; 정경희, 「명인 조갑녀의 민살풀이춤에 관한 연구」, 조선대 박사논문, 2009, 73면.
36 황미연, 「일제강점기 전라북도 권번과 기생의 춤 양상」, 국립민속국악원,『민속음악학술자료집』3, 2010, 43면.

위를 배웠다[37]는 사실로 유명하다. 명창 전도성의 제자 김원술(1921 ~?)에 따르면 전계문은 일제강점기 최고의 고수였으며 춤(한량무), 대금, 정악, 양금, 가야금, 거문고 등에서도 당대 최고였다고 한다. 한성준은 자신의 북가락과 춤사위를 전계문에게 배웠다고 하며, 손녀인 한영숙도 할아버지 한성준이 전계문에게 춤을 배웠다는 말을 여러 차례 들었다고 한다.[38]

이대조와 이창조, 박영구는 〈승무〉와 〈살풀이춤〉의 명무인 이매방(1927~2015)이 사사한 스승[39]들로 익히 알려졌는데, 정확한 출생지는 알 수 없으나 목포권번과 광주권번에서 춤 교사 활동을 했던 이들은 전라도 출신일 것으로 추정된다. 이대조는 무계 혈통이며 목포권번에서 춤과 고법을 가르치는 명무·명고수로 유명했다고 한다.[40] 이창조는 고종으로부터 옥관자를 하사받은 예인[41]이며, 박영구는 이창조보다 손

---

37 성기숙, 「근대 전통춤의 거장, 한성준의 삶과 예술」, 『한국 전통춤 연구』, 현대미학사, 1999, 418면.

38 최동현, 『판소리 명창과 고수 연구』, 신아출판사, 1997, 60~61면.

39 이매방이 〈살풀이춤〉을 사사한 스승으로는 이대조, 이창조, 박영구 외에도 진소홍이 있다. 『이매방 평전』(새문사, 2015)에 의하면 이매방은 경성 인사동에서 '석산장'이라는 음식점을 운영하는 전남 담양 출신 진소홍에게 〈살풀이춤〉을 배웠다고 한다. 1939년 『신세기』 제1호 「기생 인물론」에 보면 진소홍은 종로권번 소속으로 '조선춤에 으뜸가는' 기생으로 표현되고 있다(『신세기』 1, 1939.1.1) 또한 진소홍은 〈표 8〉에 적시된 조앵무(조모안, 1909~?)보다 8살 정도 어린 것으로 나타나는데(국립문화재연구소, 「승무·살풀이춤—전남·북」, 『무형문화재조사보고서』 13, 1990, 6면), 이매방은 다른 교사들보다 진소홍에게 배운 〈살풀이춤〉에 영향을 많이 받았다고 증언한다. 이 글에서는 문화재보고서 자료를 중심으로 하였기 때문에 진소홍에 대한 내용은 부득이 각주에서 설명하였다. 잡지 『신세기』에 대한 내용은 아래 인터넷 사이트를 참고함.
http://terms.naver.com/entry.nhn?docId=2211881&cid=42192&categoryId=51076

40 성기숙, 「입춤의 생성 배경과 유파에 따른 전승맥락」, 『한국 전통춤 연구』, 현대미학사, 1999, 158~159면.

41 국립문화재연구소, 「승무·살풀이춤—전남·북」, 『무형문화재조사보고서』 13, 1990, 58면.

아랫사람[42]이지만 장록운(1930~1995)이 13세 때 광주권번에서 공부할 때 할아버지[43]라고 불렀다는 점으로 보아 그도 구한말에 활동한 전통 예인으로 여겨진다. 박영구는 특히 〈승무〉의 북장단으로 탁월한 경지를 보였다고 하는데 그가 닦아놓은 〈승무〉 가락이 호남승무의 원조격[44]이라고 할 만큼 뛰어난 실력을 보유하였다고 한다. 신용주(1865~1948?)는 1865년 태생으로 명창 강용환(1865~1938)의 제자이자 명창이다.[45] 즉 위에서 언급한 남도 재인들의 출생 시기와 유사한데 명창으로서 춤을 가르친 사례도 볼 수 있다.

〈살풀이춤〉이 주로 전통시대에 활동한 뛰어난 남성 원로 예인들에게서 교습되고 이들 중에 무계 출신들이 속속 발견된다는 점에서, 〈살풀이춤〉의 '남도 무무' 설은 어쩌면 남도 무계 출신의 예인들과도 밀접한 연관이 있는 것은 아닌가 생각된다. 즉 뛰어난 남도 재인들이 권번에 춤 선생을 맡게 되면서 자신들의 활동 공간인 굿판에서 연행된 춤 대목을 권번 기생들의 작품에 적절하도록 지도했던 것은 아닌가 생각되는 것이다.

전통적 공연환경이 와해된 20세기 초반 공연문화는 서구식 상설극장으로 집중되었다. 상설 극장들 중 광무대의 예능은 1930년까지 경기도 재인[46]들이 주도하였던 것으로 보이고, 전라도 재인들은 판소리를

---

42 위의 책, 40면.
43 『한국의 명무』, 95면.
44 성기숙, 앞의 글, 160면.
45 강용환은 가야금산조 명인 강태홍(姜太弘, 1894~1957)의 아버지이다.
46 '광무대'는 전통연희 극장으로 1930년까지 지속되었다고 하며, 이동안의 증언에 따르면 일제강점기에 전통연희 공연장으로 이름을 날렸던 광무대의 주요 멤버들이 화성 재인청 출신이었다고 한다. 한국민속대백과사전(http://terms.naver.com/entry.nhn?docId=3562040&ref=y&cid=58721&categoryId=58724)

중심으로 한 음악 조직과 공연 단체를 형성하여 활동해 나간 것으로 보인다. 충청도 재인 역시 이동백과 한성준 등의 경우를 통해 볼 수 있듯이 전라도음악(이후 남도음악) 조직에 합류하여 활동하거나 남도음악과 관련된 활동(고수, 명창, 가야금 연주자)을 지속해 간 것으로 보인다.

20세기 전반기에 전통예인들의 활동 공간으로 새롭게 자리한 곳은 극장과 권번이라고 할 수 있다. 특히 극장이 등장하기 시작하는 1900년대에는 경기도 재인들과 남도음악을 전문으로 하는 예인들이 극장에서 모두 활발히 활동한 것으로 보이나, 점차 극장 무대는 광무대를 중심으로 경기도 재인들의 활동이 중심이 되고 남도음악 예인들은 극장보다는 음악 단체(협률사, 명창대회)를 꾸려 지방 순회 활동에 비중을 두는 경향이 보인다. 즉 20세기 이후 극장으로 집중된 공연환경의 변화는 전통예인들의 활동을 모두 수용할 수 없었고, 청각 위주의 공연예술인 음악예술은 시각적 볼거리를 중시하는 극장 흥행의 무대에 밀려 순회공연에 주력한 것이 아닌가 생각된다. 단 남도소리 중심의 이동 단체인 '협률사' 또는 '명창대회'에서의 공연 레퍼토리 또한 판소리 외에 춤·선소리·잡가·만담·촌극·줄타기 등이 종합된 양상을 보여, 흥행 극장의 레퍼토리를 축소해 놓은 듯한 느낌을 준다.

한편 조앵무, 김금옥, 임춘심 등의 여성 교수자들도 대개 전라도 출신임을 알 수 있다. 특히 노기老妓들이 발견되는데, 기생들은 권번을 졸업하고 난 뒤 출신 권번에서 가무 교사 활동을 했다고 하므로 이러한 케이스였을 것으로 짐작된다. 어쩌면 이러한 경우가 일반적일 것으로 여겨지나 전라도 권번의 경우에는 남성 춤 교수자가 많이 참여하고 있었다는 사실이 특기할 점이다. 그러나 이어지는 논의에서 확인되듯, 이

러한 교습 상황은 경상도와 대비되는 점이기도 하다.[47]

경상도지역 권번에서는 대구 대동권번, 진주권번, 동래권번에서 〈살풀이춤〉 전승 양상이 발견된다. 주목할 점은 〈살풀이춤〉의 교습이 모두 전라도 예인들에 의해 이루어졌다는 점이다. 또한 교습 시기도 20세기 전반기에는 권번이 아닌 개인에 의한 것이며, 권번을 통한 경우는 해방 이후라는 점이다.

대구 대동권번에서 전승된 〈살풀이춤〉은 권명화가 박지홍(1889~1961)에게 교습받은 것이다. 경북 김천 출신 권명화는 한국전쟁 때 가족들과 대구로 피난하였고 대구권번에 입적한 뒤 박지홍에게 춤을 학습받았다.[48] 판소리 명창인 박지홍은 전남 나주 출신으로 김창환(1855~1937)과 박기홍에게 소리를 배웠고, 박기홍의 수행고수로도 활동한 이력이 있다. 그는 1920년대 이후 대구에 거주하며 살았고[49] 당시 이곳에 있던 달성권번에서 소리사범을 지냈던 것으로 보인다. 따라서 달성권번에서도 〈살풀이춤〉을 교습했을 가능성이 있으나 이 권번은 해방 후 폐쇄되었고 이곳에서의 〈살풀이춤〉의 전승 상황 또한 확인하기 어렵다.

---

47 단 예외적 상황도 발견되는데 전북 군산 소화권번에서 활동한 장금도(1929~2019. 〈민살풀이춤〉의 명무)는 경상도 출신 기생 도금선에게 〈살풀이춤〉을 배웠다. 이처럼 경상도 예인이 전라도 권번에서 〈살풀이춤〉을 가르친 경우는 처음 보이는 사례이며, 그것도 남자 예인이 아닌 기생이 타지의 권번 선생으로 활동한 것은 매우 특이한 경우다. 특별한 사연이 있었을 것으로 생각되는데, 어쨌든 도금선은 춤 기량이 매우 특출 났던 것으로 보인다(국립문화재연구소, 「입춤·한량무·검무」 '이동안', 90면). 무엇보다 도금선이 장금도에게 가르친 〈살풀이춤〉은 남도시나위 반주에 추는 〈살풀이춤〉이라는 점에서, 경상도 기생 도금선이 전라도에서 활동하기 위해 전라도지역 권번의 풍토를 적극 따랐던 면모로 해석할 수 있다.

48 「승무·살풀이춤—경상남·북도」, 『무형문화재조사보고서』 12, 81~82면.

49 전남 나주 출신 박지홍이 대구로 간 이유는 그 고을 이방의 외동딸과 사랑에 빠져 대구로 이동해 혼인한 것이라고 한다. 성기숙, 앞의 글, 153면.

대동권번에서 박지홍에게 〈살풀이춤〉을 전수받은 권명화는, 그러나 현재 박지홍류를 그대로 전승하지는 않고 있다. 도입부에서 느린 굿거리로 박지홍류를 보이다가 자진굿거리로 넘어갈 때 영남지역 무무巫舞에서 연출되는 '고풀이' 동작을 삽입시키고 있기 때문이다.

한편 김수악은 전라도 권번 출신인 김녹주에게 〈살풀이춤〉을 사사했다.[50] 김수악이 김녹주에게 〈살풀이춤〉을 배운 시기는 권번 졸업 후[51]다. 남선희에 따르면 김수악은 9세 때인 1933년부터 5년간 14세(1938)까지 진주권번에서 활동했고 이후 졸업을 했다고 한다.[52] 졸업 후에는 김수악 부친의 인맥을 이용해 4~5년간 서울, 전라도, 경상도지역의 최고의 가무 스승에게 사사했는데, 이때 학습한 가무가 주로 민속악(판소리, 가야금, 아쟁, 구음, 민속춤)이었다는 점이 주목된다. 특히 춤은 한성준에게 〈승무〉를, 거창 권번 조합장 김옥민에게 〈입춤〉을, 전라도 권번 출신 김녹주에게 〈살풀이춤〉과 〈소고춤〉을 배웠다고 한다. 현재는 '김수악류 〈살풀이춤〉'이 전승되고 있다. 현재 이 〈살풀이춤〉은 김녹주와 최순이를 최초 계보로 놓고 있다. 하지만 당시 조사된 보고서의 글에는 "〈살풀이춤〉은 근년에 들어와서 호남지역에서 유입된 것이라 한다"[53]고 되

---

50 현재 김수악에게 〈살풀이춤〉을 사사한 김녹주에 대해서는 판소리 명창인 경남 김해 출신으로 보고 있는 것이 일반적이다. 하지만 문화재보고서에는 김녹주가 전라도 사람이라고 증언되고 있다(「승무·살풀이춤—경상남·북도」, 62~63면). 남선희도 김해 김녹주는 1896년생으로 1923년 27세에 병사하였기 때문에 1925년에 태어난 김수악에게 춤을 가르친 인물로 볼 수 없다고 하였다(남선희, 「김수악의 진주교방굿거리춤 연구」, 경상대 석사논문, 2010, 10면). 남선희는 김녹주가 권번 출신이며, 전북 운봉(남원의 옛 지명)에서 김녹주 부부와 친분이 있었던 김수악의 부친을 따라가 〈살풀이춤〉을 사사했다는 보고서의 증언을 따르고 있다.
51 「승무·살풀이춤—경남·북도」, 『무형문화재조사보고서』 12, 1989, 62면.
52 남선희, 앞의 글, 13면.
53 「승무·살풀이춤—경남·북 편」, 『무형문화재조사보고서』 12, 1989, 59면.

〈그림 14〉 강창범의 〈살풀이〉
출처: 『한국의 명무』, 한국일보사, 1985, 62면.

어 있어, 김수악이 김녹주에게 교습했으나 최순이에게서 배운 기본 춤제가 그의 〈살풀이춤〉에 배어 있음을 강조하려는 의도로 파악된다.[54]

또한 동래권번의 〈살풀이춤〉은 강창범(1918 ~ ?)이라는 전라도 출신 예인에게서 교습되었다.[55] 『한국의 명무』에는 〈살풀이춤〉의 명무들 중 동래권번의 춤 교사 강창범[56]이 기재되어 있다. 강창범은 전북 남원 사람으로서 전북 진안군 태생 김정문金正文(1887~1935)에게 판소리를 배워 잘했고, 가야금도 잘했다[57]고 한다.

---

54 남선희 · 김미숙은 「김수악 살풀이춤 연구」(『무용역사기록학』 35, 무용역사기록학회, 2014)에서 김수악의 〈살풀이춤〉은 진주교방 출신의 최순이와 전라도 권번 출신 김녹주에게 배운 춤으로 설명하고 있다. 그리고 이 〈살풀이춤〉은 '무속 살풀이춤'이 아닌 '기방 살풀이춤'임을 강조한다. 이는 김수악의 〈살풀이춤〉이 '기방의 계보'를 따르고 '기방(교방 또는 권번)' 계보로써 최순이를 강조하려는 의도로 보인다. 하지만 최순이가 〈살풀이춤〉을 가르쳤다고 하면, 최순이가 '기방'에서 이 춤을 배운 경로가 있어야 할 것이다. 그러나 최순이가 〈살풀이춤〉을 사사한 스승은 언급되지 않고 있다. 단 〈살풀이춤〉은 민속춤이기 때문에 '기방'에서 배웠다면, 정재와 정악을 주로 교습하던 교방에서 배웠다기보다 20세기 이후 권번으로 보아야 더 설득력이 있어 보인다. 관기 출신이자 진주권번 교사였던 최순이가 어떻게 남도 민속춤을 배웠는지 그 경로가 파악되어야 할 것이다.
55 보고서의 조사대상인 유금선은 춤 선생으로 강창범을 거론하지 않았지만, 보고서 서장에서 동래권번 춤 선생으로 강창범을 언급하고 있다.
56 『한국의 명무』, 63면.
57 국악음반박물관, 국악 명인실, 판소리 명창 최장술 편 참고(http://www.hearkorea.com/gododata/gododata.html?g_id=8&g_no=12230).

2) 〈살풀이춤〉의 두 가지 연행 양태

오늘날 연행되는 〈살풀이춤〉은 살풀이 수건을 들거나, 혹은 아무것도 들지 않은 맨손의 상태로 1명의 연무자가 춤을 춘다. 그러나 구전에 의하면 〈살풀이춤〉은 이러한 공연용으로만 추어진 것이 아니라, 춤의 입문 과정에서 추어진 '기본무'로서 자기의 멋, 자기의 감정을 즉흥적으로 만들어서 추는 춤[58]이기도 했다. 이 점에서 작품화되어진 〈살풀이춤〉은 기본무의 형태가 예술적으로 발전하여 형성된 것이라 해도 큰 무리가 없다고 생각된다. 단 이러한 기본무와 공연무의 이중적 성격의 춤은 전라도지역뿐 아닌 경상도지역 권번에서도 있었다. 조사자들에 의하면 전라도의 〈살풀이춤〉은 경상도의 〈굿거리춤〉, 〈입춤〉, 〈덧배기춤〉 등과 비견된다고 하고 있다.[59]

한편 〈살풀이춤〉은 하나의 작품으로서 완결된 구조를 형성하고 있지만, 본래 기본무로도 추어졌다는 점을 감안하면 '느림→빠름→느림'으로 이어지는 장단의 전개가 반드시 '살을 푸는' 극적 구조 속에서가 아니라, 음악의 변화에 맞추어 자신의 감정을 자유롭게 표현했던 춤으로 볼 수도 있다. 이러한 점에서 본다면 〈살풀이춤〉의 또 한 가지 양태는 〈입춤〉 작품의 도입부에서 추어지는 경우에서 찾아볼 수 있다. 〈입춤〉은 크게 두 가지 형태로 추어지는데 하나는 〈살풀이춤〉이나 〈굿거리춤〉

---

58 한국문화예술위원회, 『이매방』(한국 근현대예술사 구술채록연구 시리즈 67), 2005, 235면.

59 「입춤·한량무·검무」, '심화영'·'장금도', 『무형문화재조사보고서』 19, 1996, 130·154면; 「승무·살풀이춤─경남·북도」, '김수악', 『무형문화재조사보고서』 13, 1990, 63면.

처럼 명칭만 다를 뿐 즉흥적 요소가 가미되어 장단의 변화를 바탕으로 연무자의 멋을 자유롭게 나타내는 유형이라 할 수 있다. 또 하나는 '놀음춤'의 성격이 강한 작품으로 춤 도입부에서 느린 장단에 춤을 추다가 빠른 장단으로 바뀔 때 소고小鼓를 들고 추는 형태다. 〈입춤〉 도입부에 추어지는 〈살풀이춤〉 형태는 바로 후자를 말하는 것으로, 이는 안채봉의 〈소고춤〉에서 찾아볼 수 있다. 안채봉의 〈소고춤〉은 「입춤·한량무·검무」 문화재조사보고서에 〈입춤〉의 갈래에서 구분되고 있다.

안채봉의 〈소고춤〉은 '살풀이장단—자진모리장단—살풀이장단'으로 구성되며 도입부의 살풀이장단에서는 살풀이 수건을 들고 춘다. 이 대목만 보면 흡사 〈살풀이춤〉이라 여겨지기도 하는데, 여기서의 춤사위는 한

〈그림 15〉 안채봉의 〈소고춤〉 중 살풀이수건춤 대목
출처: 이규원, 정범태 사진, 『우리가 정말 알아야 할 우리 전통예인 백 사람』, 현암사, 1995, 362면

〈그림 16〉 안채봉의 〈소고춤〉 중 소고춤 대목
출처: 이규원, 정범태 사진, 『우리가 정말 알아야 할 우리 전통예인 백 사람』, 현암사, 1995, 363면

恨을 풀어내는 듯한 무겁고 엄숙한 분위기는 아니다.[60]

현행 작품 〈살풀이춤〉은 통상 느린 장단에서 빠른 장단으로 진행되는 구조를 가지고 있다. 그러나 이렇듯 '느린 장단'에서 시작하여 '빠른 장단'(다시 '느린 장단')으로 연결되는 구조는 〈살풀이춤〉 뿐 아닌 대부분의 홀춤 작품인 〈살풀이춤〉, 〈입춤〉, 〈굿거리춤〉 등에서 나타나는 특징이라 할 수 있다. 이 점에서 안채봉의 〈소고춤〉은 당시 민속 홀춤으로 추어지는 기본 진행 구조에 '수건살풀이춤'과 '소고춤'을 접목시킨 형태로 볼 수도 있다.

'소고춤'은 소고를 치기도 하지만, 회전시키기도 하고, 앉아서 소고 끝을 바닥에 찍기도 하는 등 놀음 사위가 많아 관중의 흥미를 유발시킨다. 따라서 기생의 놀음의 공간에 매우 인기 있던 종목이었을 것으로 여겨진다. 이렇듯 '소고가 삽입된 〈입춤〉'들은 김수악의 〈교방굿거리춤〉과 최희선의 〈달구벌입춤〉[61]도 있다. 최희선은 대동권번의 춤 교사 박지홍에게 배운 〈소고춤〉을 작품화한 것이며, 김수악은 전라도 권번 출신 김녹주에게 배운 〈소고춤〉을 〈굿거리춤〉과 접목시킨 것이다. 특히 김수악의 〈소고춤〉은 〈굿거리춤〉과 접목되기 전 〈살풀이춤〉과 연결되어 추었다고 하니,[62] 〈소고춤〉이 경상도지역으로 유입된 후 전

---

60 안채봉의 〈소고춤〉은 1986년 국립극장대극장에서 열린 '86전통명무공연'에서 볼 수 있으며, 영상은 천승요 예술방송국 소장 자료를 통해 확인할 수 있다.(https://www.youtube.com/watch?v=bvKMRjNQFH8) 영상에서 보면 도입부 음악이 현행 〈살풀이춤〉 음악보다 다소 빠르며 수건 사위도 다양하게 보여주고 있다.

61 이 춤은 도입부에 굿거리장단에 맞추어 맨손춤과 살풀이수건춤을 추고, 이어지는 자진모리장단에서 소고를 들고 춘다.

62 남선희, 앞의 글, 15면. 김수악은 1980년대에 〈살풀이춤〉 뒷부분에 소고춤을 연결시켜 추었다고 한다.

승·연행되는 동안 경상도지역에서 우세한 '〈굿거리춤〉'과의 연행으로 접목·변용을 거친 것으로 생각된다.

그러나 무엇보다 〈살풀이춤〉이든 〈입춤(소고춤)〉이든 간에 '민속악 반주로 된 '느린-빠른-느린'의 장단 구조를 띤 홑춤'들은, 20세기 전반기 전라도 권번에서 학습되었던 춤으로 보이며, 경상도지역에서 추어진 이런 유형의 춤들은 전라도 권번 예인의 영향을 많이 받은 것으로 생각된다. 보고서를 통한 사례로 보았을 때는 20세기 전반기에 경상도지역 권번에서 교습된 예가 보이지 않고 있기 때문이다. 하지만 이러한 춤 경향은 권번의 춤 교사 신분과도 일정한 관련이 있어 보인다. 현재 권번을 통해 전승되는 춤 종목이 대체로 '교방教坊'의 종목을 보유하고 있는 진주권번은, 권번의 중심 교사가 관기 출신이었다는 점과 연관이 있어 보이기 때문이다. 이는 반대로 남도 지역 권번에서 재인들의 활동이 작지 않은 비중을 차지했다는 점과 비교된다.

3. 서울 및 기타 지역의 〈살풀이춤〉과 남도음악 단체의 〈살풀이춤〉

서울·경기·충청 지역 조사 중 20세기 전반기에 〈살풀이춤〉을 교습한 경우는 서울지역을 중심으로 나타났으며, 이 세 지역을 제외한 특정 지역의 사례가 확인되었다.[63]

교습 · 연행 지역	학습자		춤 교수자	
	이름	학습 장소 / 신분	이름	출생 / 소속
서울	안비취	하규일의 정악교습소 / 전문예인	한성준	충남 홍성 / 조선음악무용연구소[64] 활동
"	김천흥	조선음악무용연구소 / 전문예인	한성준	충남 홍성 / 조선음악무용연구소 활동
"	이동안	광무대 / 전문예인	김인호	경기도 용인(재인청 출신) / 광무대 전속 활동
서울 및 기타	장홍심	함흥권번 · 조선음악무 용연구소 / 기생 · 전문예인	배씨 할머니 · 한 성준	함흥권번 교사 · 조선음악무용연구소 활동
기타	이말량	함흥 반룡권번 / 기생	김계선	한성준 제자 / 반룡권번 교사

〈표 9〉에서 알 수 있듯 20세기 전반 서울지역 〈살풀이춤〉의 교습 상황은 권번 외의 공간이 다수 보이고, 교수자로는 한성준과 김인호가 나타나고 있다.

문화재보고서에 의하면 이동안(1906~1995)은 광무대에서 경기도 재인청 출신인 김인호에게 〈살풀이춤〉[65]을 배웠다고 조사되어 있다.[66] 〈살풀이춤〉은 '남도 무무설'을 기반으로 하지만 현재 경기도지역 굿판에서 이어져 온 김숙자의 〈도살풀이춤〉에서 알 수 있듯, 이동안의 〈살풀이춤〉도 경기도 굿판에서 재인청으로, 그리고 광무대의 무대춤으로 이어진 것으로 이해할 수 있다. 단 이동안의 〈살풀이춤〉은 특수한 설

---

63 〈표 9〉에는 경기도와 충청도지역이 제외되었다. 그 이유는 이 지역의 〈살풀이춤〉 전승자들이 모두 해방 이후의 경우에 해당되기 때문이다.
64 조선음악무용연구회가 본래 명칭이지만 조사보고서에 기재된 조선음악무용연구소로 표기했다.
65 이동안류 〈살풀이춤〉은 현재 경기도 무형문화재 제8호 〈승무 · 살풀이춤〉이라는 명칭으로 지정되어 있다.
66 「승무 · 살풀이춤—서울 · 경기 · 충청」, 『무형문화재조사보고서』 14, 1991, 10면.

화[67]를 바탕으로 구성된 점이 눈길을 끈다. 이동안은 광무대에서 김인호에게 춤의 유래를 배웠다고 하는데 김인호에게 들은 유래일 수도 있고, 아니면 광무대 해산 후 이동안이 한성준의 조선음악무용연구회에서 춤 교사 활동[68]을 했을 때의 작품화[69] 경향이 반영되었을 수도 있다. 단 근대 시기에 활동한 경기도 재인 김인호와 이동안의 행보 중에는 남도음악 예인들과의 교류도 있었기 때문에, 경성구파배우조합(1915)과 조선음악무용연구회(1937)에서의 남도 춤과의 영향 관계도 고려해 볼 필요가 있다.

한성준은 20세기 전반에 활동한 춤의 명인이고 그의 춤에 대한 조명은 대부분 조선음악무용연구회로 집중되어 있다. 그러나 서울에서의 춤 교습은 잘 알려졌듯 조선권번에서도 이루어졌고, 〈표 9〉에서도 보이듯 하규일의 정악교습소를 통해서도 진행되었다. 하지만 무엇보다 한성준의 춤 연행과 관련하여 주목할 점은 그가 조선음악무용연구회 이전에 활동했던 남도음악 조직인 '조선성악연구회'(1934년 설립)[70]에서의 행적이다. 충청도 출신 예인인 그는 20세기 이후 서울로 이동하여 남도음악과 관련된 활동에 주력하였다.[71] 주지하듯 그는 20세기 이

---

67 "어느 아버지가 병이 들어 약을 먹어도 낫지 않고 굿을 해도 안 낫고 백약이 무효라서 그의 외동딸이 백일기도를 했더니 백발할아버지가 내려와 너의 아버지는 살이 너무 많이 끼었으니 흰색 옷고름에 흰색 치마저고리를 입고 춤을 추고 수건을 던질 때 수건 날려 살을 풀어내면 살고 죽으면 죽을 것이니 죽는 순간을 못 보므로 상복을 하라." 신현숙, 「화성재인청류 살풀이춤의 미적 특성」, 『무용역사기록학회』, 한국무용기록학회, 2014, 133면.

68 「승무 · 살풀이춤—서울 · 경기 · 충청」, 10 · 32면.

69 한성준의 조선음악무용연구회 작품화 경향은 본서 7장을 참고.

70 판소리와 남도 기악 중심의 전통음악 단체이다. 발기인은 이동백, 송만갑, 정정렬, 김창룡, 한성준, 오태석, 김룡승, 김종기, 김동강, 박록주, 김채련, 심상건, 강태홍 등 14명이었다. 백현미, 『한국 창극사 연구』, 태학사, 1997, 211~212면.

후 명고수名鼓手로서 판소리 창자들과 함께 극장 공연과 조직 활동을 해 나갔다. 조선성악연구회에서 주목할 점은 이 음악조직 내에 '승무부僧舞部'[72]라는 춤 관련 부서를 두었다는 점이다. 이는 이 남도음악 조직이 〈승무〉 또한 필수 공연 요소로서 중시했음을 보여주는 증거라고 할 수 있다. 이 부서의 이사理事로 한성준이 자리하고 있어 〈승무〉와 관련한 업무는 한성준이 담당했을 것을 예측할 수 있다.

그러나 이 조직에는 〈승무〉뿐 아닌 〈살풀이춤〉도 학습되었을 것으로 여겨지는데, 조직의 멤버인 김소희(1917~1995)와 박소군(1921~ ?)이 〈살풀이춤〉에 특출한 기량을 가지고 있었기 때문이다. 1961년에 발행된 『국악인명감』[73]에 의하면 박소군은 그의 장기長技로 〈승무〉와 〈살푸리〉 등을 들고 있으며 춤 은사명恩師名으로 한성준을 적고 있다. 또한 김소희도 문화재보고서에 〈승무〉와 북장단을 한성준에게 사사한 적이 있음[74]을 밝히고 있다. 뿐 아니라 멤버들 중에는 권번에서 춤을 지도한 사례가 속속 발견되는데, 박록주는 대구 달성권번[75]에서 춤 사범으로 활동했으며, 강태홍은 동래지역에서 민속무용학원과 동래권번에서 춤

---

71 조선성악연구회는 남도음악을 전문적으로 하는 집단이었지만, 구성원은 남도 출신, 즉 전라도 출신들만 있는 것이 아니었다. 경기도, 충청도, 전라도, 경상도 등 '시나위권' 지역의 음악인들이 참여하고 있었다. 권도희, 『한국 근대음악 사회사』, 민속원, 2004, 190 · 210~211면.

72 "朝鮮聲樂研究會 現在 멤버 — 理事長 이동백, 常務理事 정정열, 庶務理事 김용승, 會計理事 오태석 정남희, 外交理事 조상선 조명수, 調査部理事 김창룡 김세준, 宣傳部理事 홍소월 최소옥 김소희 이선연 김연옥, 興行部理事 김용승 정남희 조상선 오태석 임방울, 營業部理事 김용승 정남희 조상선 한성준, 敎育部理事 송만갑 강태홍, 僧舞部理事 한성준."『조광』3, 1937.3, 169면.

73 국악예술인명감편찬위원회, 『국악예술인명감(國樂藝術人名鑑)』, 국악계사내, 1961, 151면.

74 「승무·살풀이춤−서울·경기·충청」, 『무형문화재조사보고서』14, 1991, 15면.

75 「입춤·한량무·검무−경상도」, 『무형문화재조사보고서』19, 1996, 183~184면.

〈그림 17〉 박소군(朴素君)의 〈살푸리춤(卽興舞)〉
출처: 『국악예술인명감』, 1961

〈그림 18〉 김소희의 〈살풀이〉
출처: 『韓國의 名舞』, 한국일보사, 1985, 76면

을 가르쳤고, 권번 교사 활동을 했던 조진영[76] 또한 〈도살풀이춤〉의 문
화재 작고 보유자인 김숙자에게 춤을 가르친 것으로 유명하다. 조선성
악연구회 멤버들은 조직 내 배치된 승무부에서 한성준에게 〈승무〉 뿐
아닌 〈살풀이춤〉 등의 춤 교육을 받았을 것을 추측할 수 있다.

　이렇듯 조선성악연구회의 멤버들이 춤을 학습했던 점은 결국 이들
의 공연문화에 춤이 필요했던 배경과 연관이 있었기 때문이라 할 수 있
다. 앞서 잠시 언급되었듯, 당시는 이 조직 멤버들 뿐 아니라 남도음악

76　조진영은 남도민요와 북장단(고수)에 뛰어난 기예를 가진 예인이었다. 그는 조선성악연
　구회 활동에 앞서 1915년에 설립된 남도 명창들 위주의 조직인 경성구파배우조합에서도
　활동했다. 그는 광무대에서 이동안에게 남도잡가를 가르쳤다고 한다.

을 전문으로 하는 예인들이 '협률사'와 '명창대회' 같은 이동식 공연단체에서 판소리를 중심으로 여러 종목을 종합하여 공연했다고 했는데, 여기에 〈승무〉가 공연되었다는 점이 특기할 사실이다. 구전에 의하면 이 이동 단체들의 공연에서는 '으레 〈승무〉를 가장 먼저' 추었다고 하여 〈승무〉가 매우 중요한 비중을 차지했음을 알 수 있다.[77] 이 점에서 한성준이 정읍권번 전계문에게 주기적으로 〈승무〉의 춤사위와 북장단을 사사했다는 사실은, 이 조직의 〈승무〉는 남도지역의 스타일이 반영되었을 것이라는 점을 추측하게 한다. '남도 스타일'이란 결국 전라도지역 재인들이 지닌 특수한 멋이 반영된 것이라 할 수 있을 텐데, 충남 홍성 출신인 한성준이 전라도지역에 내려가 전계문에게 〈승무〉의 북가락과 춤사위를 사사하면서 남도제 멋이 배이게 되었을 것이고, 이는 자신이 활동하고 있는 조선성악연구회의 공연 풍조와도 잘 어울리는 것이었다고 본다.

그러나 남도음악 이동 단체에서 추어진 춤은 〈승무〉만 있지 않았다. 이매방이 증언하는 '임방울명인명창대회'에는 〈검무〉와 〈한량무〉[78] 등

---

77 증언에 의하면 임방울과 김광채의 명창대회 및 김창환의 협률사, 그리고 김봉업의 개인 단체에서는 〈승무〉를 반드시 첫 순서로 추었다고 한다. 참고자료는 한국문화예술위원회, 『이매방』(한국 근현대예술사 구술채록연구 시리즈 67)과 서대석·손태도·정충권 편, 『전통구비문학과 근대공연예술』 Ⅲ(서울대 출판부, 2006)에서 한승호, 이경자, 정광수, 이은관의 구술 내용을 참고함.

78 이러한 이동식 단체에서 추어지는 〈한량무〉는 춤극이 아닌 홀춤의 형태로도 추어졌을 가능성이 있다. 이동안은 평양에서 열렸던 이화중선의 행사에 참여하여 평양권번 소속 도금선의 〈한량무〉를 보았는데 "흰도포에 검정 갓을 쓰고 남자의 복색"을 하였으며, "관객이 넋을 잃을 정도로 멋들어지게"(「승무·살풀이춤─서울·경기·충청」, 90면) 추었다고 묘사하고 있기 때문이다. 경상도지역 권번 출신으로 전라도 권번(소화권번)에서 활동한 도금선이 평양권번에서 언제 활동했는지 알 수 없으나 이때 〈한량무〉는 경상도지역에서 추어지던 남성 홀춤 〈한량무〉였을 것으로도 생각된다. 하지만 목포 출신 김이월이 해방 후 군산 박초월무용학원에서 홍춘삼이라는 이북 출신의 춤 선생에게 〈삼감

도 추어졌으며,[79] 김소희가 기억하는 '이화중선의 가설무대(협률사)'에는 〈승무〉, 〈한량무〉, 〈살풀이춤〉[80]이 추어졌다고 한다. 이러한 사실로 미루어 본다면 협률사와 명창대회에서는 춤이 공연되기 위해 춤출 수 있는 연희자가 투입되거나 춤을 새롭게 배울 필요가 있었다고 할 수 있다. 이 점에서 권번 기생들이 협률사 단체로 전향한 사례가 있었을 것으로 여겨지는데, 1930년대 이후 협률사에서 춤 공연자로 활동했던 한진옥韓振玉(1911~1991)에 의하면 자신이 활동한 협률사에는 기생과 동기童妓들이 있었다[81]고 한다. 한진옥 역시 협률사에서 춤을 연행하기 위해 남원권번의 교사였던 이장산에게 춤을 사사하였다. 이처럼 권번은 소속 기생들만이 아니라, 가무를 배우고자하는 일반인(정읍권번 박영선,[82] 소화권번 두한수,[83] 기타 한량들)과, 협률사와 같은 공연 단체에서 가무를 연행하는 전문예인들(한진옥, 장월중선 등)도 다수 학습하던 곳이었다. 권번은 20세기 전반에 춤 교습이 진행되고 있던 유일한 공식 기관이었으며, 춤 공연자가 필요했던 이동 단체에서는 권번을 통해 춤을 학습하거나 공연자를 섭외했던 것이다. 협률사의 춤 레퍼토리가 권번의 춤 교육 종목과 유사하게 나타나는 이유도 이러한 점에서 이해할 수 있

무(한량무)〉를 배웠다고 하여(국립문화재연구소, 「승무·살풀이춤-전남·북도」, 38면) 남성 홀춤 〈한량무〉는 이북지역 권번에서 하나의 레퍼토리로 유통되었을 가능성이 있다.

79 한국문화예술위원회, 『이매방』(한국 근현대예술사 구술채록연구 시리즈 67), 2005.
80 「승무·살풀이춤-서울·경기·충청」 '김소희', 『무형문화재조사보고서』 14, 1991, 15면.
81 「승무·살풀이춤-전남·북」 '한진옥', 『무형문화재조사보고서』 13, 1990, 55~59면. 한진옥이 활동한 협률사는 이후 화랑 단체로 불렸다고 한다.
82 「승무·살풀이춤-전남·북」, 『무형문화재조사보고서』 13, 1990, 20~23면.
83 『한국의 명무』, 82~85면.

다. 20세기 전반기에는—전라도지역 권번에 집중되어 나타나고 있지만—권번이 춤 교육장으로 활성화되어졌음을 알 수 있으며, 이곳에서 춤 교육을 받은 예인들이 타지로 이동하여 활동함으로써 남도지역 춤의 확산을 초래했을 것으로 보인다. 앞서 살핀 강창범, 박지홍, 신용주 등이 그러한 예이며, 조선성악연구회 멤버들의 권번 춤 교사 활동도 같은 예라 할 수 있다.

마지막으로 기타 지역에서 전승된 〈살풀이춤〉을 살펴본다. 〈표9〉를 참고하면 먼저 함흥지역 반룡권번에서 이말량에게 〈살풀이춤〉을 가르친 사람은 김계선이며, 김계선은 한성준의 제자이다. 이말량은 경상도 경주 태생인데, 이처럼 먼 타지로 권번을 이동한 경우는 충남 서산 출신 심화영[84]이 함경북도 청진권번에서 활동한 사례에서도 나타난다. 이러한 장거리 이동은 기생 뿐 아니라 교사[85]들도 마찬가지였는데, 권번에서 유명한 교사를 초빙하는 경우도 있었겠지만, 예인들의 경제적인 사정으로 이동하기도 했다.

이매방은 '함흥권번의 선생들이 모두 호남 출신들이며 호남 예인들이 전국에 퍼져 있다'[86]고 하는데, 〈살풀이춤〉 역시 보다 확산된 분포로 전승되었을 것이 예상된다. 서울 조선음악무용연구소에서 활동하기 전 함흥권번 예기였던 장홍심이 〈살풀이춤〉을 배웠다는 점은 이러한 측면에서 해석해 볼 수 있다.

---

84 「입춤·한량무·검무」 '심화영', 『무형문화재조사보고서』 19, 1996, 130면.
85 청진권번에는 심화영의 오빠 심재덕이 악기사범으로, 춤사범으로 한성준 등이 활동했다.
86 『한국의 명무』, 54면.

4. 현행 〈살풀이춤〉 재고

이상 20세기 전반기에 전개된 〈살풀이춤〉의 양상을 훑어보고 나니 오늘날 〈살풀이춤〉이 가진 역사적·형태적 개념들을 다시 재고해보게 된다. 오늘날 〈살풀이춤〉은 '남도 무무南道巫舞'의 기원을 가지고 있고, '수건을 들고' 춘다는 인식이 보편적이라 할 수 있다. 그러나 이 글을 통해 현재 추어지는 〈살풀이춤〉은 형태적·실체적 측면에 있어서 후자보다는 전자의 개념이 중시되고 있다는 점을 재확인하게 되었다. 즉 '살풀이춤'은 긴 수건만을 사용하는 것이 아니라 조그만 사각 수건을 들거나 맨손으로 추는 경우도 있기 때문인데, 반주 음악에 있어서는 '남도무악 시나위'라는 사실은 불변이기 때문이다. 이는 현재 '경기도 살풀이춤'인 김숙자류 〈도살풀이춤〉과의 비교를 통해 좀 더 쉽게 이해할 수 있다. '남도 살풀이춤'을 '경기도 살풀이춤'과 구분할 수 있는 근본적이고 생태적인 요소는 지역적 특성이라고 할 수 있는데, 이 지역적 특성은 곧 굿판을 통해 토착적으로 형성된 무악巫樂에 가장 큰 기반이 두어진다고 할 수 있기 때문이다. 단 〈살풀이춤〉의 '남도 무무'설은, '경기도 살풀이춤'이 김숙자의 가계家系 전승으로써 독자적 전승을 이어온 반면 '남도 살풀이춤'이 20세기 전반全般을 거치는 동안 공연용으로 확산·보편화되면서 등장하게 된 것이라 본다.

그러나 〈살풀이춤〉이 '수건'이라는 무구舞具에 초점이 맞추어져 20세기 전반기에 추어진 수건춤들과 역사적 연맥관계로 논의되는 경우도 있다. 가령 작고한 김천흥金千興(1909~2007) 선생은 '기생들이 술자리에서 홍이 나면 저고리 배래에 넣어둔 작은 손수건을 꺼내들고 즉흥으로 춤을 추었다'고 하면서 이를 한성준이 정리하여 무대화했을 것이라 했다.[87] 이 증언을 발전시킨 김영희는 한성준이 언급한 내용 —"조선에 전해오는 풍속을 제재로 하여 웃음과 해학과 통속미가 있는 춤이다. 고전무용에 비교하여 민간에 전해온 춤으로 또한 독특한 묘미가 있다"(『조선일보』, 1938.4.23) — 의 기사와 1920년대 중반에 발간된 책『대증보 무쌍유행신구잡가부가곡선』의 표지 그림[88]을 제시하여, 〈살풀이춤〉은 오늘날처럼 '한을 푸는' 춤이 아니라 홍겹게 추었던 춤이었을 것으로 추측하였다.

『대증보 무쌍유행신구잡가부가곡선』의 표지 그림에는 두 명의 기생이 다소 짧은 수건을 들고 춤을 추고 있다(〈그림 19〉). 단, 여기에는 기생만 있는 것이 아니라 넥타이를 맨 일반인도 보여, 주석酒席에서의 홍취가 오른 놀음의 풍경이라 유추할 수 있다. 따라서 이는 김천홍의 증언처럼 '기생들이 술자리에서 홍이 나서' 춘 춤이라고도 볼 수 있으며, 기생이 개인적으로 소지하고 있

〈그림 19〉 『대증보 무쌍유행신구잡가부가곡선』 표지 그림
출처: 김영희, 『춤풍경』, 보고사, 2016, 128면

---

87 김영희, 『춤풍경』, 보고사, 2016, 129면.
88 『대증보 무쌍유행신구잡가 부가곡선』은 영창서관(永昌書館)이 1925년에 초판을 찍고 1928년에 재판했다고 한다. 위의 책, 128면.

던 수건을 무용소품처럼 꺼내들고 사용했을 가능성도 보인다. 그리고 이 때 흥을 돋게 한 '노래'나 '음악'은 반드시 '남도시나위'는 아니었을 수도 있다. 따라서 김영희의 논의는 한성준의 〈살풀이춤〉 작품 내용('웃음과 해학과 통속미가 있는')이 김천흥이 언급한 〈살풀이춤〉의 면모와 상당히 상통하고 있고, 위 '무쌍유행신구잡가' 그림은 이러한 춤의 모습을 나타내 주고 있기 때문에 '한을 푼다'는 현행 〈살풀이춤〉에 대한 일반 관념을 재고해보게 했다는 점에서 의의가 있다고 할 수 있다. 그러나 한성준이 제시한 〈살풀이춤〉의 내용은 현행 〈살풀이춤〉의 '원형'적 모습이라기보다 당시 한성준이 시도했던 작품 창작의 한 방식이었을 수 있다. 조선음악무용연구회 활동 당시 한성준은 작품 〈승무〉에 '황진이설'을 대입하여 서사적인 내용에 따른 무용극적 전개를 보여주기도 했고, 〈검무〉 또한 현대화[89] 하기도 했다는 점에서 〈살풀이춤〉 역시 이러한 관점에서 바라볼 필요가 있다는 것이다.

한 가지 더 첨언하면 〈살풀이춤〉에서 연주되는 음악은 '남도시나위'지만, 이 음악이 굿판에서 연주될 때와 춤 작품으로 연주될 때 다른 장단 구성을 보인다는 것에 대해 생각해 보았다. 즉 남도시나위가 〈살풀이춤〉에서 연주될 때는 "굿거리-자진모리-굿거리" 또는 "살풀이-자진모리-살풀이(굿거리)" 등으로 새롭게 짜여진 구조를 취하고 있는데, 이는 20세기 전반기 〈살풀이춤〉이 권번의 공연 작품으로 사용되면서 춤추기 용이한 장단으로 재구성된 것으로 추측된다.

저자는 오늘날 〈살풀이춤〉에 대한 관심이 문화재 지정 작품이나 특

---

89 본서 7장 3절 참고.

정 류파의 춤 분석에 집중되고 있다는 점에 문제의식을 느끼고, 현행 〈살풀이춤〉은 20세기 전반기를 거치면서 전승된 것이라는 사실에 주목하여 좀 더 폭넓은 이해를 마련하는 데 주안하였다. 새로운 접근의 시도라는 점에 의의를 두고 향후 발전된 글이 나오기를 기대한다.

제5장

'조선무용진흥론'의 등장과
조선춤 인식의 긍정적 전환

1. '조선무용진흥론'의 등장과
새로운 조선무용가들의 활동

일제강점기에는 기생들의 춤을 제외하고 대부분의 조선춤이 전승기반을 잃었다. 기생들은 제도로써 가무 활동이 유지되었지만, 궁중과 관아에서 설행되던 공적 연향들은 중단되었고 특정 시기에 맞추어 열리던 각 지역의 마을행사 또한 일제에 의해 규제되었기 때문이다. 1927년에는 이렇게 소멸되어 가던 조선춤을 되살려야 한다는 취지의 글이 등장하여 주목을 끈다.

현재의 조선은 놀랍게 가무가 쇠미하여졌다. 이제는 대의를 위하든 칭칭춤이나 함경도 사녀(士女)의 춤은 고사하고, 향토생활의 꽃이든 풍년무 같은 것조차 자취를 감추어 가고 있다. 그치만 우리네 정서는 빠질 길을 잃고서 침전되어가는 중이니 민족의 기상이 말 못 되게 위축되어가는 현상을 전율하면서 보고 있을 따름이다. 나는 이 모든 가무 쇠미(衰微)의 전 근원이 우리들의 경제적 사회적 몰락에 기인됨을 잘 안다. 그리하여 이 몰락을 막고 만회하기 위하여 우리들의 기상은 크게 진작되어야 할 것을 느끼므로 그리함에는 무용이 전 민중적으로 진흥되어야 할 것을 믿고서, 이에 소고(所考)를 말하려 하는 바이다. (…중략…) 우리에게는 세 가지로 대별할 수 있는 춤이 있다. 첫째는 무녀 승려를 중심으로 발달 된 종교적 무용이며, 둘째는 관기나 궁녀를 중심으로 발달된 아무(雅舞)와 또 한 가지는 농부 어사를 중심으로 발달된 향토무용이 그것이다.

—김동환, 「조선무용진흥론 二」, 『동아일보』, 1927.8.11

위 「조선무용진흥론」은 파인巴人 김동환(1901~?)이 1927년 8월 10일부터 8월 19일까지 총 7회에 걸쳐 『동아일보』에 연재한 글이다. 필자는 민족 향토의 가무들이 자취를 잃고 사라져가는 현상에 대해 안타까워하면서 이 가무의 몰락으로 인해 민족의 기상마저 위축되고 있다고 주장하고 있다. 이어 조선 가무의 쇠미 현상이 현재의 경제적·사회적 몰락으로 인한 것임을 지적하고 있는데, 연재된 또 다른 글에서 '무용은 민족의 기개를 고무하고 단체의식을 불어넣기 위해 국가적 교화의 요구로서 존재하는 것'[1]이라면서 무용을 통하여 조선민중의 의기를 크게 고무해야 한다고 역설하고 있다. 다시 말해 「조선무용진흥론」은

---

1   김동환, 「조선무용진흥론 六」, 『동아일보』, 1927.8.17.

조선 민중에게 민족이 당면한 시대적 문제를 상기시키고 경각심을 불러일으키기 위한 일종의 사회 계몽운동론이었으며, 김동환은 이를 위한 수단으로 조선무용의 중요성을 내세웠던 것이다.

「조선무용진흥론」의 핵심은 조선무용을 통한 민족의 흥기에 있었지만, 이 주장으로 인해 기왕에 기생들에 의해 집중되던 조선무용이 종교무용과 향토무용의 관심으로 확대·환기될 수 있었으며, 조선무용이 특정 소수에 의한 공연물이 아니라 전민중이 공유하고 실천해야 할 민족문화로서의 가치를 음미하는 계기로 작용할 수 있었다. 이렇듯 민족이 처한 현실을 우려하고 예술운동으로써 해결점을 찾아야 한다는 입장의 글은 1929년 「향토예술부흥운동」에서도 나타난다.

> 돈의동 열빈루(悅賓樓) 뒤 광장에서 조선 광대들이 극장을 벌려 놓고 논다는 말을 들었다. 수년 전에는 흔히 보든 것이나 근자에 와서는 조금 보기 드문 것이라 함으로 황망한 일도 있었으나 (…중략…) 처음 연출되는 장면은 산두노리라 하는 것인데, 비록 가장(假裝)이 되지 못하였으나 엄참이 긴 시간 동안 삼십 여명 배우들이 매구, 징, 강기, 북을 뚜드려가며 날뛰고 돌아다니는 광경이며 때때로 가다가 북 든 배우 십여 명이 중간에 들어서 뛰고 노는 북놀음이며 음률에 맞추어 춤추는 무동의 용태에는 가히 봄직한 점이 많이 있었다. (…중략…) 하여튼 이 비록 무뢰천배(無賴踐輩)의 노는 노름이라 할지라도 이것을 **잘 탁마만 하면 훌륭한 가치 있는 조선 향토예술이 될 것 같았다.** 그러고 그 다음에 골계극(滑稽劇)이라 할 만한 탈춤이 있었다. 이것도 역시 그 의복 등절(衣服等節)이 보잘 것 없는 남루한 것이었으나 그들의 놀음은 때때로 관람객의 갈채를 받았다. 이 갈채 — 이 소박한 연예를 보고 일어나는 무식계

급의 갈채 ─ 이것이야말로 향토예술의 가치를 노골화한 것이다. (…중략…) 나는 다시 관람좌석을 돌아보았다. 역시 거기에는 낯빛이 해쓱한 노동자 계급이다. 모두 이 연예에 열중하고 있다. 나는 여기에서 깨달은 바가 있었다. 이 소박한 연예도 또한 조선 국민성의 발휘인 향토예술이라는 것을 깨달았다. 그리고 이 향토예술은 모든 조선 사람과 같은 고동을 치며 살아있는 생명체임을 깨달았다.[2] (…중략…) 그러나 조선의 농촌은 나날이 경제적 파멸을 당하야 점점 쇠퇴하고 있다. 따라서 년 전까지 성행되든 정월놀이, 풍년놀이, 추석놀이 또 푹구놀이 같은 것도 년년이 그 흔적을 감추어가는 형편이다. 농촌이 타파하여져 가니, 이런 것이 쇠퇴하여져 가는지 또는 이런 것이 쇠퇴하여지니 농촌이 타파하는지 모르겠으나, 하여튼 차차 없어져가는 것은 사실이다. (…중략…) 기록이 없는 향토예술은 한 번 없어지면, 다시 얻기 어려울 것이니, 우리는 여기에 아직 조금만치라도 남아있을 때에 그 흥행을 장려하여 소실을 방비하지 않으면 안 될 것이다. 그리하여 일방 농촌의 사기를 진흥시킨다면 얼마만치 경제적 방면에도 영향이 있지 않을까 생각된다.[3]

─ 조윤제, 「향토예술부흥운동」, 『신흥』 2, 1929.12

「향토예술부흥운동」은 경성제국대학 법문학부 조선어 문학과를 졸업한 조윤제趙潤濟[4]가 쓴 글로 1929년 12월 『신흥』[5]이라는 잡지에 실려

---

2 조윤제 「향토예술 부흥운동」, 『신흥』 2, 1929.12, 91~93면. 김수현·이수정, 『한국근대음악기사 자료집』 잡지편 2, 민속원, 2008, 643~645면에서 원문을 현대어로 바꾸어 실음.
3 조윤제, 앞의 글, 102면. 위의 책, 654면에서 원문을 현대어로 바꾸어 실음.
4 조윤제(1904~1976) : 경상북도 예천 출생. 국문학자. 1929년 경성제국대학 법문학부 조선어 문학과 졸업. 1946년 서울대 문과대 교수와 동 대학 문과대 학장 역임.
5 『신흥』은 경성제대 법문학부 출신들이 발간한 잡지로 1929년에 창간되었다.

있다. 필자 조윤제 역시 농촌을 통해 전승되어 온 예술과 놀이들이 소멸하고 있는 것에 대한 우려와 함께 향토예술의 부흥을 소망하고 있다. 그러나 돈의동 열빈루 광장에서 벌어진 광대들의 탈춤과 농악, 그리고 남사당패들의 상두놀음 등을 보고 나서, 잘 탁마하면 훌륭하고 가치 있는 조선 향토예술이 될 것이라는 전망을 하고 있다.

하지만 자세히 보면 「향토예술부흥운동」은 「조선무용진흥론」과 조금 다른 맥락에서 강조되는 내용이 있다. 조윤제는 조선 농촌의 경제가 나날이 파멸되어 감을 걱정하면서 '농촌놀이(정월놀이, 풍년놀이, 추석놀이 등)가 사라져가기 때문에 농촌이 사라져 가는 것은 아닌가' 하는 경제와 예술과의 관계를 언급하고 있다. 다시 말하면 조윤제는 「향토예술부흥운동」에서 농촌에 사라져 가고 있는 '예술'에 대한 우려뿐 아니라 '경제'의 몰락을 걱정하며 이를 막기 위해서 향토예술이 필요함을 지적하고 있는 것이다.

이러한 입장은 1930년대 이후 조선에서 본격적으로 전개되는 향토오락 진흥정책과 일정한 연관이 있다고 할 수 있다. 향토오락 진흥정책의 출발은 1929년 세계대공황과 이로 인한 일본 농촌의 붕괴현상에 대해 일본 정부가 마련한 농촌오락 대책에서 비롯된다. 세계대공황으로 일본 농촌이 큰 타격을 받게 되자 1929년 일본정부에서는 피폐해진 농촌경제를 살리고 생활을 개선시키기 위해 농촌 오락의 활성화를 주장하고 오락사업을 전담할 농촌오락협회의 필요성을 제안하였다.[6] 일본의 이러한 농촌오락 정책은 1930, 1940년대 조선에서도 흡사한

6　김난주, 「일제강점기 향토오락 진흥성책과 민속놀이의 전개 양상」, 『비교민속학』 44, 비교민속학회, 2011, 405면.

양상으로 이루어졌다. 이 시기에 전개된 농촌진흥운동은 조선총독부
가 조선농촌의 경제몰락과 농민사회의 불안을 제어하기 위해 벌인 관
제운동이었으며 전국적인 범위로 조선의 민중오락에 대한 조사[7]가 시
행되었다.[8]

조선예술과 조선무용에 대한 진흥의 주장들은 총독부의 향토예술
사업 및 당시 언론 등을 통해 대중들에게 중요성이 더욱 각인·확산될
수 있었다. 총독부의 주도하에 향토예술 사업이 추진된 예는 탈춤과 농
민무용에서 찾을 수 있다. 탈춤은 1920년대 말부터 양주별산대(1929),
오광대극(1934), 동래야류(1935)가 공연·재연되었는데 보존과 기록
작업도 이루어졌다. 1929년 총독부 박물관에서는 양주 탈계의 도구를
전부를 인수하는 동시에 양주탈춤 연희자를 영상으로 촬영했고[9] 1934
년 단오에는 사리원 탈춤을 기록했다. 1936년 9월에는 봉산군 주최 봉
산탈춤 공연에서 탈춤의 유래와 계통을 파악할 의도를 가지고 총독부
문서과에서 조사했으며, 경성방송국 특파로 주간에는 사진촬영을 야간
에는 탈춤과 민요를 전조선에 중계방송하였다.[10]

이처럼 각 지방에서 연행되었던 향토예술이 전승지역과 전승시기를
벗어나 '공연'과 '기록'의 목적으로 행해졌던 상황은, 정치·경제적 이

---

7 총독부 사회교육과와 문서과에서는 1936년 전조선의 민중오락을 조사·수집하는 작업
에 착수하여 1938년 7월에 완료하였다. 위의 글, 409면.

8 다만 전시의 상황 속에서 향토오락은 경제성, 즉 경비가 적게 드는 종목이 고려되었다.
1937년 총독부 사회교육과에서 발간한 『朝鮮社會敎化要覽』에는 조선농촌오락의 선택
기준이 제시되었는데, 농촌어촌 생활에 적당한 것, 직업과 상관이 있는 것, 향토적인 것,
체육적인 것, 민속적인 것, 대중 공동적인 것, 실시가 용이한 것, 경비가 적게 드는 것
등이다. 위의 글, 410면.

9 『매일신보』, 1929.12.8.

10 『조선일보』, 1936.9.4. 백현미, 『한국 창극사 연구』, 태학사, 1997, 202면.

유로 향토예술이 요구되었던 일제강점기(1930년대 이후)에 등장한 특수한 현상으로서 탈지역적 성향을 보여준다고 할 수 있다.

한편 1934년 4월 9일자『매일신보』에는 경기도 김포군 양동면 등촌리 청년단이 동경에서 개최하는 전국향토무용민요대회에 참가하기 위해 경기도청에서 시연을 하고 있는 사진이 실렸다. 당시 동경 일본청년회관에서는 전국향토무용민요대회가 연중행사로 열리고 있었는데 이 대회에 조선 단체가 참여한 것이다.

〈그림 20〉 동경 전국향토무용민요대회에 참가한 경기도 김포군 청년단
출처:『우리의 향토예술』,『매일신보』, 1934.4.9

〈그림 20〉에서 보이는 김포 청년단의 시연 모습은 전통연희 중 하나인 〈무동〉의 장면이다. 농악대나 걸립패에서 남아男兒 또는 여아女兒가 성인 연희자의 어깨 위에 올라가 춤추는 연희를 〈무동〉이라 하는데, 이 사진에서는 춤추는 무동들이 승려나 한량 등 춤극 〈한량무〉의 복색을

하고 있어 흥미롭다. 이 청년단이 동경 대회에 참가하여 보여줄 출연 종목은 '무용舞踊', '야유野遊', '가면희假面戱'[11]였다. 단 『매일신보』기사의 설명에는 김포 청년단의 공연을 '풍년용豊年踊'이라 소개하고 있는데, 〈풍년용〉은 일본 향토무용의 이름(호넨오도리ほうねんおどり)으로서, 조선의 연희를 일본의 무용 용어로 부른 점이 눈길을 끈다.

김포 청년단의 농민무용이 향토무용민요대회에 참여한 데에는 총독부 사회과社會課 및 지방과地方課의 추천[12]이 개입되었다. 즉 일본에서 일어나고 있던 향토예술진흥사업에 조선의 예술이 참가 자격을 검증받고 공식적 시연을 거쳐 파견된 것인데, 이때의 조선예술은 일본의 한 지방의 자격으로서 참여한 것이라 할 수 있다. 동경의 향토무용민요대회는 조선에서 전개되는 향토오락진흥운동에 영향을 미치는데, 농촌 향토오락의 중요성을 강조한 민속학자 송석하는 동경 전국향토무용민요대회의 조선 도입을 제안[13]하였으며 실제로 '조선민속학회'가 주최하고 『조선일보』가 후원하여 1937년 5월 17일 부민관에서 '조선향토무용대회'가 열렸고, 1938년 4월에는 '전조선향토연예대회'로 이어졌다.[14]

1930년대의 조선예술 또는 조선무용에 대한 정부의 관심과 사회적 진흥 분위기는 당시 조선무용에 종사하지 않았던 예술가들에게도 영향을 미쳤다. 대표적으로 배구자, 최승희를 들 수 있는데 배구자는 일본의 레뷰revue단체인 덴카츠곡예단天勝曲藝團에서, 최승희는 현대무용가

---

11 송석하, 「民俗藝術의 紹介에 對하여―金浦 農民舞踊 東京派遣을 契機로」, 『동아일보』, 1934.3.31.
12 백현미, 앞의 책, 203면. 송석하, 위의 글.
13 송석하, 「民俗의 振作 調査研究 機關」, 『동아일보』, 1936.1.1.
14 백현미, 앞의 책, 203~204면 참고.

이시이바쿠石井漢의 문하에서 활동하고 잇었다. 1930년 1월에는 배구자와 최승희가 조선무용을 창작, 근대화하고 잇다는 기사가 실렸다.

> 원시적에 각갑다 하리만치 조방(粗放) 무잡(蕪雜)한 혐(嫌)이 잇든 승무 춘앵무 등 전통적 무용이 최승희 배구자 등 신진무용가의 손에 자극된 바 잇서 차츰 「템포」가 빠르고 색채 복잡한 예술로 化하여가는 도중에 잇스며, 또 그리하는 한편 서양 及 일본에서 다소 기예를 닥고 잇든 전기(前記) 규수 무용가가 무용연구소를 각자 설치하고 후진을 양성하고 잇는 중임으로 조선에 근대무용이 참말로 생길 것은 금후 몃 해 동안에 잇다할 것이다.
>
> ―「장래 십년에 자랄 생명! 언론계, 교육계 등」, 『삼천리』 4, 1930.1

> 일본의 藤間靜江이가 고유의 일본무용에다가 서양딴스를 가미하여 새로운 춤을 지어내지 안엇서요. 그 모양으로 저도 조선춤에다가 양식(洋式)을 조곰 끼어너허서 빗잇든 그 조선예술을 시대적으로 부흥식히고 십담니다. 러치 안으면야 불이야 불이야 춤공부가 무에 임니까. 그래서 저는 처음으로 「염불」을 무용화해보려고 생각하는 중이랍니다. 우리 민요에 웨요 염불곡 이란 것이 잇지안어요. 바로 이거야요.(하며 산염불곡(山念佛曲)을 축음기에 너허 튼다.) 이것을 제목을 「기도」 혹은 「침묵」이라고 곤치어서 새 무용을 하나 만들어 보려고 하는데요. 그러나 의상이 문제야요. 조선치마는 춤옷으로는 너무 단조하고 그러고 순색인 것이 덜 조와요.
>
> ―「배구자의 무용전당, 신당리문화촌의 무용연구소 방문기」, 『삼천리』 2, 1929.9

―그래서 되지 못한 것이나마. 우리 땅에 나와서 몃가지 독창한 춤을 만든

것이 잇지요. 얼마 전에 단성사에서 공연을 할 때에 보섯는지 알 수 업스나. 「방아타령」, 「인도인의 비애」, 「길군악」의 세 가지람니다. (…중략…) 그 다음 「길군악」이나 「방아타령」은 조선 고유의 민요를 살니러 하는 의미로 그 곡조에 마추어서 민요의 정서를 담고서 춤으로 표현하여 본 것이애요. 그런데 이 두 가지는 춤출 때에 조선음악의 축음긔를 틀어노코 하는 관게로 템포가 너무 빨너서 걱정이야요

   —그러면 그것은 조선옷을 입고 하섯서요. 저고리과 치마와 머리까지요?

   —네. 그것만은 순조선 옷으로 하엿서요. 조선치마는 길기만 하고 단조하여 육체의 리듬(肉体의 律動)이 잘 나타날 수 업지만은 그 반면에 고아한 조선춤을 살니는데는 조선의복이 도로혀 조와요

—최승희, 「예술가의 처녀작」, 『삼천리』 7, 1930.7

최승희와 배구자가 〈승무〉와 〈춘앵무〉를 가지고 근대무용화하고 있다는 첫 번째 예문에서 눈길을 끄는 대목은 조선춤을 근대화하는 현상에 대한 사회적 시선이다. 이 글에는 조선춤에 대해 관심을 가지기 시작한 조선의 서양무용가들에 대한 환영과, 재래의 조선춤이 근대화될 것이라는 희망이 함께 담겨 있다.

두 번째 예문에서 배구자는 조선무용을 통해 조선예술을 부흥시키고 싶다는 의지를 드러냈다. 하지만 그 방법은 당시 일본에서 민족무용을 근대화하는 서양댄스를 가미하는 방식이었다. 최승희 역시 조선의 정조가 다분한 조선음악을 사용하여 고아한 느낌을 살리려는데 초점을 두었지만, '육체의 리듬'을 염두에 두고 있었다는 점에서 서양무용의 표현방식에 중점을 두었음을 알 수 있다.

최승희, 배구자와 같은 서양무용가들은 조선춤을 근대화하는데 초점이 있었지만 한편 조선적인 맛을 잃지 않기 위해서도 신경쓰고 있던 점이 다분히 엿보인다. 특히 의상과 음악은 가능한 조선 고유의 것을 그대로 사용하고자 했음을 알 수 있는데, 춤에 있어 서양무용을 가미해야 했기 때문에 조선정조가 약해지지 않기 위해 선택한 사항으로 보인다.

한편 1937년 조선음악무용연구회를 설립했던 한성준은 연구회 설립 전에도 춤 활동은 하고 있었으나 공식적 행보는 음악 활동에 있었다. 다양한 전통 재예를 보유했지만, 전통적 연행공간이 사라진 상황에서 그가 활동할 수 있는 범위는 제한적이었다. 20세기 초에 고수鼓手로서, 권번의 음악 및 춤 선생으로서 활동하고 있었던 한성준은 1920년대 중반 이후 음반 산업이 발달하고 경성라디오방송국(1927)이 설립되자 청각매체를 통한 전통음악의 대중적 소비가 늘어나면서 더욱 적극적인 음악활동을 전개했다. 그는 경성방송국 개원 때인 1926년부터 방송에 참여했으며, 1933년부터 1940년 4월까지는 피리연주자로서 출연[15]한 면모도 보인다. 1934년 남도음악 전문가들의 조직인 조선성악연구회의 설립은 음반 산업의 발달로 인한 음악문화 부흥과 밀접한 연관이 있다고 할 수 있다. 그러나 조선성악연구회의 주요 멤버였던 한성준이 1935년에 개인 무용연구소를 차려 제자들과 무용발표회를 열고, 1937년에는 조선음악무용연구회를 차려 더욱 본격적인 무용 활동에 매진하기 시작했던 점은 특기할 만하다. 이 시기는 최승희가 조선무용 무대화 작업을 왕성히 전개하던 때이고, 또 조선음악무용연구회의 첫

---

15 송방송, 「1930년대 한성준의 음악 활동 재조명」, 『한국 근대춤의 전통과 신무용의 창조적 계승』, 민속원, 2007, 53~56면.

무용발표회 공간이 향토오락(또는 향토예술)을 진작시키기 위한 '전조선 향토연예대회'였다는 점에서, 1930년대 한성준의 조선무용 활동 역시 당시 조선무용의 사회적 부상 현상과 무관하지 않다고 할 수 있다.

2. 기생춤에 대한 긍정적 인식

1930년대에 들어서면 조선적인 것에 대한 관심 증대와 함께 이에 대한 학문적 · 문예적 관심이 고조되었다. 1930년대를 전후하여 해외문학파로 통했던 극예술연구회의 회원들도 전통연극의 존재를 언급하기 시작하였으며 전통극의 역사적 고찰, 전통극의 대중화, 농민오락으로서 농민극 권장 등의 논의[16]를 폈다.

조선음악이나 탈춤과 같은 조선예술에 대한 연구도 이 시기에 등장한다. 1930년 3월부터 12월까지 7회에 걸쳐 잡지 『조선』에 연재된 안확의 「조선음악의 연구」와 1931년 4월 15일부터 7월 17일까지 『동아일보』에 연재된 김재철의 「조선연극사」가 대표적인 예다. 「조선연극사」의 원본은 김재철의 경성제국대학 졸업논문인 「한국연극의 사적 연구」인데, 김재철이 1933년 세상을 떠나자 청진서관에서 이를 조선어문학회의 총서로 1933년 5월 18일에 발행했다. 책의 구성은 1편 가면극, 2편 인형극, 3편은 구극舊劇과 신극新劇으로 이루어져 있다. 이러한

---

16 백현미, 앞의 책, 234~242면.

조선예술의 역사에 대한 관심은 상술했듯 1920년대 후반 조선예술에 대한 진흥 분위기와 총독부의 관제적 사업 등 사회적인 관심이 부상하면서 일어난 현상인데, 1930년대에 들어서면 기생들의 춤에 대해서도 '고예술古藝術'로 인식하는 현상이 나타나고 있었다.

> 무도를 조선속어로 춤이라 직역함은 의문으로 생각합니다. 조선의 춤이 서양무도와 대위(對位)되지 안님은 아니나 정도가 아즉 거긔까지는 미급한 줄 생각합니다. 何故오 하면 조선춤은 자고 及 수으로 화류계에서 숭상하야 연무자가 자기보다 지위가 나혼 인사을 위하야 그 청구에 응하야 보수를 得하며 신사숙녀는 此를 이용하야 쾌감을 취할 뿐이요.
>
> ─김동한, 「무도란 여하한 것인가」, 『개벽』 24, 1922.6

> 기생제도의 옹호자는 조선 전통예술의 보존을 유일의 이유로 들 것이다. 조선재래의 민요와 무용을 존속할 자는 기생밖에 없다는 것이다. (…중략…) 고예술(古藝術)을 아주 버리자는 것이 아니다. 고예술을 가저다가 신생명을 불어넣어서 정말 조선의 생명을 살리자는 일은 기생에게 맡길 것이 아니라 새로 자라나는 청년남녀의 진정한 예술적 활동에서 찾을 것이다. 더군다나 소리 잘하고 춤 잘 추는 기생 만나보기가 하늘에 별따기보다 어려운 이때에 그런 어리석은 수작으로 퇴폐적 향락생활의 변호를 할 수가 없을 것이다.
>
> ─「기생철폐론」, 『동광』 28, 1931.12

첫 번째 기사는 1920년대 초 조선춤과 서양춤에 대한 가치평가적 입장이 나타나고 있다. 조선춤은 서양춤에 비해 수준이 미치지 못하며,

따라서 서양의 춤용어인 '무도'를 조선의 속어인 '춤'으로 표현하는 것은 적절하지 않다는 것이다. 이 글에서는 서양에서 들어온 춤이 조선의 춤과 대비하여 문명화되었다는 인식을 볼 수 있는데, 여기서 '조선의 춤'은 뒤에 나오는 문장을 통해 '기생의 춤'이라는 사실을 알 수 있다. 그러나 이러한 조선춤, 또는 기생춤의 입장이 1930년대 초에 이르면 크게 변화하고 있다. 두 번째 기사 제목인 「기생철폐론」은 말 그대로 '기생을 철폐'해야 한다는 주장의 글이다. 철폐의 대상으로 지적될 만큼 부정적으로 인식되고 있던 기생의 일면을 알려주지만, 한편에서는 조선 재래의 민요와 무용을 존속할 보전자로서 높이 평가되고 있던 정황도 동시에 포착된다. 1931년 잡지 『삼천리』에는 평양기생학교 기생들이 조선춤에 많은 노력을 기울이고 있다는 기사가 실렸다.

　　―춤은 무얼 배워주세요.

　　―승무와 검무이외다. 원래 조선의 긔본 춤이라는 것이 승무와 검무 두 가지인데 이것이 여간 어렵지 안어요. 그래서 삼년급 아해들에게 가르처 주는데 처음엔 발뗴는 법 중둥쓰는 법 몸놀니는 법에만 약 20일이 걸니지요. 우리는 조선춤에 만히 힘을 들임니다.

　　―또 신식딴스는?

　　―딴스는 저 배우고 십흐면 배호라고 수의과로 너헛지요.

　　―이러케 말하는 그 분의 얼골빗은 경건한 조선정조와 조선순수예술의 옹호자로 빗낫다. 나는 마음이 유쾌하엿다.

　　　　　　　　　　　　　―「서도일색(西道一色)이 모힌 평양기생학교」, 『삼천리』 7, 1930.7

승무대신에 촬튼, 딴스를 하고 백구사 어부사를 하는 대신에 낭킹마찌요, 오-료꼬를 하는 것을 볼 때 장태식을 금할 수 업다.

— 「춤잘추는 서도기생」, 『삼천리』 3-9, 1931.9

위 글에서 볼 수 있듯 1930년 당시 평양기생학교에서는 서양춤인 〈신식딴스〉는 수의과(선택과목)로, 조선춤인 〈승무〉와 〈검무〉는 삼년 급 학생들에게 가르치는 정규 과목으로 배치되었음을 알 수 있다. 또한 조선춤에 많이 힘을 들인다고 강조하는 점이나 이 모습을 본 기자의 소 감에서, 또 조선춤이 아닌 외국춤을 추는 실태에 대해 한탄스러워하는 모습에서 조선춤은 당대의 조선 기생들이 지켜가야 할 하나의 당위적 인 과제로 받아들여지고 있음을 알 수 있다.

3. 1930년대 이후 권번의 조선춤 학습 실태

실제로 해방 후 조사된 자료[17]를 참고하면 1930년대 권번에서는 춤 학습이 상당히 엄격하고 강도 높게 진행되었음이 확인된다. 그 이전에

---

17 국립문화재연구소에서는 1990년을 전후로 〈승무〉와 〈살풀이춤〉을 전국적으로 조사하 였고, 1996년에는 〈입춤〉, 〈검무〉, 〈한량무〉를 조사하였다. 이는 「승무·살풀이춤-경 남·북」(『무형문화재조사보고서』 12, 1989), 「승무·살풀이춤-전남·북」(『무형문 화재조사보고서』 13, 1990), 「승무·살풀이춤-서울·경기·충청」(『무형문화재조사 보고서』 14, 1991)과, 「입춤·한량무·검무」(『무형문화재조사보고서 19, 1996)로 작 성되었다. 이때 조사된 기생 출신들이 대부분 1930년대 이후 권번에서 학습했기 때문 에 이 자료는 1930년대 이후의 권번 상황을 보여준다 할 것이다.

도 수준 높고 철저하게 이루어졌겠지만 이전 시기에는 교습 방식과 수업 분위기에 대한 자료를 찾기 어렵다.

기생들의 춤 종목 중에는 교방으로부터 전승된 정재도 있고, 민간의 정서가 짙게 배인 민속춤도 있었다. 따라서 각 권번에서는 이러한 종목들을 교육시킬 수 있는 유능한 춤 명인名人들을 초청하였을 것을 짐작할 수 있다. 단 춤 종목은 경성과 지방의 권번이 다소 차이를 보이고 있는데 먼저 경성의 경우를 살펴본다.[18]

한성권번의 전신은 유부기조합으로, 1913년 광교조합에서 1918년 한성권번으로 명칭이 변경되었다. 종로권번은 1935년 이후에 생겨난 권번[20]으로 경찰관이었던 전성욱全聖旭이 창설하였고 낙원동에 있었다고 한다. 종로권번은 세 권번 중 가장 성업[21]했다고 알려져 있다. 조선권번

---

18 〈표 10〉은 다음의 자료를 참고로 작성한 것임. 「杏花村」, 「朝鮮·漢城·鐘路 三券番 妓生 藝道 槪評」, 『삼천리』 8-8, 1936; 국립문화재연구소, 「승무, 살풀이춤」, 『무형문화재조사 보고서』 12·13·14, 1989~1991 및 국립문화재연구소, 「입춤·한량무·검무」, 『무형 문화재조사보고서』 19, 1996; 김천흥, 『心昭 金千興 舞樂 七十年』, 민속원, 1995; 성기숙, 「근대 전통춤 교육의 산실, 권번 그리고 기생의 참모습」, 『한국 전통춤 연구』, 현대미학사, 1999. 표에서 '[ ]' 안에 기재된 사람 이름은 해당 종목의 담당 교사이다.

19 1938년 5월 14일 『매일신보』에 의하면 매일신보사가 주최한 운동회에 여흥으로 종로권 번에서 레뷰댄스를 공연한 기사가 실렸는데, "종로권번 레뷰부"라고 명기한 점이 주목된 다. '레뷰부'라는 명칭으로 소개한 점은 이 권번에서 전문적으로 학습되고 있는 분야로 여겨지기도 한다. 이날 공연된 레뷰 종목은 다음과 같다. "제3부 (종로권번 레뷰부) 12. 애국행진곡, 13. 쎄쎄레뷰, 14. 처녀○각, 15. ○軍딴스, 16. 텀부렁, 17. 단나군인, 18. 즐거운 우리들, 19. 王○○의 사랑, 제5부 (종로권번 레뷰부) 23. 비오시는데, 24. 창공, 25. 쏀에론, 26. 조선민요, 27. ○타령, 28. 봄에 생긴 일, 29. 주연○경, 30. 텀부랑레뷰, 31. 「日의 丸」행진곡" 김영희, 「기생엽서 속의 한국 근대춤」, 국립민속박물관, 『엽서 속 의 기생 읽기』, 민속원, 2008, 195면.

20 이창배, 『창악대강』(홍인문화사, 1976, 167면), 권도희, 「20세기 기생의 음악사회사적 연구」, 『한국음악연구』 29, 한국국악학회, 2001, 332면 재인용.

21 성경린, 「다시 태어나도 아악의 길로II」, 『한국음악사학보』 18, 한국음악사학회, 1977, 80~81면; 권도희, 위의 글, 332면 재인용.

		1930년대(이후)				
		한성권번		조선권번		종로권번
조선춤	정재	·지도 [황종순][장계춘] ·종목 춘광호 사선무 아박무 공막무 첨수무 무산향	정재	·[하규일] 춘앵무 봉래의 수연장 오양선 선유락 사자무 포구락 고구려무 헌천화 무고 검무 장생보연지무 항장무 가인전목단 연화대무 ·[이병성] 무산향 검무 포구락 연화대무 춘앵무 무고	정재	·지도 [황종순][박노아] [이주환][박성재] ·종목 춘앵전
	민속춤	쌍승무	민속춤	·[하규일] 남무 정방별곡 사고무(창작정재) ·[한성준] 승무 한량무 학춤 입춤(살풀이춤)	민속춤	·종목 검무 승무 사고무
기타춤		[김용봉] 사교댄스		[윤은석] 사교댄스		[기룡]-사교댄스 ·레뷰19
학습자(기생)		·한성권번-조선춤(5명), 사교댄스(8명) ·조선권번-조선춤(16명), 사교댄스(6명) ·종로권번-조선춤(12명), 사교댄스(5명)				

은 통상 '무부기조합(1912) → 다동조합(1913) → 대정권번(1918) → 조선권번(1923)'의 맥으로 이어지고, 대다수의 평양기생들로 구성된 조직[22]으로 본다.

〈표 10〉에서 보듯 1930년대에는 경성에 소재한 권번에서 모두 조선춤과 사교댄스를 가르치고 있었음을 알 수 있다. 사교댄스가 정식 학습 종목이었다는 점이 흥미로운데, 당시 사교댄스는 경성에서 일반 대중들에게 상당한 인기를 끌었으며,[23] 이러한 사회적 분위기 속에서 권번

---

22 「명기영화사, 조선권번」, 『삼천리』 8, 1936.

또한 시류를 따라갔던 것으로 보인다. 그러나 댄스홀은 비허가 상태였고 카페나 빠-, 술집에서 불법으로 행해지고 있었다. 그러자 레코-드 회사 문예부장, 끽다점(다방) 마담, 경성 세 권번(조선 · 한성 · 종로권번), 빠-여급 등이 중심이 되어 딴스홀을 허가해달라고 경무국장 앞으로 청원서를 제출하기에 이른다.[24] 딴스는 이미 제재하기 힘든 대중문화로 자리 잡았고 어차피 자행되고 있는 것인데 허가하지 않아 사회적으로까지 물의를 일으킨다는 심각성을 내세워 딴스홀 영업의 정당성을 주

23 1930년대에는 사교춤에 대한 대중들의 선호도가 상당히 컸는데 『삼천리』1936년 1월호의 기사에는 '모던한 서울'을 만들기 위해 있어야 할 것으로 가로수, 공원, 아동유원지, 카페, 주점, 선술집, 시민음악당, 시립미술관, 상점가, 문화가(신문사가, 서점가, 종교가)와 함께 단스홀과 기생이 등이 거론되었다. 1930년대『삼천리』에는 딴스홀에 대한 시민들의 선호도를 묻는 질문이 종종 등장하였다. 「딴스홀이 되면 춤추러 다니서요?」(『삼천리』4-5, 1932.5.1), 「서울에 잇섯스면 조홀 것이 무엇일가(『삼천리』7-10, 1935.11.1)」, 「딴스, 딴스, 딴스」(『삼천리』8-4, 1936.4.1) 등의 기사에서 확인된다.

24 「서울에 딴스홀을 許하라」
경무국장께 보내는 我等의 書
대일본 레코-드 회사 문예부장 이서구 / 끽다점 「비-너스」매담 박혜숙 / 조선 권번 기생 오은희 / 한성권번 기생 최옥진 / 종로 권번 기생 박금도 / 빠-「멕시코」, 女給 김은희 / 영화여우 오도실 / 동양극장여우 최선화
"삼교 경무국장(三橋 警務局長) 각하여 우리들은 이제 서울에 딴스홀을 허하여 줍시사고 련명으로 각하에게 청하옵나이다. (…중략…) 아세아의 문명도시에는 어느 곳이든 다 있는 딴스홀이 유독 우리 조선만, 우리 서울에만 허낙되지 않는다 함은 심히 통한할 일로 이제 각하에게 이 글을 드리는 본의도 오직 여기 있나이다. (…중략…) 조선 사람들이 사교함네하고 가는 곳이 명월관이나, 식도원 같은 됴리점이로소이다. 그런 곳에 가면 하로 저녁 적게 써도 4, 50원의 유흥비를 내고 마나, 그러나 딴스홀에 가면 한수텝에 5전 10전 하는 틱켓값만 있으면 하로 저녁을 유쾌하게 놀고 올 것이 아니오리까. 이것이 술 먹고 주정부리고 그래서 돈 없이고 건강을 없새는데 비하여 얼마나 경제적이고 문화적이오리까. 世의 교육가 부인도, 관공리 부인도 은행 회사원 부인도 모다 됴리집 보다는 차라리 딴스홀에 그 남편이 출입함을 원할 것이외다. 엇지 원하고만 있으리까, 명랑하고 점잔은 사교딴스홀이면 부부동반하야 하로 저녁 유쾌하게 놀고 올 것이 아님니까, 이리 되면 가정부인에겐들 얼마나 칭송을 받으리까, 더구나 4년 후에는 국제올림픽 대회가 동경에 열여 구아연락(歐亞聯絡)의 요지에 있는 조선 서울에도 구미 인사가 많이 올 것이외다. 그네들을 위하여선들, 지금쯤부터 딴스홀을 許함이 올치 안흐리까."『삼천리』9-1, 1937.1.

장하고 있었던 것이다.

한편 조선춤의 경우 경성의 각 권번에서 정재와 민속춤을 모두 학습 시키고 있었음을 알 수 있다. 단 조선권번에서는 한성준을 영입하여 민속춤을 지도했는데, 이로써 조선권번의 민속춤에는 한성준의 영향이 많이 반영되었을 것을 예상할 수 있다. 조선권번에 적을 둔 적 있던 장 홍심張紅心(본명 장월순, 1914~1994)은 1937년 한성준이 조선음악무용연 구회를 조직하자 권번에서 나와 연구회로 근거지를 옮겼는데,[25] 조선 권번 기생들 중에는 장홍심과 같은 사례가 더 있을 가능성이 있다.

그러나 세 권번 모두 민속춤보다는 정재 위주로 학습되었음이 확인 된다. 이는 당시 경성 소재 권번에서의 학습 분위기가 민속 가무보다는 정악正樂과 정재呈才에 중심이 있었다는 점을 알게 한다. 일례로 조선권 번에 산조散調를 가르치러 온 조영학이라는 기악器樂 선생도 배우려는 학생들이 많지 않아서 오래 있지 못했다고 한다.[26]

물론 1930년대 이후 경성의 권번에서는 경성잡가와 서도잡가 같은 민속악도 학습되었고 민속춤도 가르쳤다. 그러나 기생의 가무 학습은 각 권번 가무 선생의 전공을 중심으로 이루어진다는 사실을 주목할 수 있다. 먼저 한성권번의 춤 선생으로는 장계춘(1868~1946)과 황종순(생

---

25 성기숙, 앞의 글, 462면.
26 김천흥, 『心昭 金千興 舞樂 七十年』, 민속원, 1995, 121면. 조선권번에서 학사 업무 및 권번 사무실 근무를 맡아 보았던 김천흥의 증언에 의하면, 산조(散調)는 당시 정악보다 성풍하지 않았다고 한다. 조선권번에서 가무를 배운 안비취(安翡翠, 본명 안복식, 1926 ~1997)도 권번에서 가곡(歌曲)을 공부할 때 민속악이 좋아서 밤에 몰래 나가 배웠는데 이것이 발각되어 곤장을 맞았으며 당시 민속악이나 민속춤은 잡스럽다고 여겨 천시되었 다고 한다(국립문화재연구소, 「승무·살풀이춤－서울·경기·충청도」, 『무형문화재 조사보고서』 14, 1991, 29면).

몰년 미상)이 있었던 것으로 보이는데, 황종순은 이왕직아악부원양성소를 졸업한 아악 전공자이다. 조선권번의 춤 선생으로는 하규일(1867~1937)과 이병성(1909~1960)이 있었는데, 하규일은 가곡 명창이자 아악부 가곡 강사였으며 권번에서 가곡·현금·정재를 가르쳤다. 이병성은 하규일의 제자로 하규일이 별세한 뒤 그 뒤를 이어 가르쳤으며 이왕직아악부의 아악수장을 지냈고 전공은 피리와 양금을 겸공兼功했다. 종로권번에는 황종순, 박노아(1908~?), 이주환(1909~1972), 박성재(1907~?)가 춤 선생으로 있었는데, 박노아는 하규일의 가곡 제자로 아악부 1기생이며, 이주환은 아악부 3기생으로 가곡을 전공했고, 박성재는 아악부 2기생으로 피리를 전공했다. 경성에 소재한 권번의 대표 가무 선생들이 대부분 아악 전공이었으니, 경성에서는 정재 중심의 학습이 이루어졌을 수밖에 없었을 것이다. 즉 당시 성행하고 있던 민속악이나 민속춤은 각 권번에서도 수용되었으나, 주축이었던 정식 교사들이 추구하는 가무 성향이 곧 권번 기생들의 가무 양상이 되었던 정황을 짐작하게 한다. 이러한 점은 지방의 경우와 비교되는 양상이다.

지방[27]의 경우도 정재와 민속춤이 모두 연행되었음이 확인된다. 그러나 사교댄스와 같은 서양춤이나 일본춤은 찾아보기 어려웠다. 참고한 자료 상으로 봤을 때 정재보다는 민속춤이 많이 나타나고 있고 실제로 지방에서 1930년대 이후에 민속춤이 많이 추어졌을 것으로 예측되

---

27 지방권번 역시 서울 권번에서 참고한 자료들을 바탕으로 참고하였으나, 지방에서는 추어진 민속춤들은 그 명칭이 명확하다고 보기 어려운 경우가 더러 있었다. 가령 입춤, 허튼춤, 수건춤, 살풀이춤 등 허튼춤 류의 용어가 그러한데, 이 때문에 서울지역에서처럼 도표로 제시하기에는 한계가 있어 작성하지 않았다. 이 글에서는 '허튼춤'을 중심으로 논하도록 하겠다.

지만, 관련 자료가 당대 민속춤의 실상을 다 담지 못하는 한계도 작용하였다. 이에 참고자료를 통해 확인할 수 있는 다수의 '허튼춤'에 대해서만 논해보도록 하겠다.

지방권번에서 가장 빈번히 나타나는 춤은 〈살풀이춤〉·〈굿거리춤〉·〈입춤〉·〈허튼춤〉 등으로 거시적 범주의 '허튼춤'이다. 허튼춤은 민속악장단인 '굿거리'나 '살풀이' 장단에 맞추어, 일정하게 짜여진 순서 없이 즉흥적으로 춤동작을 구사하고 연결해 가는 춤이기에 즉흥춤이라고도 부른다. 1996년 국립문화재연구소에서 발행한 『무형문화재조사보고서』 19권 「입춤·한량무·검무」에 따르면, "〈입춤〉은 즉흥무·허튼춤·굿거리춤·수건춤이라고도 하며 한자로 표기할 때는 입무立舞라고 한다. 즉흥무·허튼춤이라는 의미는 춤사위의 전후 순서 등이 특별히 정해지지 않은 상태에서 자연스럽게 감정을 표출하는 춤이라는 뜻이다", "이 춤은 모든 춤의 기본으로 춤의 입문 과정에서 학습하며 지도자에 따라 춤의 형식이나 방법, 반주 음악이나 의상에 다소 변형이 따르기도 한다"[28]고 하여 현재 명명되고 있는 〈입춤〉, 〈수건춤〉, 〈굿거리춤〉 등이 거시적으로 즉흥과 자연스런 감정 표출을 강조하는 '즉흥춤' 또는 '허튼춤' 범주의 춤이라는 점을 알게 한다. 한성준의 제자 강선영은 "한성준(선생님)은 입춤은 즉흥무와 같은 것이라고 말씀하시면서, 살풀이 장단에 맞추어 추면 살풀이춤이라 하기도 했다"[29]고 한다. 결국 〈살풀이춤〉 또한 현재와 같은 형태로 순서화되기 전까지는 즉흥의 멋을 살려 추었던 춤이라는 사실을 알 수 있다. 이 문구도 주목되는데, "입춤은 가장

---

28 국립문화재연구소, 「입춤·한량무·검무」, 『무형문화재조사보고서』 19, 1996, 12면.
29 위의 글, 13면.

부담 없이 손쉽게 출 수 있는 춤이기 때문에 장소가 협소하더라도 분위기만 조성되면 즉흥적으로 출 수 있고, 또 특별한 의상이나 소도구가 필요하지 않으며, 춤의 순서를 미리 짜 맞추어둘 필요도 없다"[30]는 점이다.

과거에는 〈살풀이춤〉을 '살풀이', 〈굿거리춤〉을 '굿거리'라고도 불렸는데 그 이유는 이 춤들이 살풀이장단이나 굿거리장단에 맞추어 추는 춤이기 때문이다. 그러나 이 춤들은 반주 장단에 크게 구애받지는 않은 모습도 확인되는데, 〈살풀이춤〉을 '굿거리-자진모리-굿거리' 등의 장단으로 구성하기도 했으며, 〈입춤〉, 〈굿거리춤〉 역시 춤 반주 장단이 일정하지 않다.[31] '허튼춤' 또는 '즉흥춤'에서 중요한 원리는 즉흥적으로 춘다는 것인데, 정형화된 순서나 틀이 있는 것이 아니기 때문에 반주음악의 구성도 자유롭게 배치한 것으로 보아진다.

즉흥춤은 연무자의 뛰어난 기량을 요하는 춤이다. 능숙한 기술만 있으면 되는 것이 아니라 즉흥적으로 춤을 짜서 이끌어가는 순발력과 관객이 예측하지 못하는 순간에 의외성을 발휘하여 감탄을 자아내게 하는 예술적 감각까지 필요한 춤이기 때문이다. 권번에서 허튼춤의 학습 비중을 높게 둔[32] 이유가 바로 이러한 배경에 있지는 않았을까 여겨지기도 한다. 즉흥춤은 춤을 관람하는 관객들이 함께 추임새를 넣고 공감대를 형성하기 좋은 방중房中에서 주로 추어진 것으로 보인다. 또한 혼

---

30 위의 글, 12면.
31 입춤의 반주음악은 대부분 굿거리장단, 자진모리장단으로 구성되며, 중모리, 중중모리, 휘모리장단이 삽입되기도 한다. 살풀이장단이나 산조장단으로 추기도 한다. 「입춤, 한량무, 검무」, 12면.
32 허튼춤은 대체로 두 가지의 형태로 추어졌다. 하나는 춤 연습을 시작하기 전에 기본춤으로서 가장 먼저 배우는 춤이었고, 또 하나는 춤이 어느 정도의 수준이 되었을 때 추는 춤이었다.

자서 추는 춤이기 때문에 기생들의 기업 활동이 1인 체제로 변화된 20세기 초에 발달했다고 유추할 수 있다.

1930년대 이후에 활동한 기생들의 자료에서 알 수 있는 사실은, 기생 개개인이 자신의 가무 향상을 위해 극진히 노력했다는 점이다. 노력한 이유는 실력을 인정받기 위해서고 그러한 실력은 경제적 가무 공연 공간[33]으로 이어지는 것이기 때문이라 할 수 있다. 당시 권번의 가무 교육은 엄격히 실시되었지만, 기생들은 따로 독선생獨先生을 두고 과외 수업을 받는 열성까지 보였다. 독선생을 둘 정도면 형편이 어려워서 권번에 들어온 기생이 아니다. 1930년대 권번에 기생으로 들어온 여성들 중에는 가무가 배우고 싶거나, 유능한 예기가 되기 위해 들어온 사례가 적지 않다.[34]

권번에서 진행된 학습은 오전과 오후로 나누어 가무 학습과 예절 및 언어(일본어, 한문) 학습이 이루어졌다. 보통 오전 9시부터 오후 4~5시까지 진행된 일정이었다. 권번의 학습은 보통 2~4년의 교육기간을 거쳐야 소위 '놀음'을 나갈 수 있는 자격이 주어졌으며, 단, 예기 시험에 통과하지 못하면 나갈 수 없었다. 시험은 한 학년을 승급할 때마다 치

---

33 재능이 특출한 기생은 언제나 각 요정에서 경쟁적으로 예약해 왔다고 한다. 이는 손님 개인의 부탁도 있었지만, 요리점에서 손님을 끌어들이기 위해 인기가 많은 기생들의 예약을 미리 확보해 놓는 경우도 있었다. 심하게는 한 달간 예약을 잡는 기생들도 있었다고 한다. 김천흥, 앞의 책, 125면.

34 경제적으로 여유가 있었던 김수악은 진주권번에서 배우는 정규수업 외에 선생들을 초빙해서 과외 수업을 꾸준히 받았다고 한다(「승무・살풀이춤」, 『무형문화재조사보고서』 12, 1989, 60~61면). 목포권번 출신 양학의 경우도 가난한 집안형편 때문에 권번에 입소한 것이 아니라 왈가닥이었던 단짝 친구가 어느 날 행동이 조신해지고 가끔 소리와 춤을 흉내 내는 것이 권번에서 배운 교육임을 알고 따라 들어간 경우다(「입춤・한량무・검무」, '양학', 『무형문화재조사보고서』 19, 1996).

러지는 것이 보통이었다. 기생에 대한 권번의 단속은 수업이 끝난 후에 이어지기도 했는데 시내를 돌며 감시 지도를 받기도 하고, 집에 있는지 확인받기도 했다. 목포권번과 소화권번의 경우 만약 학기 중에 남자를 따라나선다든가 품행이 단정하지 못하면 제적처분을 당하기도 했다고 한다.[35]

뛰어난 기예 보유는 기생 개인을 위해서도 필요했지만 가무 잘하는 기생들을 보유하는 것은 권번의 입장에서도 중요했다. 구전 자료에 의하면 기예 향상을 위해 노력했던 기생들은 타 지역 권번으로 가서 교습을 받기도 했던 사실이 발견된다.[36] 이는 가무 잘하는 기생을 보유하기 위해 권번에서 타지역 권번으로의 원정학습을 허용한 것이라 할 수 있는데, 이러한 일이 가능했던 이유는 각 권번 간의 관계가 경쟁적이지 않은 지방이었기 때문이라 할 수 있다. 다시 말하면 기생들의 활동영역은 곧 '경제권역'이라 할 수 있는데, 경제권역이 무관한 지역의 권번에서 배웠기 때문이다. 가령 광주권번에서 활동하던 장월중선이 춤선생으로 유명한 정읍권번 정자선에게 가서 사사했던 일은, 광주와 정읍의 경제활동권이 겹치지 않기 때문이다.

그러나 이는 경성과 대비되는 면모이기도 했다. 특정 지역[37]을 중심

---

35 이상은 국립문화재연구소, 「승무, 살풀이춤」(『무형문화재조사보고서』 12·13, 1989~ 1990)과 국립문화재연구소, 「입춤, 한량무, 검무」(『무형문화재조사보고서』 19, 1996) 에서 순천·목포·(군산)소화·광주·진주권번에서 활동한 예기들을 바탕으로 작성됨.

36 장월중선은 광주권번에서 배우다가 정읍권번에 정자선이 유명하다는 말을 듣고 찾아가 사사했으며, 목포권번에서 가무를 배우던 이매방도 광주권번의 춤선생 박영구에게 사사하러 갔다.

37 경성에 소재한 권번들은 특정 지역을 중심으로 모여 있었던 것으로 보인다. 1918년 『조선미인보감』에 의하면 한성권번과 대정권번 기생들의 주소는 대체로 다옥정, 관철동, 서대문, 인사동 등으로 나타나는데, 1930년대의 한성권번과 조선권번의 위치도 이와 멀

으로 결집되어 있던 경성의 요리점은 경성에 있는 권번 기생들의 공동 활동 공간이었기 때문에, 권번 간 경쟁적인 구도가 형성되었을 것으로 보인다. 따라서 기생들이 타 권번을 오가며 학습하는 일은 없었을 것으로 보이며, '조선권번 기생'이냐 '한성권번 기생'이냐 하는 소속이 중요한 기반으로 작용했을 것으로 여겨진다.

지 않았을 것으로 보인다. 기생들의 거주지가 권번이나 요리점과 멀지 않은 곳에 있었을 것으로 짐작한다면, 경성에 소재한 권번(한성, 조선, 종로)과 요리점들은 대부분 지금의 종로구와 중구에 있었을 것으로 여겨진다.

제6장
최승희 신무용의 양식적 특성

'신무용'은 1930년대 이후 새로운 양식으로 정립된 한국 민족무용이다. 신무용은 조선 재래의 춤을 바탕으로 서양무용의 기법이 결합되어 양식화된 것으로 알려져 있다. 그러나 작품에 나타난 특성을 볼 때 어떤 점에서 '서양화'라고 할 수 있는지에 대해서는 구체적으로 언급된 글을 찾기 어렵다. 이 장에서는 일제강점기 대표적인 신무용가이자 가장 많은 시각 자료를 남겨 양식적 특성을 검토해 볼 수 있는 최승희 작품을 중심으로 양식화의 특성이 무엇인지 확인하고자 한다. 여기서 주목한 점은, 최승희의 신무용은 그녀의 스승 이시이 바쿠를 통한 일본식 신무용, 즉 '무용시'에 영향받았다는 점이다. 이에 무용 작품에 있어 양식화를 이루는 요소인 동작·내용(주제)·안무 등을 대상으로 무용시와 최승희의 신무용이 어떤 점에서 연결되고 있는지 검토하고자 했다.

1. 이시이 바쿠의 무용시 개념

일제강점기 조선 재래의 춤을 바탕으로 서양무용의 방법론이 개입되어 양식화된 한국창작무용은 오늘날 '신무용'으로 일컫고 있지만, 일제강점 당시에는 이를 '조선무용'으로 불렀다. 해방 후 '신무용'이라는 용어가 무용계를 통해 공식적인 표명을 보인 이후 개념과 시점에 대한 논의가 다양하게 개진되기 시작했는데, 현재까지 그 개념은 단일화되지 않고 병립하고 있다.

해방 후 조선무용예술협회의 위원장 조택원은 1946년 창립공연에서 "조선의 신무용계가 20년이란 세월을 開하였다"[1]는 표현을 사용함으로써 1926년 이시이 바쿠石井漢의 내한공연이 신무용의 출발점임을 드러내었다. 그가 신무용의 출발을 이 때로 잡은 것은 해방 후 '무용계'로 결집된 무용예술가들의 뿌리가 이시이 바쿠로부터 연원하고 있었던 것과 무관하지 않다. 조선무용예술협회의 창립공연 때 무용가들이 보여준 공연 종목들(조선무용, 서양 모던댄스, 오리엔탈댄스 등)[2]은, 이시이를 비롯해 그의 제자 최승희와 조택원이 연행했던 공연 영역이자 '무용계'의 영역이기도 했다.

그러나 이후 신무용의 개념에 대해 보다 역사적인 기점과 범주를 분명히 하고자 하는 움직임이 대두되었고, 이에 '신무용'은 조금 다른 관

---

1   강이문, 「한국무용사 연구─한국 신무용의 역사적 배경과 그 방향」, 『한국무용문화와 전통』, 현대미학사, 2001, 223~224면.
2   위의 글, 224면 참고.

점에서 논의되기 시작하였다. 이 결과 "서양식의 양춤洋舞, 신식의 춤, 신문화를 갈구하던 시대에 알맞게 창작적 요소를 가미한 춤, 한국의 독자적인 춤양식과 미의식, 그리고 창조적인 신체 움직임으로써 주제를 전개하는 새로운 시·공간적 극장 종합무대예술로서의 민족무용, 전통적 한국무용을 시대에 부응하게끔 창의적으로 만든 무용"[3]이라는 견해들이 등장하였다. 즉 이 논의들은 당시 무용계의 내부에서 통용되는 신무용의 의미를 재고하고, '신新'이라는 단어에 의미를 부여하여 '새로운 무용', 즉 '근대문화의 세례를 받은 모든 무용'이라는 보다 폭넓은 광의의 의미로 접근한 것이었다. 따라서 해방 직후 조택원이 언급한 신무용의 개념과 이 맥락(광의의 신무용)은 같은 개념이 아니다. 조택원이 언급하여 당시 무용계에서 통용되었던 협의의 신무용의 의미는 광의의 신무용 개념에 포함되며, 광의의 신무용은 곧 '근대무용'과 동등한 의미를 지닌다. 이 글의 주제인 '최승희 신무용'은 이시이 바쿠의 신무용에 영향 받은 협의의 신무용이라 할 수 있다. 따라서 여기서는 이시이의 신무용이 무엇인지를 먼저 상고하고자 한다.

통상 일본의 신무용 운동은 그 출발을 쓰보우치 쇼요坪內逍遙의 〈신악극론新樂劇論〉(1904)으로 보고 있다. 그러나 쇼요와 이시이가 전개한 신무용 운동은 차이가 있다. 전자는 일본의 전통춤(가부키歌舞技)에 대한 문제의식에서 출발한 것이고, 후자는 일본의 현대무용Modern dance을 통한 수용 과정에서 자각된 움직임이기 때문이다. 즉 전자는 전통춤 가부키를 서양의 춤과 접목시키려는데 중심이 있었고, 후자는 서구의 모던

---

3 김채현, 「신무용과 최승희의 사적 의의」, 강이향 편, 김채현 해제, 『최승희 생명의 춤 사랑의 춤』, 지양사, 1993, 292면.

댄스를 일본화해야 한다는 주장이었다.

쇼요의 무용 개혁운동은 일본의 전통 악극樂劇인 가부키에 내재된 춤에서 불필요하고 잡된 요소를 걸러내고 순수한 무용으로 만들어내자는 '신 악극新 樂劇'에 대한 주장이자 '신 무용新 舞踊' 운동이었다. 쇼요는 이를 위해 서양 춤과 절충을 시도해야 한다고 했으며, 이러한 춤 혁신의 움직임은 1910년대와 1920년대 초에 일본에서 여러 무용가들에 의해 전개되었다.[4] 일본의 여성 무용가 등간정지藤間靜枝의 행보는 이러한 쇼요의 맥락에 있다고 할 수 있다. 등간정지는 1925년 일본의 고전춤을 일본의 민요와 동요, 서양댄스와 결합하여 서울과 부산에서 공연했다.[5] 이러한 고전춤 작품 방식은 배구자의 조선춤 창작 방식과 유사했을 것으로 여겨지는데, 1929년 기사[6]를 볼 때 배구자는 조선음악(염불곡念佛曲)의 바탕 위에 서양댄스를 가미한다고 나와 있기 때문이다. 1928년 4월 21일 경성공회당에서 열린 제1회 배구자 무용공연에서의 〈아리랑〉역시 이러한 방식으로 이루어진 것이 아닌가 여겨진다.

이처럼 자국의 민요(혹은 자국의 전통음악)를 가지고 새로운 민족무용을 만들려는 움직임은 1920년대 초 일본에서 일어나고 있었으며, 조선의 서양무용가들(배구자, 최승희 등)에게도 영향을 미치고 있었다. 최승희의 초기(1929~1933) 조선무용 창작 형태도 배구자와 마찬가지로 특정한 양식화에 있었다기보다 조선 고유의 음악이나 춤을 가지고 춤의 템포와 구성을 빠르고 복잡하게 하는 정도였던 것 같다.[7]

---

4 위의 글, 242면.
5 김경애 외, 『우리무용 100년』, 현암사, 2001, 55~56면.
6 「배구자의 무용전당, 신당리 문화촌의 무용연구소 방문기」, 『삼천리』 2, 1929.9. 기사
   원문은 본서 5장에 실림.

이렇듯 일본에서 자국의 고전춤을 서양화하려는 움직임이 있었고 1930년을 전후로 해서는 조선인 배구자와 최승희에 의해서도 시도되었다. 그러나 오늘날 한국무용으로 장르화된 '신무용'은 1933년 이후 새롭게 양식화된 경우에 해당한다. 1933년 이후 최승희의 조선무용에는 이시이가 주창한 신무용 개념이 잘 반영되어 있다.

이시이의 신무용은 '무용시舞踊詩'의 개념으로 대변된다. '무용시' 개념이 등장하게 된 배경은 일본 제국극장 가극부歌劇部에서 활동했던 이시이가 이 극장에서 소용되는 일본춤이나 발레에 의문을 품게 되면서 시작된다. 당시 일본의 문학계와 연극계에서는 근대적인 예술 활동이 기세를 올리고 있었는데, 가극과 발레가 시대의 조류와 동떨어진 예술이라 여기면서 불만을 갖게 된 것이다. 이시이는 1916년 '무용시' 개념을 제출했고 — 당시에는 인정받지 못했지만 — 유럽 활동(1922~1925) 후 귀국한 뒤에 본격적으로 무용시 활동을 전개하기에 이른다.[8] 결국 이시이는 고전적으로 전개되어 오던 춤들(일본춤, 서양춤)에 대해 회의를 갖고 서양의 모던댄스 이념을 받아들여 그만의 독특한 신무용 이론을 내놓았는데 이것이 '무용시'인 것이다. 따라서 이시이의 무용시는 두 방향으로 전개되었다. 하나는 모던댄스의 이념을 따르되 서양의 것을 그대로 받아들이지 않고 일본적인 무용을 추구하는 것이었고, 또 하나는 기존에 일본 무용계에서 전개되던 고전춤(일본춤, 서양춤)의 서양화

---

7   초기 최승희의 조선무용 창작 스타일은 고유의 음악(방아타령, 길군악 등)에 맞춘 것이었거나, 승무, 춘앵무 등 조선춤을 가지고 창작하는 것이었다. 「장래 십년에 자랄 생명! 언론계, 교육계 등」, 『삼천리』 4, 1930.1; 최승희, 「예술가의 처녀작」, 『삼천리』 7, 1930.7 기사 참고.
8   김채현 약술, 「이시이 바구의 현대무용 정신」, 강이향 편, 김채현 해제, 앞의 책, 240~241면.

방식인 '설명'조에서 벗어나 '시詩'적인 무용을 추구하는 것이다.

　다시 말하면 이시이의 무용시는 서양의 '신무용Noier Tanz, Free Danc'에 대한 일본적 정서가 내포된 '일본식 신무용'이라 할 수 있다. (단 일본에서 서양의 모던댄스는 그 자체로 전개되고 있었으며 이시이는 이를 신흥무용이라 불렀다.) 이시이의 무용시는 최승희의 조선무용 창작 작업에 반영되었다. 이시이의 무용시에 관한 내용은 1927년 10월 25일 경성 공연의 프로그램[9]에 나와 있어 참고할 수 있다.

　① 舞踊詩 〈夢見〉(리히알트 시유도라우쓰曲에 의함) : 석정소랑

　순수한 독일음악에 일본적 감정을 시러 노흔 무용. 장래 일본무용으로서의 漠의 습작. 그윽한 처녀의 樂慾을 敍한 것.

　② 무용시 〈山에 오를 째〉(에드와드크리그曲) : 석정소랑·석정막

　이 무용시는 山에 登하는 人의 心의 표현이다. 漠의 가진 유모리틱한 一面을 荒削한 木彫的의 효과가 낫하난다.

　③ 무용시 〈크로테스크〉(에드와드크리크曲(석정소랑 振付)) : 최승희·석정영자·삼본직

　섹스피아의 『막베쓰』에 낫하나는 三人의 요괴 피 등의 特한 이상한 一面의 인

9　이날 상연된 공연은 석정막(石井漠)과 석정소랑(石井小浪), 석정영자(石井榮子), 최승희 등이 출연하였으며, 각 작품의 갈래를 '무용시' '무용', '극적 무용', '무음악 무용' 등으로 구분하였다. 이 중 '무용시'에 해당하는 부분만 발췌하였다. 이날 무용시를 공연한 무용수는 이시이가 아닌 이시이무용단의 무용수들이었지만, 결국 이시이의 무용시(영향을 받은) 작품이라 할 수 있다.

상적인 것을 무용화한 것.

④ 무용시 〈브람스의 자장가〉(요한네쓰 브람스曲) : 석정소랑

브람스가 아기네를 위해 지은 세 가지 인텔메쓰의 하나이다. 가사가 업는

자장가 (…중략…) 그것을 무용화.

— 이상 『 매일신보』, 1927.10.25[10]

위 기사에 보면 작품의 주제가 일본의 고전적인 것은 없고 모두 창작
이며, 음악은 모두 서양음악을 사용했음을 알 수 있다. 서양음악을 재
해석하여 시각화한 점이 특기할 만한데 음악의 원곡을 무용화한 것이
있고, 원곡과 상관없이 자신이 표현하고자 하는 주제에 맞춰 음악을 선
택한 것도 있다.

주제와 표현 방식도 주목된다. 일상을 묘사한 내용도 있고(〈山에 오를
째〉), (서양)고전문학의 비현실적 내용을 다룬 것(〈크로테스크〉)도 있다.
단 '그윽한 처녀의 낙욕樂慾을 서敍한 것'(〈夢見〉), '희곡에 나타난 특이
하고 이상한 장면을 인상적으로 다룬 것'(〈크로테스크〉), '자장가를 무용
화한 것'(〈브람스의 자장가〉) 등은 서양의 모던댄스의 주제와 이질적인
내용이라 할 수 있다. 특히 '유모리틱'한 장면 등이 구사되고 있는 점은
더욱 그렇다.

통상 한국의 '신무용'은 서양의 신무용, 또는 서양무용에 영향받은

---

10 김영희, 「최승희 모던댄스 시론」, 『공연과리뷰』 64, 2009, 28~29면. 단 최승희가 출연
한 무용시 「세레나드」(모스고스키曲)도 있으나 이 작품에 대해서는 특별한 설명이 없다.
이 작품도 이시이의 무용시에 영향 받았을 것으로 추측되나 이 글에서는 이시이의 무용
시만을 다루고자 한다.

것이라고 알려져 있다. 그러나 이는 일본을 통해 수입된 것이고, 최승희의 경우 그의 스승 이시이가 만든 개념인 무용시에 영향 받은 것이다. 위에서 논한 무용시 개념에 비추어 설명하자면, 최승희가 창작한 조선무용에는 이시이의 무용시의 방향인 '서양 모던댄스를 자민족화'하는 것과 '고전춤을 설명조가 아니라 시적인 무용으로 변화'시키는 것 두 가지가 반영되어 있다고 할 수 있다.

그러나 흥미로운 점은 1927년 무용시 공연에 일본의 고전을 다룬 작품이 없다는 사실이다. 이는 비단 이 날의 공연에서 뿐 아니라 이시이의 무용시 작품 전반에 나타나는 현상으로,[11] 서양의 고전을 소재로 삼은 경우는 있지만 일본의 고전을 다룬 예는 찾기 어렵다. 하지만 최승희가 조선 자국自國의 내용을 주 소재로 삼았다는 점에서 의문이 드는 대목이다. 최승희는 어떻게 '조선적인 것'을 주제로 창작하기 시작했을까.

앞서 언급했듯 이시이는 현실, 또는 일상에서 느껴지는 내적 심리를 묘사하거나 풍자하는 것을 작품의 주요 주제로 삼았다는 것을 확인했다. 이시이는 1926년 첫 경성 공연차 조선에 왔을 때 그가 보았던 조선의 '현실'을 바탕으로 무용시 작품 하나를 창작했다. "실념失念"이라는 제목의 이 작품은, '조선 노인들의 한가로운 모습을 풍자'한 내용이다. 이러한 현실 풍자적 내용은 바로 '무용시'의 소재가 되었다. 최승희의 첫 조선무용 작품 〈에헤야 노아라〉가 〈실념〉과 유사한 조선 노인의 한가한 모습, 또는 낙천적인 모습을 풍자한 것이었다는 점에서 이시이의 무용시가 최승희의 조선무용에 영향을 미치고 있다는 점을 알 수 있다.

---

11 정진욱, 「신무용의 한국무용적 위상에 관한 연구」, 동아대 박사논문, 2004, 53~60면에 기재된 이시이 바쿠의 작품 종목 참조.

이에 대한 자세한 논의는 다음 절에서 다루도록 한다. 이 절에서 최승희의 조선무용이 어떤 특성으로 양식화되고 있는지, 이시이의 무용시는 구체적으로 최승희의 작품에 어떻게 영향을 미치고 있는지 살피기로 한다.

2. 동작을 통해 본 양식적 특성

최승희의 신무용 작품에 대해 논한 기존의 연구들은 주로 작품이 가진 시대·문화적 의미를 논하는 것에 초점이 있었다고 할 수 있다. 즉 유미주의, 낭만성(낙천성) 등 신무용에서 나타나는 주된 주제나 분위기가 언급되고 있지만, 동작이나 안무, 또는 창작 방식이라 할 수 있는 양식화에 대한 구체적인 논급은 미약하다. 최승희가 조선무용을 어떻게 양식화하였는가에 대한 오늘날의 인식은 대체로 '서구화'에 있다. 그러나 단지 서구화라는 거시적 개념으로 설명하기에는 보다 구체적인 해석이 따라야 할 것으로 생각된다.

1933년 최승희가 조선무용 창작에 주력하면서 주목한 점 중에 하나는 '인물의 특징적인 면'을 부각시킨 것이었다. 가령 최승희의 작품 중 〈승무〉나 〈검무〉를 예로 든다면, 이 두 춤은 조선기생들이 춘 춤이지만 표현 방식은 기생들의 것과 전혀 다르게 재창조되고 있는데, 〈승무〉는 매우 요염하고 유혹하듯이 추고 〈검무〉는 무사武士적 강인함과 위엄이 강조되도록 묘사되고 있다. 이는 〈승무〉를 추는 인물이 여역女役이자 기생이고 〈검무〉를 추는 인물은 남역男役이라는 점과 긴밀히 연동되는 것으로, 최승희가 여성성과 남성성을 각각 작품 속에 어떻게 투영시키고자 했는지 보여주는 단적인 예라 할 수 있다. 즉 춤에서 표현되고 있는 대상의 성별은 최승희의 조선무용 양식화에 있어 핵심적인 요소로 작용한다는 점이 특기할 사실이다.

따라서 최승희 작품에 나타난 양식화의 특성이 무엇인가를 살피고자 한다면 작품이 '어떤 인물'을 통해 발화되고 있는가를 관찰함으로 확인할 수 있다. 저자는 최승희의 조선무용에 나타나는 인물이 크게 여성, 희화화된 조선인, 남성이라고 보았다. 이 작품들이 각각 어떻게 양식화되고 있는지 자세히 살피도록 한다. 이어 이시이의 무용시적 양상이 최승희 작품에 어떻게 반영되고 있는지 확인하도록 하겠다.

1) 여성성으로 구현되는 표현 방식

최승희의 조선무용 레퍼토리에는 여성 연무자演舞者를 통해 발화되는 작품이 매우 많은 비중을 차지한다. 이 중에는 기생이나 무녀 등 종래에 조선춤을 추던 여성 대상을 표현한 작품도 있고, 조선음악에 맞추어 새로 창작한 작품들도 있다. 후자의 경우 또한 조선 정조를 농후하게 담지하고 있는 조선음악을 사용했다는 점에서, 여성성을 통해 드러낸 작품의 동작들이 어떤 특징을 가지고 있는지 알아보도록 하겠다.

〈그림 21〉~〈그림 24〉에서 볼 수 있듯, 〈기생춤〉, 〈세 개의 코리안

〈그림 21〉 〈기생춤〉
출처: 정수웅 편, 『최승희』, 눈빛, 2004, 154면

〈그림 22〉 〈무당춤〉
출처: 정수웅 편, 『최승희』, 눈빛, 2004, 116면

〈그림 23〉 〈세 개의 코리안 멜로디('민요조')〉
출처: 정병호, 『춤추는 최승희』, 뿌리깊은나무, 1995, 118면

〈그림 24〉 〈아리랑조〉
출처: 정수웅 편, 『최승희』, 눈빛, 2004, 160면

멜로디〉, 〈아리랑조〉에서는 수건이나 저고리 고름 끝부분을 잡아 더욱 길고 가녀린 선을 보이게 했다. 가늘고 긴 천을 완만하고 유연하게 늘어뜨려 유장한 곡선의 미가 훨씬 강조되는 효과가 나타난다. 또한 전통춤이 상체 후면(등)의 호흡을 사용하기 때문에 몸통을 살짝 구부린 자세를 취하는 반면, 위 포즈에서는 대부분 상반신을 꼿꼿이 펴거나 뒤로 젖혀 허리선을 강조한 모습을 볼 수 있다. 또한 얼굴 방향을 주로 사선으로 두고 턱선을 아래로 당겨, 시선을 살짝 위로 치켜뜨거나 그윽한 눈빛 처리하여 요염함과 여성스러움을 더하도록 했다.

〈무당춤〉은 몸 방향과 반대되는 얼굴각도와 시선처리를 하여 요염함이 더욱 강조되도록 했고, 〈아리랑조〉의 경우는 얼굴과 시선은 아래로 내리고 한쪽 손으로 볼을 매만지듯 하여 수줍고 순진한 모습을 극대화했다. 손끝 처리 역시 새끼손가락을 살짝 떨어뜨려 놓거나 손목을 꺾음으로써 가녀림과 섬세함을 보여주도록 처리했으며, 의상도 치마를 몸에 밀착시키거나 하늘거리는 천을 사용하여 여성스러운 몸의 굴곡을 드러내었다.

이러한 여성성의 강조는 당시 조선 기생춤의 대표적 레퍼토리 중 하나였던 〈승무〉에서도 나타났다. '황진이설'을 바탕으로 구성한 최승희의 승무는 '불심佛心이 견고한 만석승을 유혹하기 위해 노골적으로 육감적인 동작을 구사한 작품'[12]이라고 한다. 일제강점기 주로 권번에서 추어진 〈승무〉가 (오늘날처럼)춤동작의 기술을 보여주는데 초점이 있거나 '성진무설'처럼 남승男僧을 소재로 한 춤이 주를 이루었던 것을 상기

---

12 최승희, 『불꽃－세기의 춤꾼 최승희 자서전』, 자음과모음, 2006, 181면.

〈그림 25〉 〈승무〉
출처: 정수웅 편, 『최승희』, 눈빛, 2004, 136면

〈그림 26〉 〈승무〉
출처: 정수웅 편, 『최승희』, 눈빛, 2004, 139면

한다면, 조선의 대표적 명기名妓인 황진이를 소재로 요염함을 극대화시킨 이 작품은 '조선기생'의 이미지를 섹슈얼리티화하는데 일정한 영향을 미쳤다고도 할 수 있다.

최승희가 작품의 소재로 조선 여성, 또는 기생(춤)을 비중 있게 다루고 여성성을 극대화한 데에는 당시 조선춤에 대한 일본 평론계의 담론도 중요하게 작용하고 있었다. 〈에헤야 노아라〉로 일본 최고의 무용가로 발돋움한 최승희는 일본 평론가들로부터 그녀가 가진 훌륭한 체구, 무용의 크기, 힘, 두드러진 민족의 내음 등으로 좋은 평가를 받았고,[13] 이로 인해 그녀는 조선무용 창작에 확신을 가질 수 있었다. 일본 무용계의 평은 무용예술가로서 최승희의 존재를 인정해 주는 것이었으며, 그녀를 호평한 내용들은 최승희가 본래 지니고 있던 선천적인 것이자 고수하도록 노력하게 하는 항목이 되었다. 그러나 최승희는 한편 자신의 큰 육체가 무용가로서 부족한 점이라 한탄하기도 했는데, 이는 당시 '가녀린 선'에 대한 조선 정조 담론과 관련되어 있다.

> 다만 나의 무용이 아직 이르지 못한 점에 대한 많은 평 ―가느다란 정서나 예술상의 암영(暗影)의 부족이나 또는 섬세한 테크닉의 결함 등 ― 이 모든 것을 보완하는데 노력하려고 합니다. 선천적으로 타고나서 남보다 큰 육체를 가졌다는 것이 가느다란 정서를 부족하게 만든 필연적 결과라고 생각하면 이는 무용가로서의 가장 큰 슬픔 중의 하나라고 생각합니다.
>
> ―최승희, 「형제에게 보내는 글」, 『나의 자서전』, 1936[14]

지리상의 위치로 인해 그들이 받아들여야 했던 숙명은 우리에게 깊은 동정을 자아내게 한다. (…중략…) 나는 조선의 예술, 특히 그 요소로 볼 수 있는 선(線)의 아름다움은 실로 사랑에 굶주린 그들 마음의 상징이라 생각한다. 아름답고 길게 여운을 남기는 조선의 선은 진실로 끊이지 않고 호소하는

---

13 가와바타 야스나리, 「조선의 무희 최승희」(『문예』, 1934.11), 노영희, 「최승희의 조선춤과 민족아」, 『공연과리뷰』 70, 2010.9, 54면에서 재인용.
14 최승희, 『불꽃―세기의 춤꾼 최승희 자서전』, 자음과모음, 2006, 79면.

마음 자체이다. 그들의 원한도 그들의 기도도, 그들의 요구도 그 선을 타고 흐르는 것 같이 느껴진다.

—야나기 무네요시, 「조선 사람을 생각한다」, 『요미우리신문』, 1919.5.20~24[15]

일본의 민예연구가이자 미술평론가인 야나기 무네요시柳宗悅의 글이다. 그는 일찍이 조선의 아름다움을 석굴암과 도자기에서 파악하고 석굴암의 감상[16]을 통해 '길고 긴 선'을 '조선 고유의 미'라고 하면서 이를 '비애의 미悲哀美'로 규정하였다. 최승희가 '가느다란 정서가 부족하다는 많은 평'들을 보완하려고 한 점, 또 큰 육체를 타고 났기에 가느다란 정서의 표현이 부족할 수밖에 없는 한계를 큰 슬픔으로 여기고 있는 점 등은 일본의 '조선 미' 담론이 주요하게 영향을 미치고 있었다는 사실을 알 수 있게 한다.

최승희는 가늘고 긴 선, 또 끊이지 않고 부드럽게 이어지는 유연한 선들을 표현할 수 있는 대상으로 '여성'에 초점을 둔 것 같다. 신체의 동작과 부수적 도구(의상이나 소품)를 이용해 가는 선의 효과를 살릴 수 있는 방법은 여성을 통한 표현이었고, 이는 조선의 정조를 드러낼 수 있는 방법이기도 했다.

---

15 야나기 무네요시, 심우성 역, 「조선 사람을 생각한다」, 『조선을 생각한다』, 학고재, 1996, 16면, 18~19면.
16 양지영, 「'조선색'이라는 방법과 '조선미'라는 사상—식민지기 조선문화 만들기 운동과 야나기 무네요시」, 『아시아문화연구』 35, 가천대 아시아문화연구소, 2014, 121~122면.

2) 카리카츄아カリカチュア적 표현 방식

이시이 문하에서 학습(1926~1928)받은 후 독립하여 조선 공연 활동 (1929년~1933)을 개시한 최승희는, 큰 성공을 거두지 못하고 1933년 3월 다시 이시이의 문하로 복귀했다. 이시이의 글 「나의 조선 교우록 최 승희와 그 외」(1939)를 참고하면, 최승희는 이때 '이시이로부터 조선무 용을 창작해 볼 것을 권유받았고 마침 한성준이 일본에 머물러 있던 기회를 잡아서 조선춤을 속성으로 배웠다'[17]고 한다. 그리고 이러한 배경 후에 등장한 조선무용 중 주목할 작품은 〈에헤야 노아라〉다. 〈에헤야 노아라〉는 1933년 10월 석정막무용연구소 발표회를 통해 처음 소개 된 것으로 보이며, 이후 1934년 작품 〈에레지〉와 함께 잡지사 영녀계女界의 여류춤 대회와 일본 청년회관의 제1회 발표회를 통해 일본에서 신인 무용가로 찬사를 받았다.

〈에헤야 노아라〉는 일본 작가와 평론가들이 일본에서 최고라는 평 가를 내리게 한 춤[18]이기도 했다. 〈에헤야 노아라〉는 본래 최승희가 일 본에 복귀하기 전 〈우리들의 카리카튜어〉[19]라는 제목으로 발표했던 작 품으로 보이는데, 스승 이시이가 〈에헤야 노아라〉로 제목을 고쳐주고 새로 정리해주어[20] 재발표한 것이라고 한다. 이렇듯 〈에헤야 노아라〉

---

17 이시이 바쿠, 홍선영 역, 「나의 조선 교우록 최승희와 그 외」(1939), 성기숙 편, 『한국 근대춤의 전통과 신무용의 창조적 계승』, 민속원, 2007, 380면.

18 노영희, 「최승희의 조선춤과 민족아」, 『공연과리뷰』 70, 2010.9, 47~48면.

19 〈에헤야 노아라〉는 1933년 5월에 『동경일일신문』 주최의 여류무용가대회에 참여하여 선보인 〈우리들의 카리카튜어〉를, 동년 10월(석정막무용연구소발표회)에 〈에헤야 노 아라〉로 개칭하여 발표한 것이라 한다. 이종숙, 『인물로 본 신무용 예술사—최승희에서 최현까지』, 민속원, 2018, 104~105면.

20 이시이 바쿠, 홍선영 역, 앞의 글, 380면.

는 제목 뿐 아니라 내용에도 일정한 변화가 있었던 것 같은데, 1939년 이시이의 글을 다시 언급하면, 이미 1930년 조선무용을 창작하고 있었던 최승희에게 이시이가 왜 다시 '조선무용 창작을 권유'했을까 하는 의문이 든다. 이는 〈우리들의 카리카튜어〉와 〈에헤야 노아라〉에서 표현된 '카리카츄아'의 내용이 달랐을 수 있다는 점을 시사해준다.

> 그 언제인가 나와 너는 **석정막 씨의『카리카튜어』라는 제목으로 조선옷을 입고 추는 춤을 보고서 대단히 불유쾌하게 생각하야** 곳 리기세(李基世) 씨와 의론하야 가야 산조 진양 중모리에다가 안무하야『우리들의 카리카튜어』라는 제목으로 너로써는 처음으로『조선리듬』에 춤을 추지 아니 하엿느냐. 그때 **일반의 평판도 조왓지마는** 나는 그때『너는 조선의 딸이다』하고 마음속으로 깁버하엿다.
>
> —최승일,「倫敦, 巴里로 가는 무희 최승희. 누이 승희에게 주는 편지」,
>
> 『삼천리』 7-11, 1935.12

> 소위 무용예술가라는 석정막(石井漠)의 공연은 어차피 에○네들 노리지만 『카리카튜어』의 일장은 그것이 소위 예술이라 할지? 예술이든 쌔몽둥이든 그 심사가 괫심하다. 그 제목과 가티 **만화적 풍자미를** 가지고 쏘 그 지방에서 인상된 바를 당의즉묘(當意卽妙)하게 무용화 하얏다면 그도 조켓지만 **조선 녀자 웃저고리에 남자 바지인지 호랑이 껍질인지를 입고 머리는 망건 비슷한 것으로 동인 우에, 종희 조각 백립(白笠)을 뒤통수에 걸겟다.** 그런 조선사람이 어대 잇노. 박장대소 '앙코르'에 '앙코르'로 두 번씩 출연은 조선사람 욕이 아니라 제 자신의 욕—예술의 욕.
>
> —「핀셋트」, 『조선일보』, 1930.11.11

최승희는 일찍이 그녀의 스승 이시이가 조선 사람을 무용화한 작품 『카리카튜어』를 보고 불쾌감을 느껴 〈우리들의 카리카튜어〉라는 새로 운 작품을 만들었고 조선 관객들에게 호평을 받았다. 이시이의 『카리 카튜어』가 어떤 작품인지는 두 번째 예문에 자세히 설명되어 있는데, 조선인을 풍자한 이 작품은 조선인의 실제 모습과도 전혀 다르고 오직 조선인을 우스갯거리로 만들려는 의도만 다분했기에 예술가로서 부끄 러운 작품이라고 질타하고 있다. '카리카츄아カリカチュア'[21]란, 표현하고 자 하는 대상의 특징을 '희화戱畵'하는 것인데, 표현하는 대상의 특징적 인 면을 부각시켜 웃음을 자아내도록 한 당시 일본에서 유행하던 창작 방식으로 보인다. 〈에헤야 노아라〉로 일본에서 호평을 받은 최승희는 다시 조선으로 돌아와 같은 작품을 올렸다. 그러나 조선에서의 평가는 일본에서와는 사뭇 달랐다.

第2部 〈에헤라 노아라〉는 제 일로 음악의 효과가 몹시 치명상을 당하게 되어 참으로 불쾌하였다. 양악의 바요링과 조선의 장고와 합주한 음악으로 무용을 하게 되는데 장고의 장단이 몹시 강음적인 음향에 바요링은 D선 중심을 많이 사용하여 음량이 몹시 약하여 조화가 되지 않은 점으로 보나 또는 음악적 가치성을 보아 무용반주로는 너무나 빈약하여 이 무용에 대하야 입체적으로 보 조를 같이 하지를 못하였다.

―구왕삼, 「최승희 무용을 보고」, 『삼천리』 7-1, 1935.1

---

21 '카리카츄아(カリカチュア)'란 영어 캐리커쳐(caricature)를 일본식으로 발음한 것으 로, 어떤 사람의 특징을 과장되고 우습게 묘사한 그림 또는 사진을 말한다.

張―당신의 『에야라 노아라』라거나 나의 『권가(權哥)라는 작자』라든지
는 기뻐하지 않아요. 마츰 大邱에서 당신 공연이 있었을 때에 나의 옆에 사범
학교(師範學校) 유(諭)가 섯다가 『에야라 노아라』를 좋지 못하다. 조선 민족
의 결점을 폭로해주는 것이라고 이렇게 말하더군요. 결국 그 춤 속에 있는 유-
모아가 알려지지 않는 모양이여요. 어쩐지 자기네들의 약점이 폭로 되어지
는 듯한 생각이 드러 그런 게지요. (…후략…)

崔―나도 그 점을 통감해요. 문단에서 무용에 가장 깊은 리해를 가진 사람
중의 하나인 村山知義씨조차 『에야라 노하라』에 표현되여 있는 조선의 순풍
속이며 칼이카츄아를 보면 어쩐지 우리들의 모양을 제 자신이 폭로하는 듯해서 덜
좋다고 말해요. 대체로 문사 양반들조차 너무 순조선적인 것은 좋아하지 않
았어요. 결국 내가 가지고 있는 유모-어의 본질이 표착되지 않는 듯해요.

―「예술가의 쌍곡주, 문사 장혁주씨와 무용가 최승희여사, 장소 동경에서」,

『삼천리』 8-12, 1936.12

그러치만 '조선무용' 그냥 그대로 한다면 차라리 조선긔생(妓生)편이 오
히려 더나흘 것입니다. 그럼으로 나는 늘 조선무용은 그 기본적인 것만 따듸리
고는 다음엔 「아이데아」에 이르기까지도 서양 것을 받어 드릴 것이라고 생각하고
잇지요. 이번에도 조선춤을 얼마간 〈카리카츄아라이즈〉한 것을 햇습니다만 이런
것을 하면서도 속으로는 늘 향토의 사람들에게서 욕이나 어더먹지 않는가 걱정한
담니다.

―「세계적 무희 최승희여사의 대답은 이러합니다」, 『삼천리』 8-4, 1936.4

조선에서 공연된 〈에헤야 노아라〉는 먼저 서양 악기와 조선 악기를

혼합한 새로운 음악적 시도가 춤과 조화를 이루지 못한다는 비판을 받았고, 조선인들의 '결점'을 폭로했다는 비난을 샀다. 그러나 최승희는 이를 '카리카츄아', 또는 '유-모아'적 표현으로 여기며 이를 이해해주지 못하는 관객을 향해 서운함을 드러내고 있다. 그러면서도 한편으로는 이러한 카리카츄아적 표현이 비난받을 수 있다는 사실도 인정하고 있었다. 〈에헤야 노아라〉는 "장삼옷에 관을 쓴 조선 한량이 술에 얼큰이 취한 채로 몸을 흔들거리고 고개를 끄덕끄덕하며 팔자걸음을 걸으며 배를 불룩하게 내놓고 추는 웃음을 자아내는 춤"[22]이었다. 일본인들에게 '유모어humor'로 간주될 수 있어도 이 춤은 결국 조선인(조선양반)을 비하하는 내용이었기에 조선 관객들로 하여금 불쾌감을 불러일으켰던 것이다.

> 뒷짐을 지고 빗틀거리는 자태이라던지 고개를 간들간들거리는 동작은 조선 고전적 민풍(民風)의 특이한 자태의 일장(一場)을 풍자한 감을 충분히 표현하엿으며 (…중략…) 이 『에헤라 노아라』의 무용작품에 대하야서는 조선인이 아니고는 그 흥미와 삽미(澁味)와 육체적 표현미를 감상하기 어려울 것이다.
>
> ─구왕삼, 「최승희 무용을 보고」, 『삼천리』 7-1, 1935.1

조선 관객들의 반응을 통해 〈우리들의 카리카튜어〉와 〈에헤야 노아라〉에 담긴 '카리카츄아'의 표현은 달랐음을 짐작할 수 있다. 최승희는

---

22 정병호, 『춤추는 최승희』, 뿌리깊은나무, 1995, 80면.

〈그림 27〉 〈에헤야 노아라〉
출처: 정수웅 편, 『최승희』, 눈빛, 2004, 82~83면

조선무용 〈에헤야 노아라〉로 일본무용계에서 신인 무용가로 찬사를 받았다. 다시 말해 〈에헤야 노아라〉는 최승희를 '무용예술가'로서 인정받게 해 준 대표적인 작품이었으며, 그 작품을 창작하는데 중요한 요소는 '카리카츄아'였기 때문에, 예술의 영역 안에서는 이것이 통용될 수 있는 표현성이라고 간주한 것 같다. 최승희는 조선무용을 그대로 하면 조선기생이 더 나을 것이지만 자신은 '서양의 것'을 적극 취하고 있다는 의사를 소신 있게 피력하고 있다. 여기서 '서양의 것'이란 모던댄스에서 주창하는 예술 이념을 말하는 것이다. 단, 최승희의 조선무용에는 일본의 현대무용가 이시이가 주창한 일본식 모던댄스의 이념, 즉 '무용시'의 방법인 모던댄스를 자국화自國化하는 시도가 기저에 깔려 있었고, 이 방법론에 일본적인 정서로 보이는 카리카츄아(희화화)가 일정하게

수용되고 있음을 알 수 있다.

　이러한 카리카츄아의 표현을 위해 작품에는 '표정'과 '제스처gesture'
가 사용되었다. 표정이나 제스처 또는 마임 같은 몸짓은 인물의 일상적
동작이나 특징을 나타내는 데 효과적인 표현법이었다. 표정과 제스처
는 비단 희화화에서 뿐 아니라 낙천적・낭만적 정서, 또는 특정 인물의
캐릭터를 표현할 때에도 자주 사용되었던 것 같다. 가령 〈초립동〉, 〈한
량무〉 등이 그 예인데 이는 3절에서 다루도록 한다.

3) 남성성으로 구현되는 표현 방식

　최승희의 작품에서 특징적으로 묘사되는 또 하나의 인물은 굳세고 위
엄 있는 존재, 남성이다. 남성이 등장하는 대표적인 작품은 〈검무〉가 있
다. 1930년대에 접어들면 김재철이나 안확과 같은 국문학자들에 의해
조선의 전통예술에 대한 연구가 두각을 보이기 시작하는데, 〈검무〉는
김재철의 「조선연극사」(1931년 『동아일보』, 1933년 조선어문학회)에서 다루
어졌다. 그는 〈검무〉의 기원에 대해 『동경잡기』 풍속조에 나온 글을 인
용하여 다음과 같이 설명하고 있다. "황창랑은 신라 사람이다. 전설에
의하면 나이 7세에 백제의 시가로 들어가 칼춤을 추니, 구경꾼이 담처
럼 둘러섰다. 백제의 왕이 그 소문을 듣고 불러 보고는 당뾸으로 올라와
칼춤을 추라고 명하니, 창랑이 칼춤을 추다가 백제왕을 찔러 죽였다. 이
에 백제 사람들이 그를 죽여 버렸다. 신라 사람들이 이를 슬퍼하여 그 모
습을 본떠 가면을 만들어 칼춤을 추는 형상을 하였는데, 지금까지 그 칼

춤이 전해 내려온다고 한다."[23] 김재철은 이 글을 「신라의 가면극」이라는 제목 아래 기술하였다. 즉 김재철은 『동경잡기』에 기록된 내용 중 '가면을 쓰고 검무를 추었다'는 대목에 초점을 두어 〈검무〉를 '가면극' 역사의 일부로 다루었다. '신라의 가면극'의 유래이자 〈검무〉의 유래인 이 내용은 1935년 최승희 작품 〈검무〉에서도 적용되고 있었다.

第3部 『검무』에 대하여서는 氏의 해설에 의하면 재래의 **검무**는 신라 시대 미장 『황창』의 영웅적 행위를 칭찬하여 만든 용장한 무용이던 것이 후생(后生) 기생 등에 의하야 무용하게 되면서부터 매우 우장섬약(優長纖弱)한 춤으로 변하였다 한다. 그리하야 최 씨는 이 검무의 본통(本統)의 의의를 재현하여 보고저 노력하였다고 한다. 먼저 검무의 의상이 고전적 기분을 유실한 것 같으며 그 색채에도 다소 두뇌를 썼으면 한다. 그리고 장군의 관은 어느 시대의 역사적 배경에서 고안한 것인지는 잘 모르겠으나 조선의 검무로써의 가질 관으로는 그 모형이 불만(不滿)하다. 물론 새로운 표현으로써 새로운 각도를 뵈여주려고 노력한 것 같으나 의상과 관의 조화가 미장 『황창』을 상징할 장중한 맛이 없는 감을 주게 하였다. **검춤**은 자유스럽게 회전할 수 있는 두 개의 칼로써 타주악기(대고)의 장단에 맞추어 춤을 추는데 전체적으로 본다면 비교적 수완(手腕) 동작이 중심작용으로 구사하는 무용인데 너무나 **변화성**이 적고 또한 상신(上身)과 상지(上枝)의 유동이 없어 딱딱한 맛이 나며 표정도 유연한 표정을 많이 써게 되었다. (…중략…) 검무도 역시 **음악적 반주**로는 평철판(平鐵板)의 타격(打擊) 악기의 음향과 추복적(追覆的)으로 타주하는 강성적(强聲的)인 대고의 고음

---

23 김재철, 『조선연극사』, 동문선, 2003, 65~66면.

에서 무용하게 되였는데 이 박자적인 고음에 맞추어 하지(下枝)의 방축(放蹴)적 동작과 족박자(足拍子)는 강조한 맛이 났으며 동작의 선(線) 하나하나 마다 조선무용의 예풍을 표현하기에 많은 고심을 싸흔 것이 무겁게 인상에 남게 되었다.

— 구왕삼, 「최승희 무용을 보고」, 『삼천리』 7-1, 1935.1

최승희가 〈검무〉를 창작하게 된 배경은, 본래 신라 시대 미장 황창의 영웅적 행위를 칭찬하여 만든 용장한 〈검무〉가 기생 등에 의해 아름답지만 가냘프고 연약한 춤으로 변했기 때문이다. 이에 최승희는 고서 『동경잡기』의 기록대로 〈검무〉의 본통本統을 재현하고자 한 것이다. '미장美將인 황창'의 모습과 '용장勇壯한 무용舞踊'의 모습으로 재현하려 한 태도는 진지한 역사적 접근의 일면을 보인다. 이날 〈검무〉 작품은 "동작의 선 하나하나마다 조선무용의 예풍을 표현하기에 많은 고심을 쌓은 것이 무겁게 인상에 남았다"는 평을 들었다. 단 반주음악을 타악기 위주로 편성한 점은, 하체의 움직임과는 적절히 조화를 이루었으나 상체는 너무 움직임이 없어 경직된 느낌을 주었다고 했다. 이는 상체의 곡선을 주로 사용했던 여성 독무의 움직임과 대비되는 대목이다.

〈그림 28〉~〈그림 30〉에서 보듯, 남성으로 표현된 대상은 무사, 왕, 사냥꾼 등으로 강인함과 위엄을 지닌 캐릭터임을 알 수 있으며 이들은 앞서 살핀 여성들과 극도로 대비된 형상을 취하고 있다. 팔과 다리를 구부려 각진 선들을 만듦으로써 가늘고 길게(또는 부드럽게) 이어진 선이 아니라 사방으로 다선多線을 만들어 무게중심을 분산시킨 형상을 하고 있다. 구부린 무릎과 팔꿈치는 몸의 중심축을 기준으로 가능한 바깥으로 확장시켜 힘의 역동성을 시각화하려 했다. 구부려 올린 다리 또한

〈그림 28〉〈검무〉
출처: 정수웅 편, 『최승희』, 눈빛, 2004, 98~99면

〈그림 29〉〈왕의 춤(왕무)〉
출처: 정수웅 편, 『최승희』, 눈빛, 2004, 112면

〈그림 30〉〈고구려의 수인(狩人)〉
출처: 정수웅 편, 『최승희』, 눈빛, 2004, 145면

상체 쪽으로 힘 있게 끌어당기고 있는데 이는 조선춤에서 보여지는 자연스런 무릎 굽힘이 아니라 캐릭터의 표현을 위해 인위적으로 창출한 동작임을 알 수 있다. 그러나 남성은 여성 동작에 비해 상당히 정형화되어 있다는 점도 확인할 수 있다. 즉 유연하고 유동적인 선의 흐름이 강조됨으로써 정형화되기 어려웠던 동작들과, 해학적인 표현을 위해 마임 또는 제스처가 사용되었던 동작들에 비해, 남성은 각지고 힘 있는 포즈를 취함으로써 정형적인 동작이 구현된 것이다. 특히 정형적인 동작을 표현하기 위해서는 무엇보다 치밀한 각도 계산이 필요한데, 무대라는 공간적 구도와도 조화를 이루어야 하기 때문에 더욱 입체적인 동작 고안이 요구되었을 것으로 짐작된다.

최승희는 조선무용 작품으로 인정받은 뒤 조선무용가로서의 정체성과 민족적인 태도가 더욱 강화되었다.[24] 그러나 최승희는 조선춤을 적극 받아들이기보다 기본적인 것만 받아들이고[25] 외국무용의 창작방식을 적용하여 창작했다. 따라서 '조선적인 것'에 대한 탐색은 더욱 강해졌지만, 방법론에 있어서는 혼란을 느끼기도 했다.[26]

---

24 "나는 조선에서 태어났다. 생각해 보건대 지금까지 조선에서 태어난 사람들 중에 누구 하나 무용을 지망한 사람은 없다. 때문에 나는 조선을 대표하여 우리 향토의 전통이나 풍물이 지닌 美를 진정으로 살려 현대에 새로운 예술을 창조해 보자. 그렇게 하지 않으면 안 된다. 그것이 나의 사명이다. 커다란 사명을 지니고 나는 태어난 것이다." 최승희, 『私 の自叙伝』, 日本書莊, 1936, 58~59면; 김채원, 「최승희 춤 활동에 대한 한국과 일본의 반향」, 『공연문화연구』 21, 한국공연문화학회, 2010, 217면.

25 『삼천리』 8-4, 1936.4.

26 "그러나 나는 조선의 리듬—크게 말하면 동양의 리듬을 가지고 서양으로 싸흠을 건너감 니다. 아—나는 기쁩니다. 용기백배(勇氣百倍)임니다. 그러나 한 가지 의심되는 것은 저 는 제 자신이 확실히 조선의 호흡—조선의 리듬을 가지고 잇는지 그것이 의문임니다. 저도 제가 조선 사람인 바에야 조선의 혼(魂)—조선의 리듬은 가젓으리라고 생각합니다 마는—." 「倫敦, 巴里로 가는 舞姬 崔承喜」, 『삼천리』 7-11, 1935.12.

3. 내용과 안무를 통해 본 양식적 특성

그렇다면 이시이의 무용시는 내용과 안무에 있어 최승희의 조선무용에 어떻게 반영되고 있을까. 먼저 2절에 수록된 프로그램(1927년 10월 25일 경성공연)을 토대로 이시이의 무용시 작품 경향을 정리해 보면 다음과 같다. 첫째, (서양)음악을 재해석하여 새로운 일본 감정으로 무용화한 것이고, 둘째, 인간의 내적 심리를 표현한 것이고, 셋째, (서양)고전문학 작품 속에 있는 인상적인 대목을 무용화한 것이고, 넷째, (서양)음악 자체를 무용화한 것이다. 단 두 번째 작품 〈산에 오를 때〉는 '산에 오르는 사람의 마음을 표현'한 자연주의계열 모던댄스[27]라 할 수 있지만, 그 표현 기법은 "漢(석정막)이 가진 유모리틱한 일면"을 나타내고 있어 서양과는 다른 일본 특유의 창작 방식이 가미되어 있음을 엿볼 수 있고, 세 번째 작품 역시 〈맥베스〉의 내용 중 '요괴가 나타나는 특이하고 이상한 인상적인 장면'을 다루어 일본적 정서가 개입되었을 가능성을 보여주고 있다.

어쨌든 이러한 면모들이 최승희의 조선무용에 어떻게 나타나는지 실제 작품을 통해 확인하도록 한다. 〈표 11〉[28]은 최승희가 1933년 이후 창작한 조선무용의 종목과 내용이며, 제목 아래 연도 표기는 초연 시기를 나타낸다.

---

27 김영희, 「최승희 모던댄스 시론」, 『공연과리뷰』 64, 2009.3, 29면.
28 표의 내용은 午山 充, 「최승희 작품해설―1934년 이후의 중요한 작품」(최승희, 『불꽃―세기의 춤꾼 최승희 자서전』, 자음과모음, 2006, 177~186면)과 김채원, 『최승희 춤―계승과 변용』(민속원, 2008, 105~107면)에서 참고함.

<표 11> 일제강점기 최승희가 창작한 조선무용의 종류와 내용

작품명	내용
〈에헤야 노아라〉 1933	조선 고전의 관현편곡에 따라서 추는 춤이다. 조선 고유의 갓을 쓰고, 긴 옷을 입고 가는 끈으로 허리를 매고, 지극히 유장하게 끝없이 웃어가면서 허리를 중심으로 신체를 좌우로 흔들고 숙이면서 추는 경쾌한 춤이다. 반도의 사람들은 주연석에서 술잔을 거듭하면 반드시 일어서서 춤을 추는 것을 기초로 하여 예술적으로 승화한 것이 이 작품이다.
〈승무〉 1934	이것은 고려말기에 그 수도인 송도(개성)의 명기 황진이가 당시 고승으로서 불심이 견고한 만석승을 유혹하려고 춤추는 것을 연원으로 한 것이다. 최여사는 조선의 황진이가 되어서, 만석승을 홀려 버리려고 창작한 것이다. 이 춤은 노골적으로 육감적인 것이지만 부드럽고 우아한 춤이다.
〈검무〉 1934	타악기 반주로는 용장한 춤이다. 조선의 검무는 신라 시대의 용장 황창의 영웅적 행위를 찬미하여 만든 무용이었던 것을, 기생의 손으로 유장하고 섬약한 여성적 동작으로 변했던 것이다. 최여사는 처음의 자태로 복원시켜서, 검무 본래의 면목을 발휘하려고 창작한 것이다. 쌍수에 단검을 들고 추는 장엄하고 용맹스런 작품이다.
〈가면의 춤〉 1935	조선의 가면무용으로 대표적인 것은 궁중무용의 처용무, 민간에서는 비속된 산대극의 극중 무용 등 불과 몇 종에 불과하다. 그런 것들을 기초로 타악기의 반주를 가지고 창작한 것이니, 소고를 치면서 추는 재미있는 춤이다. 대단히 재미가 있다. 가면에 독특한 원시적 기괴한 맛이 있다. 궁중의 가면무인 처용무와 민간탈춤인 산대극 중의 춤을 기초로 하여 창작한 경쾌하고 코믹한 작품. 소고를 치면서 추는 소박한 해학과 가면의 원시적인 우스꽝스러움이 독특하다.
〈세 개의 코리안 멜로디〉 1935	그 시대의 조선음악을 사용하여 고대, 중대, 현대, 세 가지의 상이한 시대의 조선무용을 축소해서 보여주자는 것이다. 1.영산조는 고대 불교도가 성산(聖山) 위에 집합하여 무악으로 불천에 제사한다는 전설에서 만든 것으로서 고대풍의 고아한 여인 무용. 2.진양조는 '활기가 없어진 것의 춤'으로 기쁨 잃어버린 세상 사람들의 우울함을 표현한 것. 3.민요조는 좀 명랑한 근대적 정서를 표현하려는 극히 詩적 취미가 풍부한 소품이다.

작품명	내용
〈왕의 춤(王舞)〉 1935	무용이, 위로는 제왕, 아래로는 서민에 이르기까지 모든 계급의 것임을 증명하는 것으로서, 고기록에 제왕의 춤을 발견하는 것은 무용 예술이 존귀하다는 것에 주의하게 된다. 조선에 있어서도 고려 시대에 신라왕의 춤이 있었다는 사실이 구전하여 왔던 것을 최여사가 자기의 창의로써 부활시킨 것이 이 〈왕무〉다. 여사는 이 테마로 왕의 위력과 고귀성을 표현하려고 하여 타악기의 반주로써 놀라운 효과를 냈으니 무용 창작가로서의 재능을 보이는 최초의 주목할 만한 작품이다.
〈조선풍의 듀엣〉 1935	음악은 조선의 속곡(俗曲)을 쓰고, 조선 민속무용의 수법을 취하여 창작한 것, 촌민의 소박성을 상실하지 않고 더욱이 횡일하는 천진한 촌 남녀의 유희를 그린 것이니, 이것은 실로 대성공의 가작(佳作)이다. 조선의 민속춤꾼법을 받아들여 창작한 듀엣. 풍자로써 그려진 정겨운 분위기로 충만한 시골 처녀와 총각의 사랑을 표현함.
〈무녀〉 1936	조선의 민간에서 행해진 맨손춤 형식을 기초로 창작한 작품
〈아리랑 이야기〉 1936	조선을 대표하는 민요인 아리랑은 이별의 슬픔을 노래한 사랑가이다. 제1장면은 고대풍으로, 제2장면은 현대풍으로 아리랑으로 그려내고 있다.
〈무녀춤〉 1936	서울의 무녀는 미신을 신봉하는 부녀자를 상대로 여러 교태 연기를 하지만, 시끄러운 음악에 맞춰 춤추는 모습은 전세기의 유산으로서 일종의 독특한 분위기를 자아내고 있다.
〈세 개의 전통적 리듬〉 1937	조선의 고전춤에서 3개의 기본적인 움직임을 체계화해내려 시도한 창작품으로 맨 처음은 '염불', 다음은 '타령', 마지막은 굿거리로 구성되었고, 동양춤을 전혀 새롭게 해석하여 낸 작품이다.
〈초립동〉 1937	꼬마 신랑의 기쁨으로 넘치는 때묻지 않은 모습을 그린 작품.
〈봉산탈춤〉 1937	봉산 지방의 난봉꾼인 취발이의 춤을 기초로 하여 새롭게 창작된 춤. 원시적인 소박함과 유모어를 자아내고 있음.
〈즉흥무〉 1939	가야금산조에서 세 개의 전형적인 리듬의 변화와 발전에 의한 일종의 즉흥형식의 작품으로, 곡의 흐름에 따라 즉흥적으로 춤춰 법열의 경지에 빠진다는 내용.
〈화랑의 춤〉 1941	화랑이란 신라 시대 화려하지만 뜻이 크고 기개가 높았던 젊은이를 말하며 이를 표현함.

작품명	내용
〈장고춤〉 1942	기생이 장고를 매고 발을 옮기면서 노래하는 모습은 매력적이다. 이 춤은 장고의 리듬에 실려 흥에 젖은 기생의 모습을 표현하고 있다.
〈장한가〉 1942	이별을 노래한 곡으로, 돌아오지 않는 사랑을 그리워하는 정열 속에서 한탄스럽게 조선풍의 한을 그려내고 있음.
〈춘향애사〉 1942	조선 고전문학 중의 명작 '춘향전'에 그려진 낭만을 주제로 한 작품으로, 정절을 지키려다 옥에 갇힌 절세미인 춘향의 슬픔을 그려냄.
〈산조〉 1942	가야금의 독특한 산조형식 가운데 다섯 개의 리듬을 사용한 것으로, 처음엔 느린 진양조에서 시작하여 다음에 섬세함보다는 급조적으로 발전하고 마지막은 가장 고조된 휘몰이조로 끝난다.

최승희의 작품은 '재래의 조선춤을 각색한 것'과, '춤이 아닌 조선적 소재를 가지고 무용화한 것'으로 대분할 수 있다. 전자에는 〈승무〉·〈검무〉·〈가면의 춤〉·〈무녀〉·〈무녀춤〉·〈봉산탈춤〉·〈즉흥무〉·〈산조〉, 〈에헤야 노아라〉가 있고, 후자에는 〈세 개의 코리안 멜로디〉·〈왕의 춤〉·〈조선풍의 듀엣〉·〈아리랑 이야기〉·〈세 개의 전통적 리듬〉·〈초립동〉·〈화랑의 춤〉·〈장고춤〉·〈장한가〉·〈춘향애사〉가 있다.

전자 중에도 〈승무〉·〈검무〉·〈즉흥무〉·〈산조〉는 당시 기생들이 추던 춤에서 각색한 것이며, 〈가면의 춤〉과 〈봉산탈춤〉은 탈춤에서, 〈무녀〉와 〈무녀춤〉은 무녀가 추는 춤에서, 〈에헤야 노아라〉는 홀춤 〈한량무〉[29]에서 차용한 것으로 보인다. 후자의 〈세 개의 코리안 멜로디〉·〈세 개의 전통적 리듬〉·〈아리랑 이야기〉는 당시 사용되던 조선무용 음악이나 민요를 바탕으로 일정한 내용을 가미하여 창작한 것이고, 〈장고춤〉은

---

29 홀춤 〈한량무〉는 이북지역 권번에서 추어진 정황이 보인다. 관련 설명은 본서 4장 3절을 참고.

권번의 학습 종목은 아니나 기생이 노래를 부를 때 장고를 매고 리듬을 맞춘 모습을 무용화한 것으로 보인다. 〈초립동〉·〈화랑의 춤〉·〈왕의 춤〉은 인물을 묘사한 것이고 〈장한가〉와 〈조선풍의 듀엣〉·〈춘향애사〉는 남녀 간의 사랑을 주제로 한 작품이라 할 수 있다.

앞서 언급했지만 이시이의 무용시는 서양의 모던댄스와 방법론적으로 다소 차이가 있기 때문에 무용시에서 다루는 내용(주제)과 안무 기법을 구체적으로 살펴볼 필요가 있다. 먼저 내용 면에서는 근대 무용적, 고전적, 기타로 분류할 수 있고, 안무면에서는 음악을 무용화하는 것과 인물의 특징을 부각시키는 것으로 나타난다. 아래에서는 이러한 무용시 창작 방법이 최승희의 조선무용과 어떻게 연결되어 있는지 확인하도록 하겠다. 단 최승희는 방법론상 이시이의 무용시를 따랐으나 작품 자체가 '조선무용'이므로 '근대무용적'인 내용은 제외된다고 할 수 있다. 따라서 '고전적'인 내용과 '기타'의 내용만을 검토하도록 하겠다. 또한 안무 면에서도 인물의 특징을 부각시키는 표현은 2절에서 검토했기 때문에, 여기서는 음악을 사용한 경우에 대해서만 다루도록 하겠다.

최승희 작품의 내용(주제)은 모두 고전적, 향토적인 소재를 다루고 있다. 다만 앞서 이시이의 무용시 작품이 고전적 주제를 다루면서도 '유모어적' 정서를 내포했음을 살폈듯이, 고전·향토의 소재를 다룬 조선무용 또한 몇 가지 정서를 띠고 있음을 볼 수 있다. 〈표 12〉를 참고하면 이는 크게 용장·위엄(2편. 〈검무〉, 〈왕무〉), 즐거움(6편. 〈가면의 춤〉, 〈봉산탈춤〉, 〈에헤야 노아라〉, 〈조선풍의 듀엣〉, 〈장고춤〉, 〈초립동〉), 슬픔(3편. 〈춘향애사〉, 〈장한가〉, 〈아리랑 이야기〉) 기타(8편. 〈세 개의 코리안 멜로디〉, 〈세

주제	작품명	정서	안무의 특이성
고전적	〈검무〉	• 용장 • 신라 시대의 용장 황창의 영웅적 행위를 찬미하여 만든 무용	타악기 반주
	〈왕무〉	• 위엄 • 왕의 위력과 고귀성	타악 반주
	〈가면의 춤〉	• 즐거움(해학) • 궁중의 처용무와 민간 산대극의 춤을 기초로 하여 창작	• 소박한 해학과 가면의 원시적인 우스꽝스러움 • 타악 반주
	〈봉산탈춤〉	• 즐거움(해학) • 취발이의 춤을 기초로 하여 새롭게 창작	원시적인 소박함과 유모어
	〈춘향애사〉	• 슬픔 • 〈춘향전〉에 그려진 낭만을 주제로 춘향의 슬픔을 그려냄.	낭만과 슬픔의 정서
	〈에헤야 노아라〉	• 즐거움(해학) • 반도의 사람들이 주연석에서 춤을 추는 것을 기초로 하여 만든 작품	• 유모어적 표현 • 서양선율악기+조선타악기
	〈세 개의 코리안 멜로디〉	• 기타 • 조선의 고대, 중대, 현대를 표현	영산조, 진양조, 민요조 등 세 가지 조선음악을 사용
	〈세 개의 전통적 리듬〉	• 기타 • 조선의 고전춤에서 3개의 기본적인 움직임을 체계화해내려 시도한 창작품. 동양춤을 전혀 새롭게 해석.	조선음악인 염불, 타령, 굿거리를 사용함
	〈즉흥무〉	• 기타 • 곡의 흐름에 따라 즉흥적으로 춤춰 법열의 경지에 빠진다는 내용.	가야금 산조에서 세 개의 전형적인 리듬의 변화와 발전에 의한 일종의 즉흥형식의 작품
	〈산조〉	• 기타 • 느린 진양조에서 시작하여 고조된 휘몰이조로 끝난다.	가야금 산조형식 가운데 다섯 개의 리듬을 사용
	〈승무〉	• 기타 • 송도(개성)의 명기 황진이가 당시 고승으로서 불심이 견고한 만석승을 유혹하려고 춤추는 것을 연원으로 한 것	
	〈화랑의 춤〉	• 기타 • 크고 기개가 높았던 젊은이 화랑을 표현	

주제	작품명	정서	안무의 특이성
기타	〈장한가〉	• 슬픔 • 돌아오지 않는 사랑을 그리워하는 조선풍의 한을 그림	
	〈무녀〉	• 기타 • 맨손춤 형식을 기초로 창작한 작품	
	〈무녀춤〉	• 기타 • 서울의 무녀가 교태연기를 하며, 시끄러운 음악에 맞춰 춤춘다.	
	〈조선풍의 듀엣〉	• 즐거움(낙천) • 천진한 촌 남녀의 유희를 그린 것	• 조선 민속무용의 수법을 취하여 창작. • 조선의 속곡(俗曲)
	〈아리랑 이야기〉	• 슬픔 • 민요 아리랑을 바탕으로 고대풍과 현대풍으로 아리랑의 내용을 그리고 있다.	이별의 슬픔을 노래한 민요인 아리랑을 바탕으로 안무
	〈장고춤〉	• 즐거움(낙천) • 장고를 매고 리듬에 실려 흥에 젖은 기생의 모습을 표현	
	〈초립동〉	• 즐거움(낙천) • 꼬마 신랑의 때묻지 않은 모습을 그린 작품.	

개의 전통적 리듬〉, 〈즉흥무〉, 〈산조〉, 〈승무〉, 〈화랑의 춤〉, 〈무녀〉, 〈무녀춤〉)로 분류된다. 즐거움의 정서는 낭만·해학·낙천으로 구분할 수 있으며 이 정서는 단순히 평화로움을 보여주는 것과 의도적인 웃음을 유발하는 유모어적 표현으로 구분된다. 기타에 해당하는 정서는 복합적 정서이거나 정서를 단정하기 어려운 작품들(〈세 개의 코리안 멜로디〉, 〈세 개의 전통적 리듬〉, 〈즉흥무〉, 〈산조〉, 〈승무〉, 〈화랑의 춤〉, 〈무녀〉, 〈무녀춤〉)인데, 앞서 제시된 사진을 참고한다면 기타 중에서도 즐거움의 정서(〈세 개의 코리안 멜로디〉, 〈무녀춤〉 등)는 더 많다고 할 수 있다.

일본 무용이론가인 나카무라는 1941년 「최승희론」에서 그녀의 작품에 대해 "'슬픔'이나 '번뇌'나 '분노' 같은 생활 감정의 어두운 측면을 표현한 것은 극히 드물며, '기쁨'과 같이 즐거운 측면만을 강조하여 표현하고 있다"고 하였다.[30] 최승희의 작품에 나타나는 주된 정서는 유쾌함과 낙천성이었다. 따라서 인물의 특성을 통한 양식화 뿐 아닌 이러한 작품의 분위기가 주는 양식적 스타일도 존재할 수 있다. 조선춤(또는 조선 공연물)에서 가장 흥겨운 동작과 연출을 구사하는 〈탈춤〉이나 〈농악〉의 요소에서 춤동작을 추출했을 가능성도 있고, 배역이 가진 특징적인 캐릭터를 동작화했을 수도 있다. 최승희는 낙천적이고 유쾌한 조선인들을 표현했지만 그 유쾌함을 자아내는 주된 인자因子는 바로 익살스러움이었다. 익살스러움은 최승희의 공연을 성공적으로 이끄는 요인과 결부[31]되기도 했는데, 풍자와 익살스러움(해학성)에 대해서는 뒤에서 좀 더 다루도록 한다.

나카무라는 〈초립동〉, 〈처녀총각의 춤〉 등에서 "그녀는 후반부에서 마임과 어깻짓으로 감정을 전광석처럼 날카롭지만 회화처럼 명석하게 표현했다"[32]라고 평가했다. 마임과 제스처는 인물의 특징을 효과적으로 전달하기에 좋은 수단이며, 최승희의 조선무용 작품에 빈번히 등장하는 표현 기법이기도 했다. 〈그림 31〉~〈그림 33〉에서 보듯 최승희

---

30 中村秋一, 「崔承姬論」, 『舞踊と文化』, 東京 : 人文閣, 1941. 김영희, 「최승희 신무용에 대한 새로운 평가의 계기-「무희 최승희론」(1937)과 「최승희론」(1941)」, 『근대서지』 7, 2013.6, 84~85면.

31 나카무라는 위와 같은 글에서 최승희의 작품에서 많이 나타나는 익살스러움에 대해 지적하고 있다. "귀조(歸朝) 공연은 마지막 25일에 봤다. (…중략…) 역시 익살스러움을 중심으로 한 레퍼토리로 구성하여 성공했는데, 나는 예를 들어 〈장삼의 형식〉(고전곡)이 대표하는 우아하고 아름다운 것이나, 〈보현보살〉, 〈관음보살〉, 〈동양적 선율〉 같이 진지한 것으로 나아가는 것도 필요하다고 본다." 위의 글, 85면.

32 위의 글, 84면.

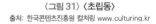

〈그림 31〉 〈초립동〉	〈그림 32〉 〈한량무〉	〈그림 33〉 〈한량무〉
출처: 한국콘텐츠진흥원 컬처링 www.culturing.kr	출처: 정수웅 편, 『최승희』, 눈빛, 2004, 146면	출처: 정수웅 편, 『최승희』, 눈빛, 2004, 147면

는 정지된 동작을 보여주고 있지만, 단순한 춤동작의 의미를 넘어 인물의 캐릭터를 순간의 포즈에서 느낄 수 있도록 표정과 태도를 아우른 극적劇的인 묘사라 할 만하다.

또한 최승희는 유쾌하고 낙천적인 작품에서도 '조선예술의 요소인 선線'의 표현에 의식을 두고 있었던 것 같다. 최승희의 조선무용에는 특별히 완곡한 곡선이 자주 사용되고 있었는데, 곡선을 잘 표현할 수 있는 신체 부위인 팔과 어깨를 자주 사용했던 것 같다.

그러나 舞踊 全體의 의상이나 안무에 대하야서는 신선미를 띄고 **순조선적 감정에서『팔』과『억개』의 동작을 많이 사용하는 점**과 자연스런 안무적 수완(手

〈그림 34〉〈조선풍 듀엣〉
출처: 정수웅 편, 『최승희』, 눈빛, 2004, 108면

腕)은 조선재래 민속무용을 中心으로 한 낙천적 태도로써 조선 특수한 완견(腕肩)
의 동작법과 표현법으로 된 무용이다. (…중략…) 원만한 『덱닉』에서 움직이
는 『억개』의 회원적(回圓的) 동작은 세계 어느 나라에서나 보지 못할 조선 독
특한 무용의 형태를 답습하는 일방(一方) 고전무용의 『리틈』 속에서 신선한
일경지(一鏡地)를 개척한 점이 뵈여준다.

―구왕삼, 「崔承喜 舞踊을 보고」, 『삼천리』 7-1, 1935.1

풍자와 익살스러운 표현은 〈가면의 춤〉, 〈봉산탈춤〉, 〈에헤야 노아
라〉에서 찾아볼 수 있다. 이시이가 주창한 무용시는 기본적으로 서양

의 모던댄스 이념[33]과 맥을 함께 한다. 1926년 이시이의 무용시 작품 중 풍자적인 내용은 ②〈산에 오를 때〉를 들 수 있는데, 이 작품은 모던댄스적 정서를 지니고 있지만 그 표현법에 있어 '유모어'를 내포하고 있다. 유모어는 앞서 살핀 대로 일본 특유의 정서적 표현으로 보이는데, '카리카츄아'라는 표현과 견주어 볼 필요가 있다. '유모어'와 '희화화'는 조금 다른 개념인데 전자가 남을 웃기는 말이나 행동이라면, 후자는 특정 대상의 인물을 의도적으로 우스꽝스럽게 풍자한 것을 말한다. 즉 이 둘의 차이는 표현한 대상이 '비웃음거리'화되느냐의 유무에 있다고 할 수 있다. 하지만 단순히 유모어(익살·해학)적 표현이라고 해도 식민지 상황에서는 표현하는 대상이 누구인지, 또 관객이 누구였는지도 중요하게 작용한다. 같은 유모어를 구사하더라도 일본 자국민이 자신의 처지를 풍자하는 것은 가벼운 웃음거리일 수 있지만, 식민지 상황에서 피식민자인 조선인 풍자는 그 자체로 비하될 소지가 다분하다는 점이 문제적이라 할 수 있다. (당시 표현예술을 통한 일본인들의 조선인 희화화는 상당히 공공연했을 것으로 짐작되기도 한다)

이시이가 조선인을 희화화한 작품은 〈실념失念〉에서 시작된 것으로 보인다. 이 작품은 1926년 유락좌에서 이시이 바쿠와 이시이 코나미石井小子의 무용시 제3회 신작발표회에서 초연되었는데[34] 이시이가 1926년 공

---

33 이시이는 그의 책 『무용예술』 제3부 1장 '신무용의 이념'(김채원 역, 『이시이 바쿠의 무용 예술』, 민속원, 2011, 174~175면)에서 다음과 같이 언급했다. '무용은 육체의 율동에 의한 표현이며, 표현은 마음 속(내적)에 있는 무언가의 표현이다. 그리고 내적 표현은 그것을 추구하는 영혼이 있어야 하며, 그 영혼을 육체의 리듬으로 나타낼 때 비로소 무용은 표현이 되고 예술이 된다'고 정의하고 있다.

34 박난영·전은자, 「이시이 바쿠의 작품에 나타난 안무체계 연구-〈수인〉, 〈실념〉, 〈하얀 손장갑〉을 중심으로」, 『대한무용학회논문집』 70-2, 대한무용학회, 2012, 124면.

〈그림 35〉 〈실념(失念)〉

출처: 石井 歡, 『舞踊詩人 石井 漠』, 東京 : 未來社, 1994

연차 처음 조선에 내한했을 때 흰옷의 조선인들이 밧줄에 묶인 채 일본 경찰에게 끌려가는 모습을 보고 구상하였다고 한다. 그러면서도 한편 '그 속에서도 활기찬 모습, 시간가는 줄도 모르고 거리의 그늘 밑에 앉아 부드러운 웃음을 지으며 한가함을 즐기는 흰옷을 입은 노인의 모습에서 영감을 얻어' 만들었다고 한다.[35] 노인어로 '깜빡 잊었다'라는 뜻의 일본어 '실념失念'은, 식민지 상황에 처한 조선 노인들이 자신의 처지를 잊은 채 한가함에 젖어 있는 상황을 포착한 것이었다. 결국 이 작품에서 이시이가 그리고자 한 풍경은 조선 노인들의 즐거움이나 평화로움이 아니라, 현실의 상황을 인지하지도 못하는 조선 노인들의 몽매함을 비웃는 희화화적 전개가 주된 골자였다고 할 수 있다. 이 공연의 타이틀이 "무용시"였다는 점에서 이러한 '카리카츄아'적 표현은 무용시・신무용 안무에 효과적으로 적용되는 일본의 상징적 정서이자 표현 방식이었다는 사실도 확인시켜준다. 코믹하고 유머러스한 동작과 표현이 연출되었을 작품 〈실념〉을 〈그림 35〉를 통해 확인할 수 있다.

다음은 안무의 주요한 방법론으로 음악을 활용한 경우다. 〈표 12〉에

---

35 강이향 편, 김채현 해제, 앞의 책, 52면.

서 반주음악이 표기되어 있는 작품들을 중심으로 살펴보면 최승희 역시 서양음악을 사용했음이 확인된다. 〈에헤야 노아라〉는 서양의 선율악기(바이올린)와 조선의 타악기(장구)를 혼합시켰고, 〈검무〉(대고, 평철판)와 〈왕무〉, 〈가면의 춤〉은 타악 반주만을 사용했다. 반면 〈세 개의 코리안 멜로디〉, 〈세 개의 전통적 리듬〉, 〈즉흥무〉, 〈산조〉, 〈아리랑 이야기〉는 조선음악인 영산회상과 산조 및 민요 등을 무용 음악으로 활용한 작품이다. 〈아리랑 이야기〉는 아리랑의 가사 또는 전설이 가지고 있는 내용을 바탕으로 무용화한 것이며, 나머지 네 작품은 각 음악이 주는 느낌을 토대로 작품화하거나 이에 맞추어 춤 기법을 체계화해 보고자 한 것이다.

이시이는 음악을 무용예술을 완성시키는 중요한 매개라고 생각했는데[36] 이러한 영향이 최승희의 조선무용 안무 방법론에 주요하게 작용한 것으로 보인다. 단 이시이의 무용시와 최승희의 조선무용을 비교해 본다면, 전자에서는 주로 서양음악을 가지고 시도한 데 비해 최승희는 자국의 음악(조선음악)을 적극 활용했다는 점에 차이를 보인다. 하지만 연출·안무 방식에 있어서는 유사한 점을 보이고 있는데, 가령 〈아리랑 이야기〉는 1926년 이시이의 무용시 ④〈브람스의 자장가〉(고전 곡 자체를 무용화한 것)와 유사하고, 나머지 네 작품은 ① '음악에 일본적 감정을 실어 놓은' 〈몽견夢見〉처럼, 조선의 고전음악에 '조선적 움직임'과

---

36 이시이는 그의 저서 『무용예술』(1933)에서 "음악을 매개로 무용을 창작하는 것은 자신의 무용예술을 완성시키는 귀중한 과정이다. 음악을 매개로 한다는 것은 음악의 악상 그 자체를 육체의 표정으로 번역하는 것이 아니라 음악에 의해 얻어진 영감, 자기의 기분을 표현하는 것이다"라고 하였다. 그리고 이렇게 창작한 예로 자신의 레퍼토리 중 라흐마니노프의 음악 〈르렐류드〉를 사용하여 창작한 〈수인(囚人)〉과 마이카파의 〈작은 포엠〉에 맞춘 〈카리카튜어〉를 들고 있다. 이시이 바쿠, 김채원 역, 앞의 책, 200면 참고.

'정서'를 드러내려고 했기 때문이다. 단 〈몽견〉에서 구사되고 있는 정서가 주목되는데, 몽견이란 '꿈'이라는 뜻으로 '그윽한 처녀의 낙욕樂慾'으로 설명되고 있는 이 작품은 순수한 처녀의 호기심과 낭만을 묘사한 작품으로 보인다. 이렇듯 이시이는 무용시에서 서양 음악이라는 '근대적' 시도를 했을 뿐 꿈이라는 비현실 세계, 또는— 이는 작품 ③〈크로테스크〉에서도 "特한(특이한—인용자 주), 이상한 일면의 인상적인 것"을 취하기도 했듯이 — 순수·낭만 등의 정서들을 적극 끌어들였음을 확인할 수 있다. 이시이는 자신의 무용시 작품에 일본적인 모습을 드러내려 하였고 다양한 일본적인 것의 수용을 시도했을 것으로 짐작된다. 이시이의 무용시 이념을 따랐던 최승희의 조선무용 역시 서구의 모던댄스 이념을 기반으로 한 것이지만 자민족적인 것, 즉 조선적인 것을 개입시키는데 주력했던 것이다.

4. 최승희 신무용의 시대성

이 글에서는 오늘날 한국무용의 한 장르인 신무용이 초기에는 현재의 모습과 다른 형태를 지녔음에 주안하여, 최승희의 작품을 중심으로 어떤 양식적 특성을 가지고 있는지 살피고자 했다. 무용 작품에서 양식화란 작품을 이루는 핵심 요소인 춤동작, 내용(주제), 안무가 기존의 작품 양식에서 벗어나 새로운 형태로 구현된 모습이라 할 수 있다. 특히 양식화된 작품이 일정 기간 지속된 경향을 보일 때 특정 무용 양식의 사조思潮가 발생했다고 말할 수 있다. 이 점에서 오늘날 한국무용의 양식적 기반을 제공한 최승희의 신무용을 '양식화'라는 차원에서 논구하는 것은 무용사 연구에 있어 당위적 차원이 아닐까 여겨진다. 단 양식적 특성을 살피기 위해 임의로 동작, 내용, 안무로 나누었지만 해당 요소를 검토하는 과정에서 서로의 요소들이 중복되거나 명확히 구분되기 어려운 지점이 생겨 이 절에서는 이를 종합적으로 정리하고 시대적 의미를 논해 보고자 한다.

먼저 최승희는 인물이 가진 특징을 동작화하는 특성을 보인다. 조선 춤 작품에 나타나는 중요 인물은 크게 여성, 남성, 조선인으로 구분되는데, 여성은 요염, 가녀림, 순진 등의 코드를 부각시켰고 이에 대한 동작적 표현으로는 수건이나 옷고름을 활용해 길고 완만히 이어진 선을 표출하거나, 손가락을 섬세하게 처리하여 연약하고 순진한 형상을 보여주고, 허리를 뒤로 젖혀 섹슈얼리티를 강조했다.

남성 동작은 여성과 극단적으로 대비되는 양식을 보여준다. 최승희는 남성성을 용장, 강인함, 위엄 등을 강조하는 것에 두었고, 팔꿈치와 무릎의 관절을 구부려 다선多線을 만들어 힘을 분배・확장시킴으로써 역동성을 시각화하고자 했다.

조선인을 표현한 경우는 낙천적 성격, 낭만적 성향, 익살적인 모습, 해학적인 모습 등으로 묘사되었는데, 이는 작품의 주제(내용)가 주로 — 슬픔이나 위엄・강함보다 — '즐거움'의 정서가 많이 나타나는 것과 관계한다. 즐거움의 정서를 띤 조선인의 표현에는 여성성을 드러낼 때 사용되었던 곡선이나 익살스럽고 낙천적・해학적인 모습을 드러내는 데 효과적인 제스처가 사용되었다. 한편 조선인을 표현한 동작 중에는 인물의 특징적인 면을 잡아 해학적으로 풍자화한 경우가 있는데, 그 특징적인 면이 조선인의 단점을 들춰내는 것이었다는 점에서 조선 관객에게 불쾌감을 주기도 했다. 이처럼 인물의 특징적인 면을 묘사하지만 특히 우스꽝스럽게 희화화하는 기법을 당시 일본에서 '카리카튜아'라 하였는데, 이는 이시이의 무용시 작품에서도 나타났으며 특히 조선인 작품 〈실념〉(1926), 〈카리카튜어〉(1930)에서 확인되고 있다.

둘째, 내용 면에서는 위용, 즐거움, 슬픔 세 가지의 정서가 나타났으며, 이 중 즐거움(해학과 낙천성·낭만성)의 정서가 가장 많은 비중을 보였다. 단, 이 주제에서는 남성과 여성이 등장하더라도 성별의 특성을 나타내기보다 작품의 주제가 주는 분위기에 따라 동작이 구사되었다는 점을 주목할 필요가 있다. '때묻지 않은 꼬마신랑'(〈초립동〉), '남녀의 애정과 낭만'(〈조선풍의 듀엣〉), '한가로운 조선 노인'(〈에헤야 노아라〉) 등에서는 남성성과 여성성을 강조하기보다 해학성과 낭만성에 중점을 두어 익살스런 동작과 유장悠長한 정서를 표현하였다.

마지막으로 안무의 방법으로는 음악을 활용한 점이 눈길을 끈다. 이는 특정 주제를 표현하기 위해 음악을 선택하거나 음악에 담긴 내용(유래, 가사), 또는 분위기를 바탕으로 창작하는 것인데 이시이의 무용시에서도 활용되던 방법이었다. 1926년 이시이의 경성 공연에서 보여준 무용시 작품에서는 작품 주제에 맞는 음악을 선곡하여 활용한 경우가 있고 원곡을 무용화하는 경우가 있었는데, 이것이 최승희의 조선무용에서도 유사하게 나타난다. 조선 고유의 음악 자체를 무용화(〈아리랑 이야기〉 등)한 것과 조선음악을 자신의 주제에 맞게 적용(〈세 개의 코리안 멜로디) 등)시킨 것이다. (단 이시이는 서양음악을 사용했고, 최승희는 조선음악을 사용한 점이 다르다) 단, 〈에헤야 노아라〉와 〈검무〉에서는 서양악기와 전통악기를 바탕으로 음악을 창작한 모습을 보였는데, 이렇듯 동서양 악기를 병용하여 음악적 효과를 나타내는 경우 또한 이시이의 무용시 작품에 활용된 방식이었다.

단, 안무는 춤을 만드는 총체적인 작업이기 때문에 '주제나 정서에 따라 안무 전개 방식이 어떻게 달라지는지' 그 특성에 대해서도 논해 볼 수 있을 것이다. 가령 낙천적 정서가 내재된 〈에헤야 노아라〉에는 곡선적 동작과 카리카추어적 표현 등이 안무적 성향으로 나타나고, 위엄과 강인함의 정서를 지닌 〈검무〉에는 사방으로 무게중심을 확산시킨 다선의 형상을 만들거나 상체 움직임이 거의 없는 반면 다리를 몸통으로 힘있게 끌어올리는 특성이 안무 특징으로 나타난다는 식의 설명을 덧붙일 수 있다. 다만 〈아리랑 이야기〉, 〈세 개의 코리안 멜로디〉 등 대다수의 작품들은 간략한 인상적인 설명만 나와 있기 때문에 이에 대한 안무 성향을 전반적으로, 또 구체적으로 논급하기에 어려움이 따른다. 추후 자료가 더 보충된다면 일제강점기 신무용의 안무 경향에 대한 분석과 현행 신무용에 대한 비교까지 진행될 수 있을 것이라 생각된다.

이시이의 무용시는 '서양의 모던댄스를 일본화'하고자 했던 것이고, '조선춤에서 기본적인 것을 취해 서양무용의 방법론을 추구'[37]했던 최승희의 조선무용 또한 무용시 이념과 맞닿아 있다 할 수 있다. 그리고

---

37 "'조선무용' 그냥 그대로 한다면 차라리 조선기생(妓生) 편이 오히려 더 나흘 것입니다. 그럼으로 나는 늘 조선무용은 그 기본적인 것만 따드리고는 다음엔 「아이데아」에 이르기까지도 서양 것을 받어 드릴 것이라고 생각하고 잇지요." 『삼천리』 8-4, 1936.4.

최승희가 조선무용 안에 조선적 정조를 불어넣는 과정에서 당시 일본 내에서의 조선미朝鮮美 담론, 또 일본 무용 평단에서 최승희를 평가한 찬사와 지적指摘의 내용들이 영향을 미쳤고, 이시이가 무용시 방법론으로 적용했던 일본적 정서인 '카리카츄아' 또한 수용되어졌다는 사실은 조선무용 양식화에 있어 일정하게 일본적 시선이 개입되어졌음을 시사하는 것이다.

이시이가 내한했던 1920년대는 소위 '문화정치'의 시행으로 조선이라는 공간에 다양한 문화 활동의 여건이 조성되고 있었으며 이에 따른 일본인들의 조선 이주가 많았다.[38] 1926년 이시이 공연의 내한 목적 중 하나가 '조선인 제자'를 구하는 것이었다는 점도 이러한 사회적 현상과 무관하지 않다고 볼 수 있다. 특히 〈에헤야 노아라〉가 나온 1933년은 조선정조, 조선심, 조선색과 같은 '조선적인 것'이 공공의 공간 속에서 표출되거나 더욱 노골화되어가던 시기[39]였다. 1933년 최승희가 〈에헤야 노아라〉를 통해 일본 무용 평단에서 큰 관심을 받은 이유 또한 일본의 조선에 대한 관심과 공공의 공간을 통한 조선적인 것의 발현 대상으로 주목한 이유와 관계없지 않다고 본다. 최승희의 신무용은 서양의 모던댄스, 그리고 이시이의 무용시 방법론에 영향받은 새로운 양식의 조선춤이다. 단 이 양식화를 이루는 데 '조선인의 특성', '조선적 정

---

38 양지영, 「'조선색'이라는 방법과 '조선미'라는 사상─식민지기 조선문화 만들기 운동과 야나기 무네요시」, 『아시아문화연구』 35, 가천대 아시아문화연구소, 2014, 116~117면.

39 일례로 "예술상의 일선융화를 도모한다"는 '문화정치'의 명목하에 개최된 조선미전(조선미술전람회)의 평가 키워드가 1920년대 후반부터 조선심, 조선색, 조선정조, 향토색 등이었다는 점을 들 수 있으며, 1930년대는 미디어 공간을 통해 '조선색'이 하나의 유행어가 되었다. 이에 대한 자세한 내용은 양지영의 위의 글 참고.

서', '조선 정조'와 같은 당시의 조선 담론들이 주요하게 개입되고 있었던 사실은, 최승희의 작품이 가지는 시대성을 드러내주는 것이라 할 것이다.

제7장
한성준의 조선춤 작품에 나타난 탈지역성과 탈맥락화 양상

조선 말기 세습예인의 집안에서 출생한 한성준(1875~1941)은 20세기 전반기에 재래로부터 전승되어 오는 춤을 무대화한 인물이다. 오늘날 한성준을 '근대춤의 아버지'라 지칭하는 수사에서 볼 수 있듯, 그가 시도한 '무대화'는 '근대화'를 일컫는다. 이처럼 한성준의 작품을 바라보는 시선은 과거에 추어지던 춤을 근대적 무대(프로시니엄)에 적합하도록 개량 또는 선진화했다는 인식이 강하다. 하지만 한성준이 1937년 조선음악무용연구회를 설립하면서부터 본격적으로 무대화한 조선춤은, 반드시 외형상(조명, 무대장치, 안무 등)의 변화만이 아니라 전근대 시기에 연행되었던 실제 형태, 혹은 전승 맥락에서 탈각된 것이라는 점을 주의해야 한다. 이 장에서는 한성준의 작품에 나타나는 작품의 레퍼토리와 연행자가 본래 연행되었던 지역에서 이탈된 '탈지역성'을 띠고 있다는 점과, 작품에 스토리·테마가 개입되어 과거의 작품 본형本形과 다르게 '탈맥락화'되었다는 점에 주안하여 살펴보고자 한다.

1. 세습예인 출신 한성준의 근대 과도기적 활동

조선음악무용연구회의 작품(레퍼토리 및 무대화 방식)에 나타난 특성은 연구회의 대표이자 안무가인 한성준 개인에 의해 형성된 것이라 할 수 있다. 따라서 그가 전근대 시기 세습예인으로 활동한 시기부터 조선음악무용연구회를 설립하기 전인 1937년까지의 활동 행적을 살펴보는 일은 작품에 내재한 특성의 배경을 추적하는데 도움을 줄 수 있다. 한성준에 대한 생애와 약력은 익히 알려진 사실이지만 그가 재현 또는 무대화한 조선춤에 있어 중요하게 들여다 볼 지점은 조선시대 충청도 출신 무속예인으로서의 신분을 지녔던 때와 갑오개혁 이후, 그리고 20세기 서울로 상경하여 조선음악무용연구회를 결성하기 전까지 남도와 경기도 예인들과의 다양한 연행 활동을 하던 시기이다.

그는 갑술년(1874) 6월 12일 충남 홍성洪城에서 태어났다. 6세부터 외조부인 백운채에게 춤추는 것과 북치는 것을 배웠으며 7, 8세 때는 외조부를 쫓아 당굿을 따라다녔다. 8, 9세부터는 과거科擧 행사에도 참여하여 고사당 차례와 묘소 소분에서 재주를 선보이고 춤도 추었다. 20세가 되기 전까지는 고향 홍성골의 서학조라는 사람에게 줄과 재주를 배우고, 인근 마을 덕산골 수덕사에 가서 춤과 장단을 공부하였다고 한다. 그가 21세가 되던 1894년에는 홍성진영의 영장사또가 불러서 가고 서산과 태안 지역으로 선달, 진사 등의 과거 잔치에 많이 다녔다고 한다. 그러나 갑오개혁이 추진되면서 그 해 4월 16일을 마지막으로 과거가 사라졌다.[1]

한성준의 가무 학습과 연예 활동은 이렇듯 갑오개혁 이전까지는 자신의 고향인 충청도지역을 중심으로 이루어졌던 것으로 보인다. 그러나 갑오개혁이 단행되면서 신분제도와 과거제도가 폐지되었다. 이에 따라 한성준과 같은 무속 출신 계층은 신분적 해방을 맞이하게 되었지만 관아의 공식적인 잔치연이 크게 축소[2]되었고 특히 과거科擧와 관련된 잔치는 예인들의 고정적 수입처이자 경제 활동에 주요한 공간[3]이었기 때문에 한성준과 같은 예인들에게 큰 타격을 주었을 것으로 보인다. 이에 갑오년 이후로 "가차운 동리 고을로부터 멀리 서울. 평양 지방까지 흘러 다니게 되었"고 "과거는 다 없었던 때이라 어떤 때는 굿중패, 남사당, 모래굿패에서 끼여서 다니고 당굿에 가서 춤추고 귀한 어른의 생신 때에도 가서 놀고 동서부정으로 다니"[4]는 유랑생활을 하게 된 것이다.

그러다 그는 20세기 들어서면서 서울에 상경한다. 한성준은 이때를

---

1   한성준, 「고수오십년」, 『조광』 18-3, 조광사, 1937.4, 127, 129~130면.

2   공식적인 관아의 잔치연은 사라졌을 것 같지만 비공식적인 연행 활동은 얼마간 진행된 것으로 보인다. 한성준이 20대 후반인 1903년에 평양에 가서 평양 감사를 청하여 부벽루 놀음을 크게 하였고 놀음 댓가로 70필 가량의 비단을 받았다고 증언하고 있다. 위의 글, 131면.

3   과거 급제자의 잔치 공간은 전국의 광대 연희가 모이는 가장 활발한 교류 장소였다. 서울에서는 은영연, 유가(三日遊街/五日遊街)를 베풀었고, 그 급제자가 지방인 경우 다시 지방에 내려와서 유가와 영친의, 문희연의 축하연이 베풀어졌으므로 실로 과거(科擧)는 광대들의 가장 풍성한 연행 공간이자 수입처가 된 것이다. 19세기 중엽 광대들의 과거 잔치 연행을 그린 〈관우희〉(1843)를 보면 광대들이 서로 급제자의 연향에 뽑히기 위해 경합을 벌이고 있는 장면이 나타나고 있는데, 이때의 보수는 상당히 후했던 것으로 묘사되고 있다. "극기(劇技)의 광대는 호남 출신 가장 많으니 말하기를 우리도 과거 간다네. 먼저는 진사 시험 뒤는 무관야, 과거가 다가오니 거르지 마세. 급제한 집에서 광대를 뽑으려 하매, 재주를 다투는 것이 재 들은 중들과 같네. 제각기 무리 지어 마당에 가서, 별별 음조를 골라 한 재주썩 보이네. (…중략…) 창안에서 이름 높긴 우춘대니 당대에 누가 능히 그 소리를 잇나. 술자리서 한 곡 부르면 천 필의 비단, 권삼득과 모홍갑은 젊은이였지." 〈관우희〉 44·45·49수. 손태도, 『광대의 가창문화』, 집문당, 2003, 373면.

4   한성준, 앞의 글, 131면.

'원각사가 설립되고 연흥사(1907)가 생기기 시작'[5]하는 때로 회상하고 있어 원각사(1908)의 전신인 1902년 협률사부터를 거론하고 있는 것으로 보아진다. 즉 이때는 한성준이 남도南道 명창들의 고수鼓手로 활동하면서 구한말 고종에게 참봉의 벼슬을 하사받고,[6] 고종과 순종 앞에서 공연하면서 1910년 한일합방이 되기 전까지 송만갑 협률사(1907)[7]에서 전국 순회 활동을 하는 등 최고의 인기를 구가하던 시기였다. 20세기 이후 시작된 전통예인들의 서울 활동은 협률사–원각사로부터 비롯되었으며 초기 협률사에 모집된 예인들 중 가장 우두머리의 위치에 남도 명창[8]들이 있었다. 한성준이 가장 호화로웠던 시기로 기억하는 '원각사 시절(1902 ~1909)'[9]은 이렇듯 남도 음악가들과 함께 활동하던 1900년대였다.

그 후 한성준은 연흥사(1907~1914), 광무대(1907~1930) 등에서 활동

---

5 위의 글, 132면.
6 한성준의 후손들은 광무(光武, 1907) 11년 3월 14일에 구품 참봉으로 벼슬을 제수받은 교지를 보관하고 있다. 관련 내용은 『월간조선』 2017년 2월호 「'한국 근대 춤의 아버지' 한성준의 후손들」(http://pub.chosun.com/client/news/viw.asp?cate=C01&mcate =M1004&nNewsNumb=20170223384&nidx=23385)을 참고함.
7 한성준은 1907년 광무대에 명창 송만갑에 의해 조직된 '송만갑 협률사'의 일원으로서 이동백, 유공열, 허금파, 강소향 등과 정기적으로 무대에 서게 되었는데, 송만갑 협률사의 명창들이 장소를 이동할 때는 통영갓에 옥관자를 달고 호사차림으로 나귀를 타고 일렬로 이동함으로써 행렬이 장관을 이루었다고 한다. 이병옥, 「한성준의 가락과 춤인생」, 송수남 편, 『한국 근대춤 인물사』 I, 현대미학사, 1999, 91면.
8 노동은, 『한국근대음악사』, 한길사, 1995, 150면; 이정노, 「살풀이춤의 형성배경에 관한 일고찰―광대들의 음악문화에 대한 연관성을 중심으로」, 『공연문화연구』 13, 공연문화학회, 2006, 270면에서 참고.
9 이 : 광대나 고수 할 것 없이 제일 호화스러웠을 때가 언제라고 할고.
   한 : 그야 원각사(황실극장) 시절이겠지요.
   이 : 나도 그래. 그때는 정말 비록 상놈 대접은 받았으나 노래 부르고 춤출 만 했었지. 순종을 한 대청에 모시고 놀기까지 했으니까.
   한 : 그때 김인호가 두껍이 재조넘다가 바로 순종 무릎에 가 떨어지자 기쁘게 웃으시겠지. (…중략…) 원각사에서 형님이 소리할 때면 순종께서 전화통을 귀에 대시고 듣기까지 하셨으니까. 이동백・한성준, 「가무의 제문제」, 『춘추』 2-2, 조선춘추사, 1941.3, 151면.

을 이어나갔던 것으로 보인다.[10] 특히 1910년대 중반에 들어서면 전통
예인들은 '경성구파배우조합京城舊派俳優組合'이라는 조직을 만들어 활동
하는데 한성준도 이 조직의 일원으로 활동한다.[11] 이 단체의 구성원이
이동백, 송만갑, 한성준과 같은 남도음악 전문가들과 김인호와 같은 경
기도 춤·재주 명인이 있었던 것으로 보아 남도의 음악 및 경기도(또는
경서도)의 가무歌舞를 연행하는 집단이었던 것으로 보인다. 단 연행종목
이 남도와 경기도(경서도)지역 중심의 레퍼토리였던 것뿐이지 이를 공연
하는 예인들까지 이 지역 출신에 국한된 것은 아니었다는 점에 주의할
일이다. 이 조직에서 남도음악으로 활동하는 예인들 중에는 이동백
(1867~1950, 충남 서천군)과 한성준(1874~1941, 충남 홍성)과 같은 충청도
출신 예인들도 있었다.

경성구파배우조합은 1915년 공진회 이후 활발한 활동을 보이지 못했
는데,[12] 이 조직에 속해 있었던 남도음악 예인들은 1930년대 전반 남도
음악(남도소리와 남도기악) 전문 단체인 조선성악연구회(1934)로 옮아가
고 있었다. 조선성악연구회는 남도음악을 중심으로 활동했지만 소속 멤
버들의 출신 지역은 경성구파배우조합처럼 남도 뿐 아니라 경기도·충

---

10 "서울 와서는 서른한 살 때에 새문안에 원각사(圓覺社)가 생기고 연흥사(演興社)라는
    것도 생겨서 그곳에 가서 월급 45원씩 받고 정기로 흥행하였으며 사사놀음도 있었고
    하니 수입이 차츰 늘었습니다. 그리고 나도 고생과 천대에 분이 나서 돈냥이라도 모으
    려고 이를 갈고 점심도 안 사먹었지요. 배고프면 그때는 고린전 한 푼으로 황율(黃栗)
    두 개를 사서 먹고 한푼두푼 모아 한성은행, 한일은행에 20전, 30전씩 저금하야 3년간
    모인 돈이 2,400원이 되어 42세에 김성근씨 기지와 돈 여든한 마지기, 집 60여 칸을 거
    지 얻다시피 사고 시골 신촌(洪城골)으로 이사하였다가 다시 또 올라왔습니다." 한성
    준, 앞의 글, 132면.
11 경성구파배우조합에 대해서는 본서 1장 2절, 4장 3절 참고.
12 이 조직은 1920년대 중반까지 그 명맥이 유지되었던 것으로 보인다. 김석배, 「판소리
    명창 김창환의 예술활동」, 『판소리연구』 20, 판소리학회, 2005, 254면.

청도 출신이 적지 않았다. 단 권도희에 의하면 조선성악연구회가 전남 출신 음악가를 중심으로 주도하면서 점차 전라도에서 발생한 소리 및 전남제 김창조 산조散調 외의 다른 유파에 대해 배타적이었다고 말한다. 따라서 초반 경성구파배우조합에서 수용했던 경기도의 삼현육각 음악가와 충청도의 창악 및 기악 부문의 음악가들은 점차 남도음악계 중심으로부터 벗어나게 되었고, 비록 심상건, 한성준과 같은 충청도 출신 음악가들도 있었지만 이들은 상경 1세대이거나 조선성악연구회 결성 전에 이미 명성을 얻은 경우[13]라고 하였다.

이러한 배경에서인지 한성준이 조선성악연구회 활동 중에 설립한 조선음악무용연구회에는 다수의 경기 및 충청 출신의 기악 연주자들이 합류하였는데 이로써 경기 및 충청 출신들의 독립적이고 자율적인 활동이 일정하게 가능해질 수 있었다.[14] 다만 조선음악무용연구회는 무용을 중심으로 활동했기 때문에 무용 반주를 맡은 삼현육각 전문가들을 필요로 했는데 이들 기악연주자들 대부분이 남도기악南道器樂 중심[15]이었던 점을 보면 서울에서 조선성악연구회로부터 파생된 남도음악의 장악력은 매우 컸을 것으로 보인다.

---

13 권도희, 『한국 근대음악 사회사』, 민속원, 2005, 198면.
14 1967년 무용 전문잡지 『무용한국』에는 조원경(『무용예술』, 해문사, 1967의 저자)과 현철(1891~1965, 평론가, 공연기획자 등)의 대담이 실렸는데 한성준이 조선음악무용연구회를 설립한 배경을 다음과 같이 말하고 있다. "현철 : (한)성준이 오랜동안의 고수생활이 창피해서 자기도 독력으로 무엇이 하고 싶어 나를 졸라 시작한 것이 조선음악무용연구회였고 (…후략…)"라고 하여 남도출신 예인들에게 밀려 빛을 보지 못하고 있던 조선성악연구회의 타지역 예인들에게는 조선음악무용연구회의 창설이 주요했을 것으로 보인다. 1958.1.17, 조원경과 현철의 대담. 조원경, 앞의 책, 198면.
15 권도희, 앞의 책, 187면.

2. 조선음악무용연구회의 작품에 내재한
조선춤의 탈지역성

한성준은 1937년 12월 조선음악무용연구회를 창설한 후 바로 다음 해 봄에 부민관에서 첫 번째 공연을 가지려 했다.[16] 그리고 그 첫 번째 공연은 1938년 4월 25일부터 5월 5일까지 열린 '전조선향토연예대회'에 참여한 '고전무용대회'[17]였던 것으로 보인다. 기사가 실린 1938년 5월 2일자 『조선일보』에는 "금야에 데뷔-고전무용 호화 푸로"라고 소개하고 있기 때문이다.

5월 2일에 공연될 프로그램은 『조선일보』 4월 23일 기사에 실렸는데, 〈승무〉(이강선), 〈단가무〉(조연옥 · 조금향), 〈검무〉(이강선 · 장홍심), 〈한량무〉(한량-박진홍, 별감-홍경숙, 기생-이남호 · 조효금), 〈신선음악〉(현금-이화은, 양금-이수송, 가야금-이주향, 단소-최수성, 대금-방용현, 해금-김덕진, 장고-지용구, 동자-이경옥 · 한현화, 현학-김효정), 〈상좌무〉(조효금 · 김재분 · 한입분), 〈살풀이춤〉(한영숙 · 이강선 · 장홍심), 〈사자무〉(백만금 · 한학심 · 홍경숙 · 한연화), 〈태평무〉(이강선 · 장홍심), 〈학무〉(한성준 · 조효금 · 한입분), 〈급제무〉(선비관원-한성준, 신급제-이정업, 창우-김봉업 · 김세준 · 김광채, 육각세적-김만삼 · 이충선, 대금-방용현, 해금-김덕진, 장고-한희종, 기생-홍경

---

16 "조선무용의 보급방침과 동회(조선음악무용연구회-인용자)의 금년 계획으로는 춘간(春間)에 첫재 부민관에서 한성준씨의 조선춤 발표회를 개최하야 조선춤이 세계 어느 무용보다 예술적 가치로나 미로 보아 빠지지 안는다는 것을 일반에게 인식시키어 신진으로 하여금 조선춤의 연구적 욕망을 일으키겟다하며 또는 회보를 발행하야 조선춤을 이론적으로 배우겟다는 이에게는 무제한 교수하겟다 한다."『동아일보』, 1938.1.19.
17 「특산품전람 향토연예대회」, 『동아일보』, 1938.4.26.

숙·박진홍), 〈사호락유^{四皓樂遊}〉(이수송·이화은·김주경·김청, 현학－한성
준·김효정, 동자－조효금·김재분)[18] 등 총 12가지 종목이 소개되었다.

　　금 이일 밤. 부민관에서 열릴 고전무용대회(고전무용대회)는 이번 전조
선향토연예대회 중의 호화판으로 장안의 인기는 대단하다. 이 날 밤 소개될
열두 가지의 춤은 이미 소개된 바와 가티 고전무용 중에서도 일면 통속적이
면서도 품위 잇고 고전의 아취가 잇기로 정평이 잇는 것인 만큼 옛 어른들은
옛 것이 그리워 이 모임에 찬동하고 청년층에서는 보고시퍼하면서도 보기
힘들엇든 것인 만큼 더구나 인기가 놉다. 항차 여기에 출연하는 분이 조선음
악무용연구회의 회원 삼십여명의 총동원으로 명고수로 우리 춤에는 오즉
단 하나인 대가 한성준씨를 비롯하여 김석구 김덕진 씨 등이며 여자 측으로
는 리강선(李剛仙) 장홍심(張紅心) 등 오늘 조선에서 가진 명수로서는 이에
서 더 모일 수 업슬 만큼 모인 터이라. 승무니 사자무니 학춤이니 급제무 등
열두 가지의 이 춤은 조선 고대의 무용예술의 대표되는 것으로 이러한 기회
야 말로 흔히 잇슬 수도 업는 일이다.

―「고전의 아취충일(雅趣充溢)한 조선무용의 정수 발췌(拔萃). 사계(斯界)의 일류

명수(名手)는 총 등장. 의의(意義) 기픈 고전무용(古典舞踊) 금야(今夜) 부민관(府民館)에서」,

『조선일보』, 1938.5.2

　　이 날의 공연이 초만원의 대성황을 이루자 조선일보사에서는 6월
23일에 다시 재공연(부민관)을 추진하였다. 이 날의 프로그램은 『조선

---

18 『조선일보』, 1938.4.23; 김영희, 「조선음악무용연구회의 활동에 대한 연구」, 『대한무용
　　학회논문집』 32, 2002, 12면.

〈그림 36〉『조선일보』, 1938.5.2
「금야에 데뷔-고전무용 호화 푸로. 사진 상으로부터 급제무, 학무, 태평무」

〈그림 37〉『조선일보』, 1938.6.19
「하우('상우'의 오기로 보임) 한량무, 상좌 태평무, 하 급제무」

일보』 6월 19일에 실렸는데 5월 2일의 작품 중 〈사호락유〉가 빠지고 〈농악〉, 〈소경춤〉, 〈군노사령무〉가 추가되어 총 14종목이 실렸다. 주목되는 점은 작품에 대한 설명이 부기되었다는 점이다.

〈표 13〉에 정리한 작품들에서 눈여겨볼 점은 남성예인들의 출연이다. 〈한량무〉, 〈급제무〉, 〈농악〉, 〈소경춤〉, 〈신선악〉, 〈학무〉 등에 한성준을 비롯하여 남성들이 출연하고 있다. 비중이 나타난다. 본서 1장에서 살펴본 바 있지만 갑오개혁 이후에는 전통적·공식적 공연 공간이 붕괴되면서 남성예인들의 연예 활동이 급격히 위축되었다. 전통적 활동 공간을 잃은 남성예인들이 20세기 이후 새롭게 등장하는 근대 극장에

작품 제목	출연자	춤 내용
鉢羅舞(僧舞)	이선	이 바라춤은 조선 유일한 고전무용입니다. 특히 이선양은 이 무용연구회의 명성일 뿐 아니라 특히 이 바라춤에는 신묘한 재간을 가지고 잇습니다.
살푸리춤	한영숙, 이춘경, 이선, 장홍심	이 춤은 가장 통속적인 춤으로 처녀가 수건을 쓰고 흥에 겨워 추는 춤입니다.
검무	이선, 장홍심	칼춤이라면 누구나 모르는 이 업스리만큼 바라춤과 한가지로 유명하다. 호사스럽고 엄장한 무관복을 입고 날낸 호랭와 가티 뛰노는 이 춤이야 말로 가장 씩씩해 보이고 생기가 잇는 것이다.
한량무	박진홍, 한경숙, 이남호, 조효금	한량이란 말은 조선에서는 가장 모던인 호탕한 인물입니다. 특히 이 춤은 별감이라는 지위 가진 사람과 미천한 한량이 한 여자를 사이에 두고 무르녹을 듯한 사랑의 가진 표정을 춤으로 나타낸 것입니다.
상좌무 (上佐舞)	조효금, 김재분, 한입분	이 춤은 민간에 전해오는 종교적 춤인데 모다 일곱 살 난 천진스러운 아가씨들이 나삼을 길게 입고 송낙을 기피 쓰고 법고를 치며 춤을 춥니다.
급제무	한성준, 이정업, 방응규 外 八名.	고려 시대부터 나려오는 급제를 제재로 하야 성주푸리를 노래하면서 새로 급제한 사람의 축하연이 벌려집니다.
농악	김재분, 김광채, 이정업, 이재원, 이충선, 한영숙, 조연옥, 박진홍, 홍경숙, 조금향, 장홍심	이 농악은 조선 민간의 독특한 음악과 춤이다. 이번 연구회에서는 특별히 이 춤을 연구하고 연습하야 처음으로 무대 우에 내노키로 되엿습니다. 실로 유량하고 질탕스러운 악무가 벌어질 것입니다.
소경춤	박천목, 이정업	장님의 가진 재롱과 곱추와의 여러 가지 포-즈를 가지고 포복절도할 신기한 춤을 추게 될 것입니다.
군노사령무 (軍奴使令舞)	조금향, 조연옥, 한영숙, 박농옥	이 춤은 유명한 춘향전에서 군로사령이 춘향 다리러 가는 데의 능청마즌 춤을 추기로 되엿습니다. 이 춤도 이번 처음으로 내노케 되는 독특한 춤입니다.
단가무 (短歌舞)	조연옥, 조금향	이 춤은 한성준씨가 단가를 부르며 춤을 추도록 새로히 창작한 춤이다. 그 형식과 표현이 한번 볼만합니다.
신선악 (神仙樂)	이화은, 최수성, 김덕진, 이경옥, 방용현, 김효정 외 數名.	조선 고대의 전아한 풍류를 숭앙하고 우아한 음악에 맞추어 마음은 신선이 되고 몸은 학이 되야 황홀한 춤을 추게 됩니다.
태평무	이선, 장홍심	태평성세에 질탕한 음악에 맞추어 흥겨운 춤을 추어 일월성신과 더부러 평화를 노래하는 것입니다.
사자무 (獅子舞)	백만금, 한학심, 홍경숙, 한연화	사자춤도 역시 유명한 조선 전래의 춤입니다. 교묘하게 무대 우에서 뛰는 양은 참으로 경관입니다.
학무(鶴舞)	한성준, 조효금, 한입분	한성준씨의 제일 등난하고도 고상한 춤입니다. 연못가에서 흥을 돗이겨 너울너울 춤을 추는 학에 연꼿을 끈흐니 '속에서는 화정(花情)으로 선녀가튼 인간이 드러 안겨 잇습니다.

서 활동하게 되지만, 실내 극장의 특성에 적합한 음악 종목이 성행하거나 춤과 같은 연희 종목들은 규격화된 무대에 적합하도록 개량되는 양상을 보인다. 즉 남성예인들이 연행했던 전통춤은 그 규모나 형태로 볼 때 실내 극장에서 실용적으로 활용되기 어려웠을 것으로 보이며, 이에 많은 예인들이 음악 분야로 전향하거나 주력했을 것으로 여겨진다.

그러나 이러한 근대 극장에서 1900년대 후반부터 20여 년 동안 춤 또는 연희 종목을 주요 레퍼토리로 공연했던 남성 공연 집단이 있었으니 바로 광무대光武臺 예인들이었다. 광무대는 서울의 여러 상설 공연극장들처럼 1900년대 후반에 설립(1907)되었으나 폐관되는 1930년까지 전통물 중심의 공연을 전개한 유일한 극장이었다. 광무대에서 춤으로 가장 유명했던 사람은 경기도 재인청 출신의 김인호였던 것으로 보이는데 같은 경기도 재인청 출신이자 춤 명인으로 알려진 이동안 역시 광무대에서 김인호에게 춤을 배웠다. 주목할 점은 이동안의 증언에 따르면 한성준이 광무대에서 춤장단을 잡았다는 사실이다.[20] 정확히 언제, 얼마 동안이었는지는 모르지만 1915년 경성구파배우조합에서 활동했던 이력을 통해 경기도 재인들과 친분 관계가 형성된 것은 아닐까 짐작해 볼 수 있다. 이 점에서 이동안이 조선음악무용연구회에서 춤을 가르쳤다는 점과, 이동안의 뒤를 이어 김광채[21]가 맡아서 가르쳤다[22]는 점

19　〈표 13〉은 『조선일보』 1938년 6월 19일자 기사에 실린 내용을 바탕으로 작성되었음.
20　「승무·살풀이춤—서울·경기·충청」, '이동안', 『무형문화재 조사보고서』 14, 1991, 31면.
21　김광채(金光彩) : 경기도 광주 출신으로 장고 연주가이자 명고수. 젓대 명인인 김광식의 형.
22　「승무·살풀이춤—서울·경기·충청」, '이동안', 『무형문화재 조사보고서』 14, 1991, 32면.

은, 조선음악무용연구회의 춤 레퍼토리와 춤제에 있어서 경기도 출신 예인들의 영향이 반영되었을 것을 짐작할 수 있다.

특히 1938년 고전무용대회의 레퍼토리 중에는 광무대에서 흥행한 종목이 눈에 띈다. 〈한량무〉, 〈급제무〉, 〈소경춤〉은 광무대의 종목으로 짐작되는데, 〈한량무〉는 1908년 광무대에서 연행된 이후 1913·1914년 여러 극장들의 구극舊劇[23] 흥행 당시 광무대의 독자적인 흥행종목으로서 가히 광무대의 대표작이라 할 수 있다. 또한 〈급제무〉는 경성구파배우조합에서 연행된 〈창부별가무성주풀이〉[24]와 연관이 있어 보이는데, 〈급제무〉에서 '성주풀이를 부르며 춤을 춘다'는 대목이 '창부의 특별한 가무 성주풀이(〈창부별가무성주풀이〉)'란 뜻과 유사하게 해석되어 연동성이 있을 것으로 보이기 때문이다. 그러나 경성구파배우조합의 주 구성원은 연흥사와 광무대에서 활동한 예인들로 구성되었고 당시 연흥사는 신연극(신파극)을 위주로 공연하고 있었기 때문에 1915년 공진회 당시 여러 종목의 연행 중 신연극(신파극)을 제외한 나머지 (잡가, 춤, 잡희 등) 연희들은 주로 광무대의 연희자들이 주도했을 것이 짐작되며 춤 또한 그러했을 것을 추측할 수 있다.

또한 〈소경춤〉은 위 작품 설명에 "장님의 가진 재롱과 곱추와의 여러 가지 포-즈를 가지고 포복절도할 신기한 춤"이라고 되어 있어 잡가 '장님타령'과 '병신재담'과 연관이 있어 보인다. 이는 당대 최고의 재담꾼이자 광무대에서 활약했던 박춘재의 장님흉내와 병신재담을 해학적인 춤으로 형상화한 작품이 아닌가 생각된다. 특히 1915년에는 광무대

---

23 전통연희물을 말한다. 이 시기 상설극장의 전통연희 흥행에 대해서는 1장 2절을 참고.
24 경성구파배우조합의 〈창부별가무성주푸리〉에 대해서는 1장 2절을 참고.

에서 불려진 잡가집『무쌍신구잡가無雙新舊雜歌』가 출판되었는데 이 책의 끝에는 박춘재의 사진과 함께 '조선제일류가객 박춘재'라고 설명을 붙여 박춘재의 유명도를 짐작할 수 있다. 박춘재의 유명한 재담들로는 〈장대장타령〉, 〈곰보타령〉, 〈장님흉내〉, 〈각종장사치흉내〉, 〈개넋두리〉[25] 등이 있는데 1929년『매일신보』에 의하면 박춘재에 의해 꼽추춤[26]도 추어졌음을 짐작할 수 있다. 또한 〈병신춤〉은 이동안 역시 광무대의 춤[27]으로 증언하고 있다.

단 위 작품들 중 〈한량무〉·〈소경무〉와 더불어 〈태평무〉는 경기도 재인들의 것으로 보이며, 〈급제무〉(남도음악 〈성주풀이〉)와 〈단가무〉를 비롯해 〈살풀이춤〉, 〈군노사령무〉(판소리 〈춘향가〉) 등은 남도문화의 춤으로 보인다. 즉 남도문화의 춤도 다수 발견되는 이유는 한성준이 남도음악인들과의 오랜 활동이 작용했던 것으로 보인다. 그러나 무엇보다 중요한 점은 한성준의 고향이자 전근대시기에 자신이 기예를 배웠던 충청도에서의 춤은 찾기 어렵다는 사실이다. ─ 그가 배웠던 춤제가 작품의 춤사위 속에 스며있을 지는 모르지만 ─ 레퍼토리가 경기도와 남도의 것이 중심을 이루고 있다는 점은 20세기 전반 한성준이 무대화한 재래의 조선춤은 결국 20세기에 들어 유행한 종목에 크게 의존되어 있음을 알게 한다. 20

---

25 손태도, 「경기명창 박춘재론」, 『한국음반학』7, 한국고음반연구회, 1997, 176∼177면.
26 1929년 6월 10일『매일신보』에는『매일신보』주최 단오 대운동회 홍보 기사가 실렸는데 제목을 '광무대 일파의 좌창과 재담, 박춘재의 장님노리와 꼽추춤'이라고 달았다. 손태도, 「경기명창 박춘재의 일생과 예술」 '박춘재와 그의 시대', 『제1회 경기민요 학술대회 자료집』, 2014, 133면을 참고함.
27 "나는 광무대에서 쓰는 무용만 했지. 승무, 검무, 한량무, 태평무, 노장무, 선진무, 희극무, 화랑무, 병신춤, 성진무, 승전무, 춘향무, 화관무, 화선무, 바라무, 나비춤, 장검무, 스물한 가지 밖에 안 돼." 「이동안 증언」(『수원 근·현대사 증언 자료집』Ⅲ, 수원시, 2005, 157∼158면), 손태도, 『우리 무형문화재의 현장에 서서』, 집문당, 2008, 231면.

세기에 전통예인들은 서울 극장을 중심으로 활동을 전개하였고 당시 흥행이나 대중성에 부합하는 공연조직을 형성하면서 여러 지역의 예인들과 기예 종목들이 혼합된 새로운 공연문화가 형성되었다고 할 수 있다.

조선음악무용연구회에 경기도 재인들의 춤 레퍼토리와 춤 교사가 흡수된 배경에는, 이미 광무대를 통해 검증받은 바 있는 '작품성'이 작용했을 가능성이 있다. 그리고 현재 전승되는 조선음악무용연구회의 대표 작품인 〈태평무〉 역시 경기도 무악巫樂 장단을 바탕으로 창작된 작품이라는 사실은, 한성준의 '조선음악무용연구회'를 통한 작업은 일정하게 경기도지역의 춤제와 레퍼토리에 영향받았음을 알려준다 할 것이다. 이처럼 연행자의 출신지와 작품의 출처가 달라진 현상은 근대 시기에 나타나는 주요한 특성으로 비단 한성준의 경우에만 국한되지 않는다. 전통시기에 자신의 출신지역을 기반으로 고정적인 연행을 해오던 예인들이 근대 이후 서울 또는 전국적으로 이동하게 되면서 탈지역적 연행이 불가피해졌기 때문이다.

3. 전통춤 담론을 바탕으로 한 탈맥락적 작품화

한성준은 조선음악무용연구회를 설립하기 이전인 1935년에 이미 무용연구소를 차려 한 차례 공연을 올린 바 있다. 그러나 이때 공연은 관객들의 호응을 얻지 못했고[28] 이후 뚜렷한 무용발표회의 모습은 보이지 않았다. 그러던 그가 1937년 12월 28일에 다시 무용연구소를 차렸던 이유는 다음 해 봄에 있을 '전조선향토연예대회'를 염두에 두고 있었을 가능성이 있다. 연구회가 설립된 지 얼마 지나지 않은 1938년 1월 19일 『동아일보』에는 조선음악무용연구회의 금년 계획으로 '부민관에서 첫 조선춤 발표회를 개최'할 것이라는 기사가 났고, 그 부민관의 발표회는 4월 25일부터 5월 5일까지 열린 '전조선향토연예대회'의 '고전무용대회'였기 때문이다.

1938년의 발표회는 대성황을 이루었다. 성공의 요인이 무엇이었는지는 알 수 없지만 광무대와 경성구파배우조합의 춤 레퍼토리가 보이고, 남성예인들이 직접 춤 공연에도 참석하고 있어 역동적이고 화려한 볼거리가 한 몫 했을 것으로 생각된다. 하지만 5월 2일의 출연자 명단을 보면 이 날의 춤은 남성보다 여성들이 압도적으로 많았고 대부분의 춤은 여성 공연자들이 담당했으며, 당시 권번에서 추어지던 〈승무〉, 〈살풀이춤〉, 〈검무〉 등의 레퍼토리도 있었다.

조선 재래의 춤을 무대화한다고 했지만 한 번의 실패를 보았기 때문에 한성준은 관중들의 열광적 반응을 이끌어내기 위한 새로운 방법을 고안했을 것으로 보인다. 1938년 6월 23일 조선음악무용연구회의 기사에서 주목할 점은 바로 작품에 부기된 설명에 있다. 한성준은 작품을 설명하는 것에 그치지 않고 이 내용에 따른 안무를 시도했을 것으로 보이는데, 가령 〈급제무〉는 "급제를 제재로 (…중략…) 급제한 사람의 축하연"이 연출되었을 것이 상상되어지고, 〈군노사령무〉는 "춘향전에서

28　"재작년에 제자들과 같이 부민관에서 공연했는데, 서툴게 하여서 실패만 보고 있습니다." 한성준, 앞의 글, 134면.

군노사령이 춘향 다리러 가는 데의 능청마즌 춤"이 극적으로 구성되었을 것이 짐작된다. 관객과의 교감이 어려운 프로시니엄 무대에 올려진 전통춤들은 완벽한 재현보다 흥미로운 스토리를 첨가시켜 극적 효과를 준 작품이 훨씬 좋은 반응을 일으켰을 것으로 생각된다.

이렇듯 테마와 스토리에 따라 무용극 형태의 작품을 구성한 것은 조선음악무용연구회에서 시행한 하나의 작품 방식이었던 것으로 보인다. 그러나 이러한 무용극화에서 중요한 점은 전통시대에 존재하던 춤이 스토리화됨으로써 본형에서 탈각된 형태의 버전이 된다는 점이다. 이런 현상은 6월 23일의 작품 설명만으로 볼 때 자세히 알 수는 없지만 〈승무〉, 〈검무〉, 〈태평무〉의 경우를 다른 자료에서 확인해 볼 수 있다.

그 다음은 승무가 있습니다. 이 승무는 혹 어떤 기록에 이런 말이 있다는데, 자세히는 모르겠습니다. 개성에 이정승, 황정승 양 댁이 있는데, 이정승 댁 아들이 죽었을 때 상여가 황정승댁 앞에서 발이 떨어지지 않아서 황정승 댁 처녀가 머리꼭지를 풀어던지니까 떨어져 가기 때문에 그때부터 그 따님이 생각한 것이 있어서 기생이 되어 황진이라고 이름 짓고 가무와 시문을 잘 하였는데, 그때에 유도처사(儒道處士)가 적(敵)되는 불교 도승 '만석중'의 도(道)를 깨뜨리면 천추에 이름을 남기리라고 하여 권하는 말을 듣고 따라 다니며 도를 깨뜨리려고 하여 안 되었던 것이 승무를 추어서 되었다고 하는 말이 있으나, 이것은 속설이고 과연 그런 기록이 있는지는 의문이지요. 그렇게 무슨 음탕한 것은 아닌 줄 압니다. 그런데, 재작년 내가 부민관서 한 번 공연한 다음부터는 승려들이 항의를 하여 (…후략…)

— 한성준, 「고수오십년」, 『조광』 18-3, 조광사, 1937.4, 134면

강선영 : 스토리가. 그런데 우리 선생님은 그냥 스님이 추는 승무가 아니고 무용극을 맨든 승, 승무세요. (…중략…) 또 저 뭐 딴 사람이 무용가들이 맨들어서 추는 승무도 있고, 인제 승무는 승문데, 그런데 우리 한 선생님 꺼는 역사가 뭐 몇 백년이 되는 거죠. 그런 그 춤이 뭐냐면 황진이가, 황진이가 지족 그 도산가 뭐 도사가 하도, 사인방을 녹힐라고 했었잖아요. 거기 스님도 들어갔잖아요. 그 스님을 녹힐라고 그 산중에 가서 암자에 가서 저거하는데 거기 들어가는 거예요. 그래서 남복 입고 장삼 입고 이력하고 들어가서 유혹하는 장면이예요 그게.

— 한국문화예술위원회, 『강선영』(한국 근현대예술사 구술채록연구 시리즈 113)[29]

첫 번째 예문에서 볼 수 있듯 한성준은 '황진이가 만석중의 도를 깨뜨리려고 유혹하는 춤'의 내용을 바탕으로 〈승무〉를 작품화했음을 확인할 수 있다. 그는 비록 이 속설에 대해 크게 신뢰하지 않고 있으며 본래 승무가 그렇게 음탕한 춤은 아니라고 하지만, 결국 한성준은 이 '황진이설'에 따른 〈승무〉를 공연했음을 알 수 있으며, 실제로 속설에 따른 장면을 연출했을 가능성도 다분히 보여주고 있다.

이처럼 조선춤을 스토리화한 사례는 조선음악무용연구회에서 활동한 장홍심의 증언을 통해서도 나타나는바 〈검무〉에서 찾을 수 있다. "강선이하고 나하고 〈검무〉를 어떻게 췄냐 하면, 조금 현대화해서 (…중략…) 〈검무〉를 출 적에 투구를 쓸 적에, 이순신 장군 투구를 둘 다 쓰고 그러고 나와가지고 한바탕 대결을 하다가 투구를 벗어버리고 그

---

29   아르코예술기록원 한국디지털아카이브. http://www.daarts.or.kr/gusool-artist

리고 화려하게 반짝반짝 현대화로 〈검무〉를 추고, 강선이하고 나하고 그렇게 추고……."[30] 강선영과 장홍심의 증언은 한성준이 무대화한 조선춤 작품이 스토리[31]의 구성에 상당히 초점을 두고 있었음을 알려주고 있다. 이 날 공연된 〈살풀이춤〉 역시 "처녀가 수건을 쓰고 흥에 겨워 추는 춤"이라는 설명을 달아 일정하게 테마가 개입되었음을 유추할 수 있다.

한성준이 무대 위에 선보인 작품 중에는 춤의 유래와 역사를 바탕으로 창작·재구성된 것이 많았다. 이들 중 오늘날 전해지는 대표적 작품으로 〈태평무〉가 있다. 이 춤은 본래 '무용' 작품으로 존재하던 것이 아니고 무속에서 추어진 춤을 바탕으로 무대화된 것이다. 하지만 〈태평무〉는 광무대시절 이동안도 김인호에게 배운 춤[32]이라고 알려져 있는데, 작품 유래에 있어서는 두 춤이 차이를 보인다.[33] 한성준의 〈태평무〉 유래는 조선춤의 내력來歷과 연결되고 있어 주목되는데, 조선춤의 내력을 '무속춤'에 있다고 본 점이 특기할 사실이다.

① 조선춤 이야기

[춤의 내력] 조선춤의 역사는 대체 얼마나 되엇나? 당신 춤은 어디서 어떠게 발전되어 전하여 나려왓나? 이러한 질문을 나는 여러 사람에게 가끔

---

30 서대석 외, 『전통 구비문학과 근대 공연예술』 Ⅲ, 서울대 출판부, 2006, 123면.
31 "강선영 : 한성준 선생님은 쪼끔 이렇게 어떤 스토리가 있는 걸 많이 해요.
　　채록자 : 한성준 선생님께서요?
　　강선영 : 예 한성준 선생님." 한국문화예술위원회, 『강선영』(한국 근현대예술사 구술채록연구 시리즈 113).
32 광무대시절 이동안이 김인호에게 배운 춤에 대해서는 본서 1장 2절을 참고.
33 이동안의 〈태평무〉는 고을 원님들이 풍년을 기원하며 추던 춤이 그 유래이다.

받습니다만 나는 여기에 대하여 상세한 조사가 업슬뿐 아니라 더욱 얼마만큼 안다고 하여도 나는 그저 "사람이 태어나면서부터 춤은 잇섯다!" 이러케 대답해 왓습니다. (…후략…)

[왕꺼리와 대감놀이] 조선춤이 불교에서 나왓고, 다시 궁중으로 들어갓다가 일반민간으로 퍼지게 된 것은 오늘의 항간에 남아 잇는 고전무용으로 보아서도 알 수가 잇는 것입니다. 무당춤에 왕꺼리니 대감놀이니 하는 것이 잇습니다. 이것은 모두가 조선춤이 궁중에서 나왓다는 것을 가장 유력하게 증명하는 조은 자료라고 생각합니다.

[왕꺼리] 왕꺼리라는 것은 왕을 위해서 추는 춤이라지만, 사실은 옛날 조선의 임금이 추시엇다고 해서 생긴 옛날춤입니다. 물론 오늘의 무당들가치 뛰면서야 추엇겟습니까. 아마 조혼 음률에 취하시여 점잔하시게 발이라도 가만히 쳐드신 것이겟지요, 이 춤이 오늘에 서야 변하고 변해서 소위 무당이 전해내려오는 '왕꺼리'가 된 것입니다. 나는 이것을 〈태평춤〉이라 하여서 제자들에게 가르치고 잇습니다.

[대감놀이] 이 춤도 역시 무당이 전해나려오는 궁중춤인데 임금님 아래의 신하들이 추는 춤입니다. 임금님께서 흥에 겨우시어 발을 드시는데 어찌 그 아래의 신하들이 가만히 서서 엿볼 수가 잇겟습니까. 그래서 아마 아래 신하들이 임금님 아래서 춘 춤이 변하고 변하여서 오늘의 무당이 추는 대감놀이란 것이 생긴 것 같습니다. 대감놀이도 왕꺼리도 모두 형식에 잇서서나 장단에 잇서서나 지금 무당이 가지고 잇는 그런 것과는 전혀 다릅니다. 우에서도 말한 바와 가치 나는 왕꺼리를 태평춤이라고 하여서 춤 이름도 고치엇고, 장단도 차차내엇고, 형식도 조선고전에 충실하도록 고치엇습니다. 두어깨에다 일, 월을 부치고, 색색으로 만든 색동다리소매가 잇는 활옷을 입고

그야말로 발하나 드는 것과 다리하나 뛰어노는 것을 점잖게 유유하게 추는 춤입니다.

─「고전예술의 일대 정화 세계에 자랑할 '우리 춤'」

조선음악무용연구회 한성준 氏談─『조선일보』, 1939.11.8

② 대개 춤의 기본은 '진세춤'이라는 것인데, 반서름·봉동채라는 것이 다 여기서 왔읍니다. '진세춤'은 나 알기에는 요(堯)님금 때 춤인데, 이것들은 어느 시대에 들어와서 남도(南道) 무당에 전한 것인데 그것을 븨왔지요.

─한성준, 「고수오십년」, 『조광』 18-3, 조광사, 1937.4, 134면

③ 이 춤이라는 것은 대개 고대에 중국서 들어온 것, 혹은 불교에서 나온 것으로 혹 신라 시대 같은 예술이 발달할 때 된 것들이 많은데, 그 기원은 자세치 않습니다.

─한성준, 「고수오십년」, 『조광』 18-3, 조광사, 1937.4, 133~134면

④ 조선춤을 앞으로 많이 개량하면 세계 어느 나라의 춤에 다 비할 게 아닐 겁니다. 조선춤에는 슬픈 춤도 없고 무서운 춤도 없어요. 아마 이것은 춤이 오랫동안 궁중 안에서만 발달되어온 관계인지도 모르지요.

─이동백·한성준, 「가무의 제문제」, 『춘추』 2-2, 조선춘추사, 1941.3, 150~151면

첫 번째 글은 한성준이 〈태평무〉를 창작하게 된 배경을 조선춤의 내력과 연결하여 설명하고 있다. 한성준은 왜 조선춤의 내력을 무속춤과 연결하여 인식하게 되었을까. 두 번째부터 네 번째까지 예문들은 이러

한 배경을 좀 더 상고하기 위해 관련된 글을 제시한 것이다. 이 예문들을 토대로 한성준이 생각하는 조선춤의 역사·기원 대해 정리해보면 다음과 같다.

먼저 조선춤은 불교에서 나왔고, 다시 궁중으로 들어갔다가 일반 민간으로 퍼지게 된 것(①)이다. 또한 기원이 자세하지는 않으나 춤은 대개 고대에 중국서 들어온 것, 혹은 불교에서 나온 것으로 혹 신라시대 같은 예술이 발달할 때 이루어진 것들이 많(③)'으며 '오랫동안 궁중 안에서만 발달되어온(④)' 것이라고 여기고 있다. 이상을 통해 한성준은 조선춤이 불교, 궁중, 고대 중국, 그리고 신라시대라는 특정한 배경으로부터 기원한다는 믿음을 읽을 수 있다. 그러나 주목할 점은 이렇듯 "조선춤이 불교에서 나왔고, 다시 궁중으로 들어갔다가 일반 민간으로 퍼지게 된" 사실을 증명할 수 있는 근거로 "오늘의 항간에 남아 잇는 고전무용으로 보아서 알 수가 잇(①)"다고 말하는 점이다. 그러면서 '무당춤에 있는 왕꺼리와 대감놀이'는 모두 "조선춤이 궁중에서 나왔다는 것을 가장 유력하게 증명"하는 좋은 자료라고 한다. 이어 〈왕꺼리〉는 옛날 조선의 임금이 추었다고 해서 생긴 옛날 춤인데 오늘에 와서 변하여 무당이 전해 내려오는 춤이 되었고, 〈대감놀이〉는 본래 신하들이 임금 앞에서 춘 궁중춤인데 오늘날 무당이 추는 〈대감놀이〉란 것이 생겼다는 것이다. 한성준이 설명하고 있는 '불교→궁중→민간', 또는 '궁중→민간'이라는 '조선춤의 내력'은, '궁중에서 추어지던 〈왕꺼리〉와 〈대감놀이〉'가 '무당'으로 전해졌다는 것을 제시함으로써 입증하고자 했다. 이러한 도식이 사실인지에 대한 여부는 확인할 수 없다. 다만 한성준이 '알고 있는' '조선춤의 내력'을 밝힐 수 있는 대상은 '항간에 남아 있는 "무속춤"을 통해서였다는 점이 중요하다. 무속춤을 통한 '조선춤의 내력'은 예문 ②에서도 확인할 수 있는바 '고대 중국(요임금)→민간(남도 무당)'이라는 도식도 보여주고 있다.

한성준이 무속춤을 조선춤의 기원으로 인식한 배경은 당시에 이러한 담론들이 존재했고 이를 한성준이 수용한 것이라 보아진다. 하지만 주지할 사실은 — 앞서 〈승무〉의 경우에서도 살폈지만 — 이러한 기원설·유래가 작품의 본형本形[34]과는 별도의 문제일 수 있고, 따라서 한성준이 담론을 바탕으로 만든 작품들은 사승師承 전승이나 지역 전승을 통해 이어온 현재의 전통춤 형태와는 탈맥락화된 모습이라는 점이다.

4. 한성준 조선춤의 시대성

근대 시기에 나타난 전통춤의 가장 큰 변화는 서구식 상업극장의 도입으로 근대화 및 대중화를 이룬 것이라 할 수 있지만, 이 근대화의 주체인 전통예인들을 극장으로 이끈 요인은 19세기 말 전통사회의 붕괴로 공연공간이 상실되었던 배경에 있다. 예인들은 자신의 고향을 터전으로 활동했지만 근대 제도의 개혁 이후 활동 기반을 잃었고 1900년대 초 서울에 극장이 생기자 이곳으로 몰려들어 전속 공연자로서 경제적

---

34 〈태평무〉의 경우 무속춤.

활동을 이어나간 것이다.

한성준의 조선춤 활동 과정 속에는 이러한 근대 이행기 공연환경의 변화가 고스란히 담겨 있다. 먼저 충청도 출신인 한성준은 유년시절부터 20세 이전까지 자신의 고향인 충청도지역을 중심으로 활동했지만, 갑오개혁 이후 공연환경의 변화로 충청도를 벗어나 전국 유랑생활을 하게 된다. 20세기에 들어 서울에 근대식 극장이 생기자 한성준도 상경하여 주로 남도예인들과 어울리며 활동하였다. 통상 한성준의 활동을 무용사적 측면에서 조명할 때에는 전근대 시기의 춤 학습과 연행, 근대 이후 권번에서의 춤 교사 및 조선음악무용연구회 활동에 초점을 두지만, 사실 한성준이 20세기 이후 전개한 공식적인 행보는 '음악 활동'에 있었다. 1937년 조선음악무용연구회 창설 이후 가졌던 1938년 발표회에서는 공연의 연목演目과 출연자, 작품 내용이 소개되어 있다. 특기할 사실은 레퍼토리 중에는 1900~1920년대 광무대에서 연행되었던 종목(한량무, 소경무, 태평무 등)들과 남도예인들의 레퍼토리(살풀이춤, 단가무, 급제무 등)가 눈에 띄며 충청도지역의 춤은 찾기 어렵다는 점이다. 즉 한성준이 1938년 재현한 작품은 자신이 고향에서 배운 작품이 아니라 전통적 공연 환경이 와해된 갑오년 이후부터 20세기 초반까지 음악 활동을 하면서 습득한 레퍼토리이거나, 광무대와 경성구파배우조합, 조선성악연구회의 활동을 거치며 연결된 인적人的 친분들과 관련되어 있다는 점이다. 정작 충청도지역 춤은 찾기 어렵다는 점에서 조선음악무용연구회에서 재현한 재래의 조선춤, 또는 조선의 고전무용은 일정하게 탈지역적 특성을 지닌다고 할 수 있다.[35]

한성준은 비록 20세기 이후 음악 활동이 더 공식적이었지만, 권번의 춤 선생이었고 조선성악연구회에서도 승무부僧舞部의 이사를 담당하는 등 춤 활동에 두각을 보였다. 한성준이 조선음악무용연구회를 창설하면서 가졌던 포부는 재래의 조선춤을 재연하고 무대화하여 널리 알리는 것이었다. 그러나 무대화된 작품은 과거의 춤이 그대로 재현된 것은 아니었다. 춤에 테마·스토리를 개입시켜 이에 따른 극적 연출을 시도함으로써 본래의 형태에서 일정하게 탈맥락화된 작품들이 만들어진 것이다. 이러한 작품은 한성준의 〈승무〉, 〈검무〉 등에서 찾아볼 수 있다.

작품에 스토리를 개입시켰던 한성준의 궁극적 의도는 조선춤이 가진 '유래'를 춤 속에 담고 싶었기 때문이었다고 생각된다. 유래가 개입된 춤은 보다 분명한 역사적 위치와 의미를 드러내준다고 믿었을 것 같기 때문이다. 근대 시기에 가장 빈번히 추어지고 재인들에 의해서도 자주 연행되었던 〈승무〉는, 여러 가지 유래설(기원설)을 가지고 있고 실제 유래설을 바탕으로 한 극적劇的인 작품들이 현재까지 전해진다. 단 춤의 유래를 바탕으로 작품화하는 경향이 주로 한성준과 교유했던 재인들(장양선, 강태홍, 이동안 등)에게서 나타나는 점은, 조선음악무용연구회의 조선춤 작품화 방식이 주요한 영향을 미쳤을 것을 시사해준다고 할 것이다.

---

35 물론 조선 후기에도 서울에 각 지역 예인들이 모여 공연을 한 경우도 있지만 이때는 해당 지역 출신들이 자신들 지역의 재주를 연행한 것이며 연행 후에 각 지역으로 돌아갔다. 그러나 조선음악무용연구회는 특정 지역의 작품을 다른 지역 출신들이 추었다는 점이 다르다.

참고문헌

1. 신문 및 잡지

『대한매일신보』
『동아일보』
『매일신보』
『삼천리』
『신흥』
『조광』
『조선일보』
『중앙』
『춘추』
『황성신문』

2. 단행본

강명관, 『조선의 뒷골목 풍경』, 푸른역사, 2003.
강이문, 『한국무용문화와 전통』, 현대미학사, 2001.
강이향 편, 김채현 해제, 『최승희 생명의 춤 사랑의 춤』, 지양사, 1993.
권도희, 『한국 근대음악 사회사』, 민속원, 2004.
김경애 외, 『우리무용 100년』, 현암사, 2001.
김수현·이수정, 『한국근대음악기사 자료집』 잡지편 2, 민속원, 2008.
김영희, 『개화기 대중예술의 꽃, 기생』, 민속원, 2006.
_____, 『『매일신보』 전통공연예술 관련 기사 자료집』 2, 보고사, 2006.
_____, 『춤풍경』, 보고사, 2016.
김재철, 『조선연극사』, 동문선, 2003.
김종수, 『조선시대 궁중연향과 여악연구』, 민속원, 2001.
김채원, 『최승희의 춤-계승과 변용』, 민속원, 2008.
김천흥, 『心昭 金千興 舞樂 七十年』, 민속원, 1995.
백현미, 『한국 창극사 연구』, 태학사, 1997.

성기숙, 『한국 전통춤 연구』, 현대미학사, 1999.

손정목, 『일제강점기 도시사회상 연구』, 일지사, 1996.

손태도, 『광대의 가창문화』, 집문당, 2003.

_____, 『우리 무형문화재의 현장에 서서』, 집문당, 2008.

유인화, 『춤과 그들』, 동아시아, 2008.

이규원, 정범태 사진, 『우리가 정말 알아야 할 우리 전통예인 백 사람』, 현암사, 1995.

정병호, 『춤추는 최승희』, 뿌리깊은나무, 1995.

정수웅 편, 『최승희』, 눈빛, 2004.

조영규, 『바로잡는 협률사와 원각사』, 민속원 2008.

조원경, 『무용예술』, 해문사, 1967.

최동현, 『판소리 명창과 고수 연구』, 신아출판사, 1997.

최승희, 『불꽃─세기의 춤꾼 최승희 자서전』, 자음과모음, 2006.

이시이 바쿠, 김채원 역, 『이시이 바쿠의 무용예술』, 민속원, 2011.

야나기무네요시, 심우성 역, 『조선을 생각한다』, 학고재, 1996.

3. 논문

권도희, 「20세기 기생의 음악사회사적 연구」, 『한국음악연구』 29, 한국국악학회, 2001.

_____, 「20세기 관기와 삼패」, 『여성문학연구』 16, 한국여성문학학회, 2006,

_____, 「20세기 기생의 가무와 조직」, 『한국음악연구』 45, 한국국악학회, 2009.

김난주, 「일제강점기 향토오락 진흥정책과 민속놀이의 전개 양상」, 『비교민속학』 44, 비교민속학
　　　회, 2011.

김석배, 「판소리 명창 김창환의 예술 활동」, 『판소리연구』 20, 판소리학회, 2005.

김연정, 「한성준 춤의 전통성의 관한 연구」, 성균관대 박사논문, 2016.

김영운, 「1913년 고종 탄생일 축하연 악무 연구」, 『장서각』 18, 한국학중앙연구원, 2007.

김영희, 「조선음악무용연구회의 활동에 대한 연구」, 『대한무용학회논문집』 32, 대한무용학회,
　　　2002.

_____, 「일제강점기 초반 기생의 창작춤에 대한 연구─1910년대를 중심으로」, 『한국음악사학
　　　보』 33, 한국음악사학회, 2004.

_____, 「일제강점 초기 기생제도에 관한 연구─일제의 왜곡 과정을 중심으로」, 『한국무용사학』
　　　7, 한국무용사학회, 2007.

_____, 「기생엽서 속의 한국 근대춤」, 국립민속박물관, 『엽서 속의 기생 읽기』, 2008.

_____, 「최승희 모던 댄스 시론」, 『공연과리뷰』 64, 현대미학사, 2009.3.

_____, 「최승희 신무용에 대한 새로운 평가의 계기」, 『근대서지』 7, 근대서지학회, 2013.

_____, 「최승희 신무용에 대한 새로운 평가의 계기─「무희 최승희론」(1937)과 「최승희론」

(1941)」,『공연과리뷰』82, 현대미학사, 2013.9.

김채원, 「최승희 춤 활동에 대한 한국과 일본의 반향」,『공연문화연구』21, 한국공연문화학회, 2010.

김채현, 「신무용과 최승희의 사적 의의」, 강이향 편, 김채현 해제,『최승희 생명의 춤 사랑의 춤』, 지양사, 1993.

김채현 약술, 「이시이 바쿠의 현대무용 정신」, 강이향 편, 김채현 해제,『최승희 생명의 춤 사랑의 춤』, 지양사, 1993.

남선희, 「김수악의 진주교방굿거리춤 연구」, 경상대 석사논문, 2010.

남선희 · 김미숙, 「김수악 살풀이춤 연구」,『무용역사기록학』35, 무용역사기록학회, 2014.

노영희, 「최승희의 조선춤과 민족아」,『공연과리뷰』70, 현대미학사, 2010.9.

박난영 · 전은자, 「이시이 바쿠의 작품에 나타난 안무체계 연구-〈수인〉, 〈실념〉, 〈하얀손장갑〉을 중심으로」,『대한무용학회논문집』70-2, 대한무용학회, 2012.

박은경, 「한국 최초의 민간음악교육기관 조선정악전습소 연구」,『음악과 민족』21, 민족음악학회, 2001.

박정애, 「일제의 공창제 시행과 사창 관리 연구」, 숙명여대 박사논문, 2009.

배혜국, 「전주 한량무 형성과 춤사위에 관한 연구-금파 김조균 선생의 춤을 중심으로」, 전북대 석사논문, 2009.

山河英愛, 「한국근대 공창제도 실시에 관한 연구」, 이화여대 석사논문, 1991.

_____, 「식민지 지배와 공창제도의 전개」,『사회와역사』51, 한국사회사학회, 1997.

서지영, 「상실과 부재의 시공간-1930년대 요리점과 기생」,『정신문화연구』32, 한국학중앙연구원, 2009.

_____, 「식민지 시대 기생 연구 (3)-기생잡지『長恨』을 중심으로」,『대동문화연구』53, 성균관대 대동문화연구회, 2006.

성무경, 「조선 후기 지방 교방의 관변풍류와 악 · 가 · 무」, 정현석 · 성무경 역주,『교방가요』, 보고사, 2002.

송방송, 「한성기생조합소의 예술사회사적 조명」,『한국학보』29, 일지사(한국학보), 2003.

_____, 「1930년대 한성준의 음악활동 재조명」,『한국 근대춤의 전통과 신무용의 창조적 계승』, 민속원, 2007.

송연옥, 「대한제국기의 '기생단속령', '창기단속령'」,『한국사론』40, 서울대 인문대 국사학과, 1998.

신경숙, 「19세기 일급 예기의 삶과 섹슈얼리티-의녀 옥소선을 중심으로」,『사회와역사』65, 한국사회사학회, 2004.

유선영, 「근대적 대중의 형성과 문화의 전환」,『언론과 사회』17-1, (사)언론과사회, 2009.

양지영, 「'조선색'이라는 방법과 '조선미'라는 사상-식민지기 조선문화 만들기 운동과 야나기 무네요시」,『아시아문화연구』35, 가천대 아시아문화연구소, 2014.

이설희, 「『조선미인보감』에 나타난 기생조합과 권번에 관한 고찰」, 한국예술종합학교 석사논문, 2009.

이양숙, 「일제하 '조선적인 것'의 기원과 형성-야나기무네요시(柳宗悅)의 '조선예술론'에 대한 고찰」, 『민족문학사연구』 31, 민족문학사학회, 2006.

이정노, 「살풀이춤의 형성배경에 관한 일고찰-광대들의 음악문화에 대한 연관성을 중심으로」, 『공연문화연구』 13, 한국공연문화학회, 2006.

_____, 「일제강점기 '조선춤'의 전개 양상 연구」, 한국학중앙연구원 박사논문, 2014.

_____, 「기생 사회의 재편에 따른 1910년대 춤 연행의 변동에 관한 연구-서울지역 근대 극장에서 연행된 기생춤을 중심으로」, 『동양예술』 26, 한국동양예술학회, 2014.

_____, 「일제강점기 서울지역 기생의 요리점 활동과 춤 연행 양상 연구」, 『한국문화연구』 29, 이화여대 한국문화연구원, 2015.

_____, 「1930년대 조선무용의 양식적 특성에 관한 연구-최승희 작품을 중심으로」, 『민족미학』 14, 민족미학회, 2015.

_____, 「20세기 전반기 살풀이춤의 전개 양상 연구」, 『공연문화연구』 35, 한국공연문화학회, 2017.

_____, 「한성준의 조선춤 작품에 나타난 탈지역성과 탈맥락화 양상 연구-1938년 조선음악무용연구회의 작품을 중심으로」, 『순천향 인문과학논총』 37, 순천향대 인문학연구소, 2018.

이진원, 「조선구파배우조합 시정오년기념 물산공진회 참여의 음악사적 고찰」, 『한국음반학』 13, 한국고음반연구회, 2003.

정경희, 「명인 조갑녀의 민살풀이춤에 관한 연구」, 조선대 박사논문, 2009.

정우봉, 「강이천의 한경사에 대하여-18세기 서울의 시적 형상화」, 『한국학보』 20-2, 일지사, 2004.

정진욱, 「신무용의 한국무용사적 위상에 관한 연구」, 동아대 박사논문, 2004.

정충권, 「1900~1910년대 극장무대 전통 공연물의 공연양상 연구」, 『판소리연구』 16, 판소리학회, 2003.

정형지, 「대한제국기 조선요리옥의 출현」, 『이화사학연구』 45, 이화여대 이화사학연구소, 2012.

조재희, 「조선후기 서울 기생의 기업(妓業) 활동」, 이화여대 석사논문, 2005.

주윤정, 「조선물산공진회와 식민주의 시선」, 『문화과학』 33, 문화과학사, 2003.

주영하, 「조선요리옥의 탄생-안순환과 명월관」, 『동양학』 50, 단국대 동양학연구원, 2011.

한효림, 「민살풀이춤의 명인 장금도의 춤에 대한 고찰」, 『한국체육철학회』 14-1, 한국체육철학회, 2006.

홍선영, 「일본잡지 『모던일본』과 조선의 무용가들」, 성기숙 편, 『한국 근대춤의 전통과 신무용의 창조적 계승』, 민속원, 2007.

_____, 「일본문헌 조선무용가 자료 번역」, 성기숙 편, 『한국 근대춤의 전통과 신무용의 창조적 계승』, 민속원, 2007.

황미연, 「일제강점기 전라북도 권번과 기생의 춤 양상」, 『민속음악학술자료집』 3, 국립민속국악원, 2010.

4. 기타 자료

구희서, 정범태 사진,『韓國의 名舞』, 한국일보사, 1985.

국립국악원,『근현대 한국음악 풍경』, 2007.

_____,『조선시대 음악풍속도』I, 민속원, 2002.

_____,『조선시대 음악풍속도』II, 민속원, 2004.

국립문화재연구소,「승무・살풀이춤-경남・북」,『무형문화재조사보고서』12, 1989.

_____,「승무・살풀이춤-전남・북」,『무형문화재조사보고서』13, 1990.

_____,「승무・살풀이춤-서울・경기・충청도」,『무형문화재조사보고서』14, 1991.

_____,「입춤・한량무・검무」,『무형문화재조사보고서』19, 1996.

국립민속박물관,『엽서 속의 기생 읽기』(박민일 기증 특별전), 2008.

국악예술인명감편찬위원회,『국악예술인명감(國樂藝術人名鑑)』, 1961.

김영희,『매일신보 전통공연예술 관련 기사 자료집』1, 보고사, 2006.

김정연,『한국무용도감』, 한국고전음악출판사, 1971.

박제형, 이익성 옮김,『근세조선정감』, 한길사, 1992.

사진실,『공연문화의 전통』, 태학사, 2002.

서대석・손태도・정충권,『전통 구비문학과 근대 공연예술』I, 서울대 출판부, 2006.

_____,『전통 구비문학과 근대 공연예술』III, 서울대 출판부, 2006.

서울시립대학교 서울학연구소,『서울학총서』7, 1995.

손종흠・박경우・유춘동,『근대 기생의 문화와 예술』자료편 1, 보고사, 2009.

_____,『근대 기생의 문화와 예술』자료편 2, 보고사, 2009.

송방송 색인, 이진원 해제,『조선미인보감』, 민속원, 2007.

이능화, 이재곤 역,『조선해어화사』, 동문선, 1992.

이석래 교주,『풍속가사집-한양가・농가월령가』, 신구문화사, 1974.

이시이 바쿠, 홍선영 역,「나의 조선 교우록 최승희와 그 외」(1939), 성기숙 편,『한국 근대춤의 전통과 신무용의 창조적 계승』, 민속원, 2007.

정현석 편저, 성무경 역주,『교방가요』, 보고사, 2002.

한국문화예술위원회,『이매방』(한국 근현대예술사 구술채록연구 시리즈 67).

_____,『강선영』(한국 근현대예술사 구술채록연구 시리즈 113).

_____,『박송희』(한국 근현대예술사 구술채록연구 시리즈 193).

『조선해어화사』(영인한국학자료총서 2), 한국학연구소, 1977.

5. 학술대회 및 인터넷 자료

손태도, 「경기명창 박춘재의 일생과 예술」, 제1회 경기민요 학술대회 '박춘재와 그의 시대' 자료집,
    2014.
아르코예술기록원 한국디지털아카이브 http://www.daarts.or.kr/gusool-artist
한국콘텐츠진흥원 컬처링 http://www.culturing.kr

초출일람

이정노, 「일제강점기 조선춤의 전개 양상 연구」, 한국학중앙연구원 박사논문, 2014.

이정노, 「기생 사회의 재편에 따른 1910년대 춤 연행의 변동에 관한 연구—서울지역 근대 극장에서 연행된 기생춤을 중심으로」, 『동양예술』 26, 한국동양예술학회, 2014.

이정노, 「일제강점기 서울지역 기생의 요리점 활동과 춤 연행 양상 연구」, 『한국문화연구』 29, 이화여대 한국문화연구원, 2015.

이정노, 「1930년대 조선무용의 양식적 특성에 관한 연구—최승희 작품을 중심으로」, 『민족미학』 14, 민족미학회, 2015.

이정노, 「20세기 전반기 살풀이춤의 전개 양상 연구」, 『공연문화연구』 35, 한국공연문화학회, 2017.

이정노, 「한성준의 조선춤 작품에 나타난 탈지역성과 탈맥락화 양상 연구—1938년 조선음악무용연구회의 작품을 중심으로」, 『순천향 인문과학논총』 37, 순천향대 인문학연구소, 2018.

부록

1. 한성권번

이름 / 나이		현 주소	원적	춤	음악 및 기타
김춘외춘 金春外春 25세		경성부 서대문정 1정목 28	황해도 황주군	각항정재무	가(歌) 우계면 경서잡가 양금 (특)현금
김단계 金丹桂 25세		경성부 태평통 1정목 7	경상남도 진주군	각종정재무	가 우조 서남잡가 양금
류계선 柳桂仙 23세		경성부 서대문정 1정목 161	경기도 교동군 교동면	각종정재무 승무	가 우계면 서도리곡
장채옥 張彩玉 25세		경성부 서대문정 1정목 177	경성부 황금정 1정목 181	각종정재무	가 우계면 양금 서도리요

이름/나이		현 주소	원적	춤	음악 및 기타
조옥향 趙玉香 24세		경성부 삼각정 27	황해도 해주군	각종정재무	가 우계면 가사 (특상)현금 서도리곡
김명주 金明珠 22세		경성부 다옥정 189	경성부 낙원동 34	각종정재무 검무	가 우계면 가곡 양금 경서잡가
이롱주 李弄珠 23세		경성부 서대문정 1정목 206	경성부 입정동 17	입무	가 우계면 서도리창
석경월 石瓊月 26세		경성부 관철동	경기도 광주군	각종정재무	서도행가 가야금 양금 (특)가 우계면 가사
장롱옥 張弄玉 27세		경성부 다옥정 68	경상북도 대구부 부내(府內)	각종정재무	현금 남도리창 (특)가 우계면 가사

이름 / 나이		현 주소	원적	춤	음악 및 기타
리부용 李芙蓉 25세		경성부 관수동 47	경성부 다옥정 79	각종정재무	가 우계면 경서잡가
조추월 曹秋月 23세		경성부 광화문통 136	전라북도 익산군	각종정재무 남무	가 우계면 가사 (특)남서잡가 현금
김영희 金英熙 전명前名 금향錦香 30세		경성부 광화문통 36	경상남도 진주군 평안동	각종정재무 검무	(특)가 우계면 가사
리매홍 李梅紅 22세		경성부 황금정 1정목 23	경상남도 진주군 진주면	각종정재무 남무 검무	가(謌) 우계면 가사 가야금 양금 삼미선(三味線) 경서잡가
정진홍 鄭眞紅 22세		경성부 삼각정 9	경상남도 진주군 진주면 대안 2동	각종정재무 검무 승무	양금 가야금 (특상)가 우계면 가사 시조

이름/나이		현 주소	원적	춤	음악 및 기타
김봉희 金鳳姬 22세		경성부 서대문정 1정목 157	경성부 동묘전(東廟前)	각종정재무	경성잡가 가야금 삼미선 내지가(內地歌)
강소춘 姜笑春 22세		경성부 종로 1정목 28	경성부 창성동 37	각종정재무	가 우계면 가사 양금 (특)경서잡가
이봉낭 李鳳娘 22세		경성부 광화문통 100	경성부 종로 6정목 16	각종정재무	가 우계면 (특)서도리창
박롱화 朴弄花 21세		경성부 청진동 74	경상남도 진주군 진주면 내성동	각종정재무	남방리요 가야금 산조 삼미선 내지요 국어
이옥화 李玉花 20세		경성부 공평동 81	경상북도 대구부	각종정재무 검무	가 우계면 (특)남방리창 경서잡가

이름/나이		현 주소	원적	춤	음악 및 기타
왕월출 王月出 22세		경성부 수하정 4	경상남도 진주군 중안3동 45	각종정재무 (특)춘앵무	가 우조
이화선 李花仙 24세		경성부 무교정 82	경상북도 대구부	각종정재무	(특상)경성행가 서도리창
김행화 金杏花 21세		경성부 다옥정 147	경상북도 대구부	각종정재무 (특)춘앵무	가 우조 양금 서남잡가
김금홍 金錦紅 23세		경성부 삼각정 41	평안남도 평양부	각종정재무	현금 양금 (특상)가 우계면 가사 시조 경서잡가
김봉선 金鳳仙 19세		경성부 황금정 1정목 178	경성부 누하동 17	각종정재무 검무	경서잡가

이름/나이		현 주소	원적	춤	음악 및 기타
김설도 金雪桃 23세		경성부 서대문정 1정목 226	경기도 경성부 창성동 28	각종정재무	우계면 가사 (특)경성잡가 서관잡가
이하엽 李荷葉 21세		경성부 수표정 90	경상북도 대구부	각종정재무 춘앵무	가 우계면 가사
최옥화 崔玉花 21세		경성부 수하정 56	경성부 삼각정 87	(특)각종정재 무 춘앵무	현금 양금 남서잡가 (특상)가 우계면 가사
송보패 宋寶貝 20세		경성부 청진동 173	경성부 병목정 158	정재무	가 우계면 서도잡가
김채봉 金彩鳳 27세		경성부 종로통 3정목 88	경상남도 창원부	각종정재무 (특)승무	가 우계면 가사 경서잡가 현금

이름/나이		현 주소	원적	춤	음악 및 기타
조산월 曺山月 18세		경성부 광화문통 136	전라북도 익산군	각종정재무 무산향 (특상)승무	가 우계면 가사 현금
홍국화 洪菊花 17세		경성부 서대문정 2정목 117	경상남도 진주군	검무 각항정재무 춘앵무 무산향	양금 가 우계면 (특)남중잡가
김소홍 金小紅 20세		경성부 황금정 2정목 88	경상북도 칠곡군	각종정재무 춘앵무 무산향 (특)검무 승무	가 우계면 남도리창 현금
이유색 李柳色 25세		경성부 종로 1정목 19	경성부 원동 128	승무	가 우조 (특)서도리곡
김연옥 金姸玉 19세		경성부 청진동 204	평안남도 평양부	각종정재무 (특)춘앵무	가 우조 서도잡가

이름/나이		현 주소	원적	춤	음악 및 기타
이금향 李錦香 20세		경성부 서대문정 2정목 156	경상남도 창원군	(특)승무	가 우조 서도행가 남방리곡
장운중매 張雲中梅 18세		경성부 관철동 233	평안남도 평양부 죽전리 200	각종정재무	서도잡가
한취홍 韓翠紅 19세		경성부 청진동 207	평안남도 평양부	각종정재무 (특)승무 검무 무산향	가 우계면 서도잡가
김일점홍 金一點紅 21세		경성부 무교정 50	경상북도 대구부	(특)승무	가야금 산조 남방리곡
김채선 金彩仙 18세		경성부 다옥정 169	평안남도 평양부	춘앵무	서도리가 국어

이름/나이		현 주소	원적	춤	음악 및 기타
김벽성선 金碧城仙 18세		경성부 관철동 90	경성부 인사동 10	정재무	시조 서도잡가
박부용 朴芙蓉 17세		경성부 무교정 52	경상남도 창원군	각종정재무 춘앵무 무산향 검무	가 우계면 경서잡가 가야금
문초운학 文楚雲鶴 19세		경성부 서대문정 1정목 67	경성남도 진주군	각종정재무 춘앵무 무산향 검무	남방리요
김정희 金晶姬 20세		경성부 다옥정 43	경기도 개성군 서본정	춘앵무	서관잡가
김춘운 金春雲 19세		경성부 관철동 90	경성부 다옥정 12	입무 남무바지	가 우조 서관잡가

이름/나이		현 주소	원적	춤	음악 및 기타
김죽엽 金竹葉 15세		경성부 태평통 1정목 65	경성부 임정 183	춘앵무	가 우계면 양금
조죽엽 趙竹葉 22세		경성부 무교동 23	경성부 황금정 3정목 50	각종정재무	가 우조 서방속요
김금희 金錦姬 19세		경성부 삼각정 102	경성부 돈의동	정재무 춘앵무 무산향 검무	서도잡가 가야금
강채희 姜彩姬 20세		경성부 무교정 94	경상남도 진주군	검무	가 우조 서남잡가
전월향 全月香 17세		경성부 서대문정 2정목 56	경성부 익선동	각항정재무 춘앵무 무산향 검무	가 우계면 서관잡가 가야금

이름/나이		현 주소	원적	춤	음악 및 기타
박비취 朴翡翠 19세		경성부 다옥정 94	경상남도 부산부	(특상)승무	(특)남도리창
박계향 朴桂香 21세		경성부 무교정 31	경상북도 대구부	승무	서도행가 (특)남방리창
구보연 具寶姸 19세		경성부 공평동 150	경상북도 대구부	검무	남도리요 국어
조홍매 曺紅梅 21세		경성부 황금정 1정목 160	경성부 황금정 2정목 18	정재무	가 우조
문취연 文翠姸 17세		경성부 다옥정 75	평안남도 평양부	입무	가 우조 서도리곡

이름/나이		현 주소	원적	춤	음악 및 기타
박화옥 朴花玉 15세		경성부 다옥정 169	평안남도 평양부	입무	가 우조 서도리요
최옥희 崔玉姬 17세		경성부 황금정 1정목 83	경상북도 고령군	입무	남중잡가 시조
최경옥 崔瓊玉 18세		경성부 황금정 1정목 83	경상북도 고령군	입무	남도리곡
진선옥 陳仙玉 16세		경성부 서대문정 1정목 149	경상북도 진주군	춘앵무	가 우계면 남방리곡
한금화 韓錦花 19세		경성부 청진동 77	경상남도 통영군	입무	남도리요

이름/나이		현 주소	원적	춤	음악 및 기타
변련심 邊蓮心 16세		경성부 종로통 2정목 78	평안남도 평양부	입무	가 우계면 서도잡가
김취련 金翠蓮 22세		경성부 장교동 54	경성부 황금정 3정목 7	각종정재무	가 우계면 가사 서관잡가
림초운 林初雲 19세		경성부 청진동 43	경성부 수창동 58	춘앵무	서도○가
원향희 元香姬 19세		경성부 적선동 163	경성부 수창동 112	각항정재무 춘앵무 무산향 검무	우계면 가사 양금 가야금
한롱옥 韓弄玉 27세		경성부 삼각정	경성부	각종정재무	시조 경서잡가

이름 / 나이		현 주소	원적	춤	음악 및 기타
리금희 李錦姬 24세		경성부 광화문통 154	경성부	정재무 검무	시조 경서잡가 삼미선
최춘도 崔春挑 14세		경성부 사대문정 1정목 208	경상북도 경주군	정재무	가

2. 대정권번

이름 / 나이		현 주소	원적	춤	음악 및 기타
김춘도 金春桃 25세		경성부 다옥정 99	평안남도 평양부	정재18종무 서양무도 내지무	시조 서도잡가 양금 (쌍채질 가곡) 현금
오소홍 吳小紅 27세		경성부 관철동 30	평안남도 평양부	장삼무	시조 서도잡가

이름/나이		현 주소	원적	춤	음악 및 기타
김명옥 金明玉 23세		경성부 다옥정 171	평안남도 평양부	춘앵무 정재42종무	가 가사 시조의 특등 양금 가야금
김취홍 金翠紅 22세		성부 인사동 265	평안남도 평양부	(특등)정재24 종무 장삼무	가 가사 시조 (각창) 서도잡가 현금 장고
리진홍 李眞紅 26세		경성부 다옥정 50	평안남도 평양부	정재38종무 서양무도 내지무 입무	가 가사 시조 서도잡가 가야금
리란향 李蘭香 19세		경성부 다옥정 137	평안남도 평양부	검무 승무 정재46종무 서양무도 내지무	가 가사 시조 경서잡가 양금 삼미선
강춘홍 康春紅 20세		경성부 낙원동 288	평안남도 평양부	정재22종무 서양무도	시조 서도잡가 양금 현금

이름 / 나이		현 주소	원적	춤	음악 및 기타
주학선 朱鶴仙 19세		경성부 광화문통 97	평안남도 평양부	검무 승무 정재48종무 서양무도 내지무	가 가사 시조 서남잡가 양금 가야금 삼미선
김금련 金錦蓮 20세		평안남도 평양부	평안남도 평양부	검무 승무 정재36종무 서양무도	시조 서도잡가
강화선 姜花仙 20세		경성부 종로통 1정목 83	경상남도 진주군	검무 승무 정재22종무	가 가사 시사(詩詞) 서도잡가
백운선 白雲仙 19세		경성부 관철동 103	평안남도 평양부	검무 승무 정재42종무 서양무도 내지무	가사 시조 서도잡가
장진주 張眞珠 19세		경성부 다옥정 180	평안남도 평양부	검무 승무 정재28종무 서양무도 내지무	가 가사 시조 서도잡가 삼미선 내지잡가

이름/나이		현 주소	원적	춤	음악 및 기타
리화향 李花香 19세		경성부 다옥정 151	경성부 다옥정 151	검무 정재22종무 서양무도 내지무	시조 경서잡가 삼미선
최추월 崔秋月 21세		경성부 태평통 1정목 67	경성부	정재18종무 서양무도 내지무	가 가사 시조 경서잡가 가야금 양금
전란홍 田蘭紅 20세		경성부 다옥정 148	평안남도 평양부	정재18종무	시조 서도잡가
최섬홍 崔蟾紅 28세		경성부 무교정 7	평안남도 평양부	정재24종무 서양무도 내지무	가 시조 가사 서도잡가 현금
리계섬 李桂蟾 19세		경성부 다옥정 180	평안남도 평양부	정재12종무	시조 서도잡가

이름 / 나이		현 주소	원적	춤	음악 및 기타
최가희 崔可喜 19세		경성부 인사동 225	경성부	정재28종무	가 가사 시조 경서잡가 선집박(善執拍)
리계향 李桂香 21세		경성부 다옥정 164	평안남도 평양부	서도잡가 정재38종무 서양무도 내지무	가 가사 시조
장정숙 張正淑 24세		경성부 수하정 2	평안남도 평양부	정재18종무 서양무도	시조 서도잡가 삼미선
리영월 李映月 26세		경성부 다옥정 148	평안남도 평양부	정재12종무	시조 서도잡가 장고선수(長鼓善手)
최춘홍 崔春紅 23세		경성부 무교정 7	평안남도 평양부	정재18종무 서양무도	시조 잡가

이름/나이		현 주소	원적	춤	음악 및 기타
윤명희 尹明姬 23세		경성부 서린동 75	평안남도 평양부	정재6종무	시조 서도잡가 현금 양금
김화희 金花姬 27세		경성부 서린동 119	평안남도 평양부	정재12종무	시조 서도잡가
김채희 金彩姬 19세		경성부 서린동 101	평안남도 평양부	검무 정재12종무	시조 서도잡가
박미월 朴眉月 18세		경성부 종로통 2정목 70	평안남도 평양부	정재22종무 내지무	시조 서도잡가 내지잡가
변금도 邊錦桃 24세		경성부 청진동 237	평안남도 평양부	정재12종무	가사 시조 서도잡가

이름/나이		현 주소	원적	춤	음악 및 기타
김산월 金山月 18세		경성부 관철동 263	평안남도 평양부	정재18종무 서양무도 내지무	시조 서도잡가
김계홍 金桂紅 20세		경성부 다옥정 126	평안남도 평양부	정재38종무 서양무도 내지무	시조 서도잡가
정산월 鄭山月 19세		경성부 다옥정 148	평안남도 평양부	정재22종무	시조 서도잡가
김은홍 金銀紅 18세		경성부 관철동 109	평안남도 평양부	정재22종무	가 가사시조 서도잡가
박연홍 朴姸紅 21세		경성부 관철동 208	평안남도 성천군	정재12종무	시조 서도잡가

이름 / 나이		현 주소	원적	춤	음악 및 기타
김월선 金月仙 19세		경성부 관철동 224	평안남도 평양부	검무 승무 정재38종무	가 가사 시조 서도잡가 현금 집박
리벽도 李碧桃 19세		경성부 인사동 95	평안남도 평양부	정재22종무	시조 서도잡가
김추경 金秋卿 19세		경성부 돈의동 161	경성부 돈의동 161	정재6종무	시조 경서잡가
심보경 沈寶卿 20세		경성부 인사동 116	경성부 인사동 116	정재12종무	시조 경서잡가
리진봉 李眞鳳 22세		경성부 관철동 173	평안남도 평양부	정재18종무	시조 서도잡가

이름/나이		현 주소	원적	춤	음악 및 기타
최학희 崔鶴姬 19세		경성부 관철동 123	경성부 관철동 123	정재6종무	시조 경서잡가
리연홍 李姸紅 18세		경성부 다옥정 50	평안남도 평양부	검무 정재22종무	가 가사 시조 서도잡가
오비연 吳飛燕 16세		경성부 종로통 2정목 70	평안남도 평양부	검무 정재18종무	가사 시조 서도잡가
리연향 李蓮香 17세		경성부 다옥정 164	평안남도 평양부	검무 정재22종무 서양무도 내지무	가 가사 시조 경서잡가 삼미선 내지잡가
허봉남 許鳳南 16세		경성부 다옥정 99	경상북도 대구부	검무 정재24종무	가 가사 시조 서남잡가 가야금 병창산조 양금

이름/나이		현 주소	원적	춤	음악 및 기타
리보옥 李寶玉 16세		경성부 다옥정 138	평안남도 평양부	정재22종무	가 가사 시조 서도잡가
리초월 李初月 19세		경성부 다옥정 33	평안남도 평양부	정재6종무	시조 서도잡가 서화(書畵)
박유앵 朴柳鶯 16세		경성부 공평동 35	평안남도 평양부	정재12종무 서양무도 내지무	가 가사 시조 서도잡가 양금 풍금
강비취 康翡翠 17세		경성부 서린동 58	평안남도 평양부	정재8종무 서양무도 내지무	시조 서도잡가 국어 내지잡가 삼미선
강계선 康桂仙 16세		경성부 서린동 58	평안남도 평양부	정재8종무 서양무도 내지무	시조 서도잡가 삼미선

이름/나이		현 주소	원적	춤	음악 및 기타
리국향 李菊香 18세		경성부 다옥정 148	평안남도 평양부	정재8종무	시조 서도잡가
김진홍 金眞紅 20세		경성부 다옥정 86	평안남도 평양부	장삼무 (長衫舞)	시조 서남잡가 (俱善)장고
전춘홍 田春紅 18세		경성부 황금정 1정목 169	평안남도 평양부	내지무	가곡 시조 서남잡가 양금 삼미선 내지잡가
리혜옥 李蕙玉 19세		경성부 서린동 93	평안남도 평양부	정재무8종	시조 서도잡가 정재무8종
서명옥 徐明玉 16세		경성부 서린동 38	평안남도 평양부	정재6종무	가사 시조 서도잡가

이름 / 나이		현 주소	원적	춤	음악 및 기타
서채옥 徐彩玉 20세		경성부 서린동 38	평안남도 평양부	정재18종무	가 가사 시조 경서잡가 양금 가야금
김옥향 金玉香 21세		경성부 청진동 284	경성부	정재22종무 서양무도 내지무	시조 경서잡가 내지잡가
리화연 李花姸 21세		경성부 청진동 133	경성부 청진동 133	정재22종무	시조 경서잡가
리연옥 李蓮玉 16세		경성부 다옥정 171	경성부	정재8종무 서양무도 내지무	가 가사 시조 잡가
홍란주 洪蘭珠 21세		경성부 낙원동 301	경성부	정재8종무	시조 경서잡가

이름/나이		현 주소	원적	춤	음악 및 기타
리경패 李瓊貝 22세		경성부 다옥정 181	평안남도 평양부	정재6종무	시조 서도잡가
최운학 崔雲鶴 18세		경성부 광화문통 181	경상북도 대구부	승무	남중잡가 가야금병창 시조
정금죽 丁琴竹 21세		경성부 청진동 77	경상북도 대구부	정재12종무	시조 남중잡가 가야금 산조 병창 입창 좌창 선위기(善圍碁)
로화월 盧花月 19세		경성부 청진동 102	평안남도 평양부	정재6종무	시조 서도잡가 서화
허춘도 許春桃 18세		경성부 광화문통 105	평안남도 평양부	정재12종무	시조 서도잡가

이름/나이		현 주소	원적	춤	음악 및 기타
리란옥 李蘭玉 16세		경성부 서린동 85	평안남도 평양부	정재6종무	시조 서도잡가
함금도 咸錦桃 17세		경성부 수송동 65	평안남도 평양부	정재12종무	시조 서도잡가
김금랑 金錦娘 16세		경성부 다옥정 181	경성부	정재12종무 서양무도 내지무 약간(若干)	가 가사 시조 경서잡가
김롱주 金弄珠 15세		경성부 다옥정 99	평안남도 평양부	정재20종무 서양무도 내지무	가 가사 시조 서도잡가 양금 伽俱琴(伽倻琴의 오기로 보임) 삼미선
김도화 金桃花 16세		경성부 서린동 59	경성부	정재8종무 서양무도	가 가사 시조 서도잡가 양금

이름/나이		현 주소	원적	춤	음악 및 기타
정금주 鄭金珠 20세		경성부 다옥정 180	경상남도 통영군	승무	남도잡가 가야금 병창산조 풍류
박봉희 朴鳳姬 19세		경성부 관철동 30	경성부	내지무	시조 서도잡가 국어 삼미선
김옥래 金玉來 19세		경성부 관훈동 195	전라남도 함평군	남중속무 (살푸리춤)	시조 가야금 남도잡가
송채봉 宋彩鳳 16세		경성부 다옥정 176	경성부	정재18종무 서양무도	가 가사 시조 경서잡가
리단심 李丹心 15세		경성부 청진동 147	평안남도 평양부	정재7종무 서양무도	시조 서도잡가

이름 / 나이		현 주소	원적	춤	음악 및 기타
고영월 高映月 16세		경성부 무교정 7	평안남도 평양부	정재6종무 서양무도	시조 서도잡가
김련홍 金蓮紅 15세		경성부 다옥정 86	평안남도 평양부	정재6종무 서양무도	시조 서도잡가
김옥진 金玉眞 14세		경성부 청진동 284	경성부	정재6종무 서양무도	가 가사 시조 경서잡가
손봉선 孫鳳仙 14세		경성부 서린동 36	경성부	정재무	가 가사 시조 서도잡가
김롱옥 金弄玉 13세		경성부 다옥정 171	평안남도 평양부	검무 정재18종무 서양무도 내지무	가 가사 시조 서도잡가 양금 내지잡가 내지시조 삼미선

이름 / 나이		현 주소	원적	춤	음악 및 기타
리명화 李明花 13세		경성부 관훈동 195	경성부 조동	남중속무 (살푸리춤)	가야금 병창 양금 남도리곡 시조
조산월 趙山月 12세		경성부 수하정 8	평안남도 평양부	정재8종무 서양무도5종	가 가사 시조 서도리요
정채선 鄭彩仙 12세		경성부 다옥정 42	경성부	정재8종무	가 가사 시조 경서잡가 양금
김련향 金蓮香 11세		경성부 청진동 84	평안남도 평양부	승무 鼓技(북노리)	시조 서도잡가
림춘섬 林春蟾 11세		경성부 청진동 62	경성부 청진동 62	승무	시조 서남잡가 양금

이름/나이		현 주소	원적	춤	음악 및 기타
리보패 李寶貝 9세		경성부 다옥정 42	경성부	정재6종무 서양무도3종	가사 시조 서도리곡

3. 한남권번

이름/나이		현 주소	원적	춤	음악 및 기타
최옥주 崔玉珠 29세		경성부 다옥정 89	경상북도 대구부	정재무	(善)시조 가곡 현금 풍류
김남수 金南壽 18세		경성부 공평동 65	경상북도 대구부	정재무 장수승무 (長袖僧舞)	(善)가곡 남중리요 현하웅변(縣河雄辯)
어송월 魚松月 28세		경성부 인사동 33	경상도 경주군	남방제무 (南方諸舞)	(善)시조 영시(咏詩)

이름/나이		현 주소	원적	춤	음악 및 기타
현계옥 玄桂玉 22세		경성부 청진동 114	경상북도 달성군	정재무 법고 승무	(善)가곡 현금 리요 단가
황금란 黃錦蘭 19세		경성부 청진동 69	경상북도 대구부	정재무 법무	(善)가곡 남중리요 가야금창화 (伽倻琴唱和)
안류색 安柳色 20세		경성부 청진동 266	경상북도 대구부	정재무	(善)남중리요 가곡 가야금 병창
김홍매 金紅梅 20세		경성부 황금정 2정목 5	경상북도 대구부	정재무 춘앵무	(善)남서리요
강향란 姜香蘭 18세		경성부 광화문통 116	경상북도 대구부	법고 정재무	(善)남중리요 가야금 병창

이름 / 나이		현 주소	원적	춤	음악 및 기타
최혜란 崔蕙蘭 19세		경성부 서린동 21	경상북도 대구부	정재무	(善)남중리요
조홍련 趙紅蓮 17세		경성부 관훈동 182	경상남도 부산부	검무 승무	(善)현금 가야금 남중리요
류춘도 柳春桃 21세		경성부 제동 70	경상남도 진주군	정재무	(善)가곡 서도행가 양금
량송희 楊松姬 20세		경성부 청진동 259	경상북도 대구부	(善)정재무	서도행가
안금화 安錦花 20세		경성부 관훈동 78	경상북도 대구부	(善)정재무	서남리요

이름/나이		현 주소	원적	춤	음악 및 기타
윤롱월 尹弄月 19세		경성부 돈의동 171	경성부	제반(諸般)정 재무	(善)가곡 서방리요 집박(執拍)
김련화 金蓮花 21세		경성부 종로 2정목 61	경상남도 통영군	정재무	(善)남중리요
문채운 文彩雲 19세		경성부 청진동 88	경상북도 대구부	정재무	(善)남중리요 가야금 병창
김소도 金小桃 17세		경성부 인사동 72	경상북도 대구부	정재무	(善)남중리요 가야금 병창
황국향 黃菊香 16세		경성부 청진동 189	경상북도 대구부	검무 정재무	(善)남중리요 가야금 병창 시조

이름 / 나이		현 주소	원적	춤	음악 및 기타
장옥주 張玉珠 18세		경성부 청진동 33	전라북도 전주군	승무	(善)남중리요
김록주 金綠珠 18세		경성부 청진동 247	경상북도 대구부	검무 승무	(善)가곡 현금 가야금 병창 남중리요
신옥도 申玉桃 16세		경성부 수송동 105	전라남도 구례군	정재무 검무	(善)남중리요 가야금 병창
현계향 玄桂香 15세		경성부 청진동 24	경상북도 달성군	(善)남중리요 검무 정재무	가야금 병창
리롱월 李弄月 15세		경성부 청진동 26	경상남도 부산부	장수(長袖)승 무	(善)남중리요 가야금 산조병창

이름 / 나이		현 주소	원적	춤	음악 및 기타
오취경 吳翠暻 14세		경성부 청진동 232	경상북도 대구부	정재무	(善)남중리요 가야금 병창
서산옥 徐山玉 18세		경성부 수교정 90	경상북도 대구부	정재무 춘앵무	(善)남중리요 역해서가(亦解西歌) 양금 시조
송산월 宋山月 16세		경성부 수표정 90	경상북도 대구부	정재무	(善)남중리가 양금
오산월 吳山月 23세		경성부 관철동 37	경상북도 대구부	단무(短舞)	(善)남중리요 현금 가야금 병창 산조 양금 풍류
오류색 吳柳色 16세		경성부 관철동 37	경상북도 대구부	승무 법고	(善)남중리창 현금 가야금 양금 풍류 단가

이름/나이		현 주소	원적	춤	음악 및 기타
오벽주 吳碧珠 18세		경성부 다옥정 89	경상북도 대구부	(善)정재무	남중리요
리금주 李金珠 18세		경성부 관철동 92	경성부	정재무	(善)서방리요
채록죽 蔡綠竹 22세		경성부 황금정 1정목 10	경상북도 대구부	(善)정재무	남중리요 서도행가 가야금 병창
문향란 文香蘭 16세		경성부 청진동 132	경상북도 대구부	정재무	가야금 남중리요
김산월 金山月 17세		경성부 다옥정 134	경상북도 대구부	(善)정재무	남중리요 가야금 병창

이름/나이		현 주소	원적	춤	음악 및 기타
김록주 金綠珠 21세		경성부 청진동 33	경상남도 김해군	승무	(善)남중리요 장가일창(長歌一唱)
최송학 崔松鶴 17세		경성부 광화문통 181	경상북도 대구부	정재무	(善)남중리요
유초월 柳初月 17세		경성부 청진동 26	경상북도 대구부		(善)남중리요 서도잡가 정재무 가야금 병창 검무
이소홍 李小紅 14세		경성부 관훈동 182	경상남도 부산부	승무 검무	양금 가야금
안금향 安錦香 14세		경성부 광화문통 115	경상북도 대구부	정재무 승무 검무	(善)가곡 시조 가야금

이름/나이		현 주소	원적	춤	음악 및 기타
현월향 玄月香 13세		경성부 인사동 245	경상북도 대구부	법고(法鼓)	(善)남중리요

4. 경화권번

이름/나이		현 주소	원적	춤	음악 및 기타
강연화 姜蓮花 20세		경성부 수하정 18	경성부 전동	남무 (특)검무	양금 가곡 경서잡가
박경란 朴瓊蘭 20세		경성부 수하정 60	경상북도 대구부	검무 남무	가곡 양금 경성요곡 서도행가 (특)구변(口辯)
박앵무 朴鸚鵡 23세		경성부 황금정 146	경성부 북장동	남무 (특)춘앵무	가곡 양금 경서남잡가

이름/나이		현 주소	원적	춤	음악 및 기타
박채선 朴彩仙 16세		경성부 황금정 1정목 171	경성부 수은동	춘앵무 무산향 승무 검무	가곡 양금 경서잡가
임도화 任桃花 18세		경성부 수표정 32	경성부 삼청동	검무	양금 가곡 (특)경서잡가
김계향 金桂香 19세		경성부 황금정 1정목 170	경성부 농포동	검무 춘앵무	가곡
박화련 朴花蓮 24세		경성부 황금정 1정목 8	경성부 순청동	정재무	가 우계면 양금 (특)경서남잡가
오한양월 吳漢陽月 18세		경성부 황금정 2정목 78	경성부 냉동	정재무	가곡 경서잡가

이름/나이		현 주소	원적	춤	음악 및 기타
길진홍 吉眞紅 22세		경성부 삼각정 48	경성부 의주통	정재무	가곡 (특)경서잡가
강소홍 姜素紅 18세		경성부 삼각정 45	경성부 송월동	정재무	가곡 경서잡가
조명주 趙明珠 15세		경성부 황금정 2정목 26	평안남도 평양부	정재무	시조 경서잡가
원채희 元彩姬 16세		경성부 수하정 26	경성부 연지동	정재무	가곡 경서잡가
김산홍 金山紅 21세		경성부 삼각 41	경성부 마포	입무	시조 경서잡가

이름/나이		현 주소	원적	춤	음악 및 기타
리란홍 李蘭紅 17세		경성부 수하정 8	경성부 당주동	정재무	가곡 시조 서도잡가 (특)국어
김채경 金彩瓊 18세		경성부 수하정	경성부 행촌동	정재무	가곡 서도잡가
김옥희 金玉姬 17세		경성부 삼각정 28	경성부 수표정	(특)각종정재 무	가곡 남중잡가
류련홍 劉蓮紅 15세		경성부 삼각정 45	경성부 저동	춘앵무 검무 정재무	가곡 경서잡가
권춘외춘 權春外春 16세		경성부 황금정 2정목 8	경성부 삼청동	각항정재무	시조 잡가

이름/나이		현 주소	원적	춤	음악 및 기타
리록주 李綠珠 21세		경성부 황금정 2정목 26	경성부 전동	정재무	시조 경서잡가
리운선 李雲仙 19세		경성부 황금정 2정목 26	경성부 안국동	정재무	시조 경서잡가
김릉파 金綾波 19세		경성부 냉동 168	압구정경성부 한강월	춘앵무	가곡 서도리곡
정송죽 鄭松竹 24세		경성부 수하정 27	경성부 중곡동	정재무	경서가곡 시조
김설월 金雪月 19세		경성부 황금정 1정목 146	경성부 안국동	정재무	가곡 경서잡가

이름 / 나이		현 주소	원적	춤	음악 및 기타
곽초선 郭楚仙 14세		경성부 황금정 31	경상북도 대구부	춘앵무 검무	가사
장산옥 張山玉 15세		경성부 삼각정 28	경성부 냉동	정재무	가곡
최취련 崔翠蓮 16세		경성부 황금정 2정목 26	경성부 공덕리	정재무	가곡
서단계 徐丹桂 16세		경성부 장교정 55	경성부 냉동	정재무	가곡
최매화 崔梅花 16세		경성부 황금정 1정목 171	경성부 인현	정재무	가곡

이름/나이		현 주소	원적	춤	음악 및 기타
전취홍 全翠紅 20세		경성부 관철동 236	경성부 남대문통	정재무	가곡
박금희 朴錦姬 16세		경성부 황금정 2정목 78	경성부 쌍림동	입무	시조 경서잡가

5. 대구조합

이름/나이		현 주소	원적	춤	음악 및 기타
렴옥련 廉玉蓮 23세		경상북도 대구부 전정 41	경상북도 대구부 전정 41	정재무 남무	가야금 병창산조 가곡 (善)현금
리계화 李桂花 22세		경상북도 대구부 전정 41	경상북도 대구부 전정 41	검무 남무 각종정재무	현금 가야금 산조 가곡 (善)병창

이름 / 나이		현 주소	원적	춤	음악 및 기타
도란옥 都蘭玉 21세		경상북도 대구부	경상북도 대구부	검무 승무 각항정재무 남무	가야금 산조 가곡 (善)병창
안사운 安斯雲 20세		경상북도 대구부 상서정 17	경상북도 대구부 상서정 17	승무 검무 각항정재무	가야금 양금 가곡 (善)현금
김옥산 金玉山 20세		경상북도 대구부 상서정 31	경상북도 대구부 상서정 31	검무 각정재무 남무 (善)승무	가야금 산조 병창
리점홍 李点紅 18세		경상북도 대구부 상서정 23	경상북도 대구부 상서정 23	각정재무	가곡 (善)현금
도송옥 都松玉 18세		경상북도 대구부 남성정 14	경상북도 대구부 남성정 14	승무 정재무약간 (若干)	가야금 잡가 (善)병창

이름/나이		현 주소	원적	춤	음악 및 기타
윤월향 尹月香 18세		경상북도 대구부 하서정 23	경상북도 대구부 하서정 23	검무 고무	가야금 병창 가곡 (善)산조
백금옥 白錦玉 14세		경상북도 대구부 경정 1정목 2	경상북도 대구부 경정 1정목 2	검무	현금 가야금 산조 가곡 잡가 (善)병창
전무선 全舞仙 21세		경상북도 대구부 서성 1정목 12	경상북도 대구부 서성 1정목 12	승무	가야금 양금 가곡 (善)잡가
권복경 權福璟 21세		경상북도 대구부 수정 65	경상북도 대구부 수정 65	정재무	양금 (善)가곡
강매월 姜梅月 19세		경상북도 대구부 시장통 5	경상북도 대구부 시장통 5	정재무	양금 (善)가곡

이름 / 나이		현 주소	원적	춤	음악 및 기타
최경란 崔瓊蘭 15세		경상북도 대구부 수정 104	경상북도 대구부 수정 104	(善)승무	가야금병창 산조 가곡
서운향 徐雲香 14세		경상북도 대구부 경정 1정목 44	경상북도 대구부 경정 1정목 44	승무	가야금 병창산조 가곡 (善)양금
리계란 李桂蘭 14세		경상북도 대구부 방정 84	경상북도 대구부 방정 84	승무	가야금 병창 (善)풍류가곡
백초월 白楚月 14세		경상북도 대구부 경정 1정목 2	경상북도 대구부 경정 1정목 2	승무	가곡 (善)가야금병창산조
김산옥 金山玉 16세		경상북도 대구부 경정 2정목 78	경상북도 대구부 경정 2정목 78	승무	현금 가야금 병창 가곡 (善)산조

이름/나이		현 주소	원적	춤	음악 및 기타
민봉진 閔鳳珍 16세		경상북도 대구부 서천대 전정 22	경상북도 대구부 서천대 전정 22	승무	가야금 병창 가곡
허경희 許瓊姬 15세		경상북도 대구부 남산정 357	경상북도 대구부 남산정 357	승무	가야금 병창 가곡
로소옥 盧小玉 17세		경상북도 대구부 동성정 211	평안남도 평양부 관후리 48	승무 정재무	가곡 태평가 (善)현금
상남수 尚南秀 28세		경상북도 대구부 수정 81	경상북도 대구부 수정 81	승무 각정재무 남무	양금 가야금 병창산조 (善)현금
리도희 李桃姬 16세		경상북도 대구부 북내정 49	경상북도 대구부 북내정 49	승무 정재무	시조 남중잡가 양금 선정자(善正字) 초서(草書)

6. 김천조합

이름 / 나이		현 주소	원적	춤	음악 및 기타
김류색 金柳色 25세		경상북도 김천면 황금정	경상북도 수천군	승무 남무	시조 남중잡가 가야금 양금 시율(詩律) 서화
오채화 吳彩花 18세		경상북도 김천면 황금정	경상북도 대구부	검무 남무 승무	시조 남중잡가 가야금 양금 시율 묵화(墨畫) 해자(楷字)
림금향 林錦香 20세		경상북도 김천면 황금정	경상북도 대구부	검무 남무 승무	시조 남중잡가 가야금 양금 시율 묵화

7. 동래조합

이름 / 나이		현 주소	원적	춤	음악 및 기타
황옥매 黃玉梅 19세		경상남도 동래군 동래면 복천리 276	경상남도 동래군 동래면 복천리 276	수용무 (手踊舞)	가곡

이름/나이		현 주소	원적	춤	음악 및 기타
정롱월 鄭弄月 18세		경상남도 동래군 동래면 낙민리 222	경상남도 동래군 동래면 낙민리 222	가무구선 (歌舞俱善)	가무구선(歌舞俱善) 음률상수(音律上手)
조수연 趙水薰 16세		경상남도 동래군 동래면 복천리 303	경상남도 동래군 동래면 복천리 303	가무	가무 음률
리춘선 李春仙 16세		경상남도 동래군 동래면 복천리 105	경상남도 동래군	가무음곡	가무음곡
김옥선 金玉仙 17세		경상남도 동래군 동래면 복천리 205	경상남도 밀양군 부내면 교동	가무학습	가무학습
김영월 金暎月 13세		경상남도 동래군 동래면 수안동 469	경상남도 동래군 동래면 수안동 469	가무학습	가무학습

8. 창원조합

이름/나이		현 주소	원적	춤	음악 및 기타
김채선 金彩仙 14세		경상남도 창원군 창원면 북동리	경상남도 창원군 창원면 북동리	승무 검무	가곡 시조 남중잡가 가야금 양금 선대자 (善大字) 란죽(蘭竹)
정금선 鄭錦仙 20세		경상남도 창원군 창원면 북동리	경상남도 창원군 창원면 북동리	남무	가곡 시조 남중잡가 춘향가 가야금

9. 광주조합

이름/나이		현 주소	원적	춤	음악 및 기타
김롱주 金弄珠 16세		전라남도 광주군 광주면 금정 24	전라남도 광주군 광주면 금정 24	승무 검무	가곡 양금 가야금 남도잡가 창가 춘향가 심청가
정부용 鄭芙蓉 16세		전라남도 광주군 광주면 회기옥정 348	전라남도 광주군 광주면 회기옥정 348	승무 검무	양금 가야금 가곡 남도잡가 창가 춘향가 심청가

이름 / 나이		현 주소	원적	춤	음악 및 기타
김계화 金桂花 16세		전라남도 광주군 광주면 서남리 200	전라남도 광주군 광주면 서남리 200	승무 검무	가곡 양금 가야금 병창 창가 춘향가 심청가
리금희 李錦姬 16세		전라남도 광주군 광주면 회기옥정 331	전라남도 광주군 광주면 회기옥정 331	승무 검무	가곡 양금 가야금 남도잡가 창가
고채운 高彩雲 16세		전라남도 광주군 광주면 서남리 78	전라남도 광주군 광주면 서남리 78	승무 검무	양금 가야금 병창 남도 잡가 가곡 창가 선춘향가방자 (善春香歌房子)
리산옥 李山玉 14세		전라남도 광주군 광주면 본촌면 본촌리 161	전라남도 광주군	승무 검무	양금 가야금 가곡 창가 춘향가 심청가
리롱선 李弄仙 14세		전라남도 광주군 광주면 회기옥정 335	전라남도 함평군	검무 승무	가곡 양금 창가 국어

10. 평양조합

이름 / 나이		현 주소	원적	춤	음악 및 기타
배죽엽 裵竹葉 19세		평안남도 평양부 서관리 99	평안남도 평양부 서관리 99	남무 승무 검무 항장무	시조 서도잡가 내지요 현금 양금 능화매란국죽 (能畵梅蘭菊竹)
권영월 權英月 17세		평안남도 평양부 ○점리 147	평안남도 평양부 ○점리 147	승무 검무 남무	시조 서도잡가 내지요 대정금(大正琴) 현금 양금 능화매란국죽 (能畵梅蘭菊竹)
김금파 金錦波 15세		평안남도 평양부 신창리 170	평안남도 평양부 신창리 170	승무 검무	시조 서도잡가 내지요 현금 능화란(能畵蘭)
오산월 吳山月 17세		평안남도 평양부 관리 95	평안남도 평양부 관리 95	승무 검무	시조 서도잡가 내지요 현림(玄琳) 양금 능화매란국죽 (能畵梅蘭菊竹)

이름 / 나이		현 주소	원적	춤	음악 및 기타
방영월 方英月 17세		평안남도 평양부 신창리 98	평안남도 평양부 신창리 98	검무 승무	시조 서도잡가 내지요 현금 양금 능화매죽(能畵梅竹)
박란옥 朴蘭玉 17세		평안남도 평양부 관리 84	평안남도 평양부 관리 84	승무 검무	시조 서도잡가 내지요 양금 화죽(畵竹)
박금홍 朴錦紅 19세		평안남도 평양부 ○점리 26	평안남도 평양부 ○점리 26	승무 검무 남무 항장무	시조 서도잡가 내지요 양금 능화국죽(能畵菊竹)

11. 진남포조합

이름 / 나이		현 주소	원적	춤	음악 및 기타
전금화 田錦花 17세		평안남도 진남포부 비석리	평안남도 평양부	검무 승무	시조 서도잡가 대정금(大正琴) 화죽(畵竹)

이름/나이		현 주소	원적	춤	음악 및 기타
엄산월 嚴山月 19세		평안남도 진남포부 후포리 157	평안남도 진남포부 후포리 157	남무 승무 검무	시조 서도잡가 양금 대정금 선화(善花) 국화 삼미선
정춘홍 鄭春紅 18세		평안남도 진남포부 후포리	평안남도 진남포부 후포리	승무 검무	시조 서도잡가 현금 양금 화국(畵菊)

12. 수원조합

이름/나이		현 주소	원적	춤	음악 및 기타
서도홍 徐桃紅 21세		경기도 수원면 남수리 123	경성부	검무 승무 정재무	양금 가사 시조 경성잡가 서관리요 서화
김행화 金杏花 22세		경기도 수원군 수원면 남수리 202	경성부	검무 승무 각항정재	가사 시조 경성잡가 서관리요 양금

이름/나이		현 주소	원적	춤	음악 및 기타
리금희 李錦姬 23세		경기도 수원군 수원면 남수리 214	경성부	남무 각정재무	가사 시조 경성잡가 서관리요
손산홍 孫山紅 22세		경기도 수원군 수원면 남수리 204	충청남도 공주군	남무 각정재무	가사 시조 경성잡가 서관리요
신정희 申貞姬 22세		경기도 수원군 수원면 남수리 227	경성부 인사동	승무 각정재무	가곡 가사 시조 경성잡가 서관리요
오산호주 吳珊瑚珠 20세		경기도 수원군 수원면 남수리 192	전라북도 전주군	검무 각항정재무	시조 가사 경성잡가 남도리창
손유색 孫柳色 17세		수원군 수원면 남수리 231	충청남도 공주군	검무 승무 각정재무	가사 시조 경성잡가 서관리요 양금

이름/나이		현 주소	원적	춤	음악 및 기타
리추월 李秋月 20세		경기도 수원군 수원면 남수동 276	경성부	각항정재무	가사 시조 경성잡가 서관리요
김연옥 金蓮玉 18세		경기도 수원군 수원면 남수리 267	경성부 봉래정	검무 각항정재무	가사 시조 경성잡가 서관리요 양금 가야금 병창
김명월 金明月 19세		경기도 수원군 수원면 남수리 190	경상남도 진주군	승무 검무 각항정재무	가사 시조 경서남잡가 양금 묵화
한연향 韓蓮香 22세		경기도 수원군 수원면 남수리 216	경기도 양주군	입무 각항정재무	가사 시조 경성잡가 서관리요
정월색 鄭月色 23세		경기도 수원군 수원면 남수리 276	경상남도 창원군	남무 각항정재무	가야금 병창 가곡 가사 시조 경서남리곡

이름 / 나이		현 주소	원적	춤	음악 및 기타
김명화 金明花 17세		경기도 수원군 수원면 남수리 214	경성부 공평동	검무 각항정재무	가사 시조 경성잡가 서관리요 양금
소매홍 蘇梅紅 20세		경기도 수원군 수원면 남수리 203	경상남도 진주군	남무 각정재무	가곡 가사 시조 경성잡가 서관리요
윤연화 尹蓮花 19세		경기도 수원군 수원면 남수리 106	경성부 서린동	입무 각정재무	가사 시조 경성잡가 서관리요
리일점홍 李一点紅 16세		경기도 수원군 수원면 남수리 267	경성부 인사동	입무	가사 시조 서관잡가
김금홍 金錦紅 17세		경기도 수원군 수원면 남수리 115	전라북도 장성군	입무	가사 시조 경성잡가 서관리요

이름/나이		현 주소	원적	춤	음악 및 기타
정가패 鄭可佩 17세		경기도 수원군 수원면 남수리 249	경상남도 진주군	각항정재무	가사 시조 경성잡가 서관리요
박연심 朴蓮心 20세		경기도 수원군 수원면 남수리 151	경성부 중림동	입무	가사 시조 서관잡가
황채옥 黃彩玉 22세		경기도 수원군 수원면 남수리 108	충청남도 전아산군(前牙 山郡)	입무 각항정재무	시조 경성잡가 서관리요
문롱월 文弄月 21세		경기도 수원군 수원면 남수리 190	경상남도 진주군	입무	시조 경남잡가
박금란 朴錦蘭 18세		경기도 수원군 수원면 남수리 232	경상남도 진주군	입무 각항정재무	우계면 시조 경성잡가 서관리요

이름/나이		현 주소	원적	춤	음악 및 기타
오채경 吳彩瓊 15세		경기도 수원군 수원면 남수리 192	전리북도 전주군	승무	가사 시조 서관잡가 남도리창
박도화 朴桃花 23세		경기도 수원군 수원면 남수리 218	경상북도 의성군	남무 각정재무	가사 시조 경성잡가 서관리요
김채희 金彩姬 15세		경기도 수원군 수원면 남수리 276	경성부 안국동	검무 입무	가사 시조 경성잡가 서관리요

13. 개성조합

이름/나이		현 주소	원적	춤	음악 및 기타
박학희 朴學姬 21세		경기도 개성군 송군면 서본정 236	경기도 개성군 송군면 서본정 236	각종정재무 검무	가사 시조 양금

이름／나이		현 주소	원적	춤	음악 및 기타
천봉희 千鳳姬 19세		경기도 개성군 송군면 서본정 301	경기도 개성군 송군면 서본정 301	검무 승무 남무	가사 시조 경서잡가 현금 양금 가야금 국어 한문

14. 인천조합

이름／나이		현 주소	원적	춤	음악 및 기타
류명옥 柳明玉 22세		경기도 인천부 용리 228	경상남도 창원군	입무 검무	시조 경서남잡가 가야금 양금 능화(能畵) 매란국죽
김명옥 金明玉 21세		경기도 인천부 용리 156	전라북도 전주군	입무 각종정재무	시조 경서남잡가
조점홍 趙点紅 20세		경기도 인천부 용리 90	경성부	승무 검무	가사 시조 경서남잡가 현금 가야금 양금 국어 묵화

15. 안성조합

이름/나이		현 주소	원적	춤	음악 및 기타
송계화 宋桂花 25세		경기도 안성군 읍내면 동리 272	경기도 안성군 읍내면 동리 272	각종정재무	가사 시조 경서남잡가 양금 묵화
고비연 高飛鸞 19세		경기도 안성군 읍내면 장기리 237	경성부	각종정재무	가사 시조 경서남잡가 양금 묵화
변매화 卞梅花 19세		경기도 안성군 읍내면 장기리 373	경기도 안성군 읍내면 장기리 373	각종정재무 검무 승무	가사 시조 경서남잡가 양금 능화매국(能畵梅菊)
리봉선 李鳳仙 18세		경기도 안성군 읍내면 장기리 184	경상남도 진주군	각종정재무	가사 시조 경서남잡가 양금 선화란(善畵蘭)

16. 연기燕岐조합

이름 / 나이		현 주소	원적	춤	음악 및 기타
박채희 朴彩姬 19세		충청남도 연기군 조치원리 33	평안북도 선천군	검무 승무	시조 경서잡가 양금
김옥선 金玉仙 18세		충청남도 연기군 조치원리 35	평안남도 평양부	검무 승무	시조 경서잡가 양금 가야금
구비취 具翡翠 17세		충청남도 연기군 조치원리 38	경상남도 함안군	검무 승무	시조 경서잡가 양금
전옥향 全玉香 17세		충청남도 연기군 조치원 33	경상남도 진주군	승무 검무	시조 서남잡가 양금 가야금 능화란죽(能畵蘭竹)

이름 / 나이		현 주소	원적	춤	음악 및 기타
최롱옥 崔弄玉 16세		충청남도 연기군 조치원리 281	충청남도 연기군 조치원리 281	승무 검무 남무	시조 경서잡가 양금 가야금 능화란죽산수 (能畵蘭竹山水)
채봉 彩鳳 33세		충청남도 연기군 조치원리 247	경성부	승무 남무 검무	시조 경서잡가 현금 양금 가야금 능화란죽산수 (能畵蘭竹山水)

1. 기생조합 기생

이름/나이	현주소	원적	춤	음악 및 기타	소속
월중선 月中仙 23세	경성 보칼공 (刀子洞)	진주	승무, 검무, 입무	현금, 양금, 가야금, 칠현금	광교 조합
란홍 蘭紅 20세	오궁동	진주	검무, 갖은 춤	양금, 노래, 가사, 사조, 육자백이, 흥타령	광교 조합
조산월 趙山月 24세	경성 서부 누룩골	대구	남무, 검무	가야금, 양금, 가사 잡가	광교 조합
춘외춘 春外春 20세	새문안 오궁골	황해도 황주	남무, 검무	거문고, 양금, 노래, 가사, 시조	광교 조합
련옥 蓮玉 20세	오궁동	미상	·	바느질, 수놓는 것	광교 조합
련엽 蓮葉 16세	미상	평양	춤	소리	광교 조합
화용 花蓉 18세	남부 새방골	미상	·	수심가, 국어	광교 조합
화향 花香 20세	다방골	진주	춤	노래	광교 조합
매화 梅花 18세	남부 곤당골	경성	검무	거문고, 양금, 노래가사, 국한문	광교 조합
란주 蘭珠 20세	남부 새방골	진주	무(舞)	가(歌)	광교 조합
진홍 眞紅 17세	남부 새방골 41통 4호	진주	무(舞)	양금, 가야금, 진주 육자박이, 가사, 노래, 국한문	광교 조합

이름 / 나이	현주소	원적	춤	음악 및 기타	소속
비봉 飛鳳 본명 림경자 (林敬子) 18세	경성 남부 곡교	마산	입무, 무고, 안녕무, 무동의 춤	가야금, 양금, 일본어	·
채련 采蓮 20세	홍문골	창원	·	사미센, 시조, 잡가, 일본잡가	·
화홍 花紅 21세	하다동 17통 5호	진주	·	양금, 잡가 시조	·
계선 桂仙 19세	하다동 19동 3호	서울 계동	검무	각항 소리	·
옥향 玉香 본명 홍련紅蓮 19세	한성은행 뒷골목	해주	각항 무(舞)	각항 노래, 현금	·
오금향 吳錦香 19세	하다동 17통 5호	창원	승무	양금, 노래 가사 시조, 육자백이, 차문주가	·
명주 明珠 17세	남부 상다동 25통 6호	경성 교동 순학교 안	각항 춤	양금, 시조, 가사, 수심가, 육자백이, 방아타령, 흥타령	·
금홍 錦紅 21세	경성	진주	·	노래, 가사, 육자박이, 잡가, 단가를 부르며 가야금으로 맞추는 것	·
경패 瓊佩 21세	소광교 듯골(席洞) 14통 6	경성	정자춤	양금	·
옥화 玉花 19세	오궁동	대구	춤	양금, 소리	·
채옥 彩玉 20세	례골	경성	각종 춤	경향 소리	·
춘홍 春紅 17세	청석골	평양	·	양금, 가야금, 시조, 가사, 잡가	·
롱월 弄月 15세	경성	평양	검무, 정자무	노래, 가사, 시조, 수심가, 박치기	·

이름/나이	현주소	원적	춤	음악 및 기타	소속
화선 花仙 18	경성	경성	춤	노래	·
주산월 朱山月 21세	미상	평양부	남무, 입무	가야금, 양금, 수심가, 서화	다동 조합
화중선 花中仙 20대 후반	미상	전라도 화순	춤	율, 소리	다동 조합
명옥 明玉 18세	상다동 5통 2호	평양부	춘양무	시조, 노래, 가사, 놀량사거리, 수심가	다동 조합
화홍 花紅 20세	미상	평양	·	양금, 가야금, 가사, 시조, 수심가, 놀량	다동 조합
산호주 珊瑚珠 19세	미상	전라도 담양	춤	율, 경향소리	다동 조합
가패 可佩 나이 미상	상업은행 옆 골목 막다른 집	평양	춤	가야금, 양금, 가곡, 시조, 가사 노래잡가	다동 조합
영월 暎月 18세	사기전골	평양	춤	소리	다동 조합
향심 香心 24세	미상	경상남도 삼기문	남무	육자배기	다동 조합
향심 香心 18세	발이점동 골목 안	대구	·	가야금, 양금, 제반 가곡	다동 조합
한산월 韓山月 17세	경성	미상	무(舞)	양금, 수심가, 장고, 가(歌)	다동 조합
란향 蘭香 15세	경성	평양	춘향무, 정자춤, 검무	노래, 양금	다동 조합
설경패 薛瓊佩 20세	경성 상다동	경북 대구부	승무, 무산양춤	양금, 가야금, 거문고, 노래가사, 잡가, 내지어	다동 조합
월희 月姬 16세	미상	평양	승무, 정자무	시조, 노랫가사, 놀량사거리, 수심가, 양금, 잡가	다동 조합

이름/나이	현주소	원적	춤	음악 및 기타	소속
취옥 翠玉 15세	경성	평양부내	정자춤	시조, 가사, 노래, 잡가, 수심가, 율, 국어	다동 조합
진홍 眞紅 20세	경성	평양	·	시조, 가사, 노래, 수심가, 잡가, 관산육마	다동 조합
금주 錦珠 20세 이상	경성	평양	·	소리, 서화, 그림	다동 조합
옥진 玉眞 20세 이상	미상	평양	·	소리	다동 조합
명화 明花 19세	미상	평양	·	양금, 소리	다동 조합
금홍 錦紅 16세	상다동 무부기조합 뒷집	평양	각항 춤	양금, 노래, 가사, 시조	다동 조합
채경 採瓊 18세	수표교 이21통 2호	경성	승무, 검무, 남무, 성진무, 접무	양금, 거문고, 시조, 노래, 가사, 잡가	시곡 신창 조합
도화 桃花 22세	시곡 29통 2호	경주	항장무, 번쾌무, 승무, 남무	양금, 노래가사, 류자백이	시곡 신창 조합
롱옥 弄玉 22세	경성 남부 시곡 28통 7호	진주	·	가야금, 양금, 노래, 가사, 잡가	시곡 신창 조합
춘도 春桃 20세	평양	평양	항장무	거문고, 양금, 노래, 가사, 시조, 기타 잡가, 수심가	·
월선 月仙 22세	평양	평양	춤	현금, 양금, 사미센, 노래, 국어	평양 예기 조합
설도 薛도 21세	평양	평양	승무, 검무, 항장무	시조, 가사, 잡가	·
섬홍 蟾紅 22세	평양	평양	·	거문고, 양금	평양 예기 조합
옥엽 玉葉 18세	평양 대흥면 삼리 사창동	평양	춤	노래	·

이름/나이	현주소	원적	춤	음악 및 기타	소속
영월 英月 20세	평양	평양	입무, 승무, 검무	거문고, 양금, 노래, 시조, 가사, 잡가	·
백산월 白山月 15세	평양	미상	·	시조, 가사, 노래, 수심가, 기담잡가, 한문, 서화	·
손진홍 孫眞紅 21세	평양	성천	춤	노래, 수심가	평양 예기 조합
련엽 蓮葉 21세	평양 대흥면 설씨동	평양	수포구락, 승무, 검무	시조, 노래, 가사, 잡가	·
홍도화 洪桃花 19세	평양부 대흥면 사창동	평양	무(舞)	가(歌)	·
주매화 朱梅花 21세	의주	의주	입무, 승무, 검무	가야금, 양금, 장고, 시조, 노래, 가사, 수심가, 국어	·
기화 琪花 15세	평양 관후동	진남포	입무, 승무, 검무, 항장무	시조, 가사, 노래, 잡가, 서화, 글씨, 한문(속문)	·
월희 月姬 27세	황해도 해주	미상	·	거문고, 양금, 노래, 가사, 일본말	·
춘홍 春紅 20세	평양 사창동	평양	경기도 무	국어, 한문, 산수, 도화, 수공, 기타	·
명옥 明玉 15세	의주	개성	입무, 검무	시조, 가사, 노래, 잡가, 국어	의주 예기 조합
연화 妍花 15세	평양 널다리골 륙통구호	미상	입무, 승무	양금, 시조, 가사, 노래, 수심가, 놀량사거리, 육자백이, 만수타령	·
도홍 桃紅 나이 미상	의주	의주	승무, 검무, 포구락	노래가사, 시조, 수심가, 역금, 잡가, 단가, 일본 잡가, 국어	·
은주 銀珠 15세	평양부 륭덕면 일리 차동	평양	승무	시조, 가사, 노래, 수심가, 놀량사거리, 육자백이, 흥타령, 양산도, 간난봉가, 경복궁타령, 방아타령	평양 예기 조합
진옥 眞玉 18세	의주	미상	춤	소리	·

이름/나이	현주소	원적	춤	음악 및 기타	소속
정희 正嬉 19세	평양 사창동 십오통 오호	미상	입무, 승무, 검무	양금, 시조, 가사, 노래, 기타 잡가	·
금희 錦姬 15세	평양 사창동 이십통 십호	미상	무(舞)	가(歌)	·
산호주 珊瑚株 20세	해주	해주	춤	탄금, 시조, 가사, 노래, 국한문	·
소연 素妍 16세	평양	평양	춤	노래	평양 예기 조합
비연 飛鳶 15세	평양	미상	승무, 입무, 항장무	시조, 가사, 노래, 잡가, 놀냥	·
점홍 点紅 19세	평양	평양	무(舞)	가(歌)	·
영운 英雲 19세	황해도 해주	미상	승무, 입무	양금, 가야금, 시조, 가사, 잡가	·
국엽 菊葉 20세	해주군 해주면 남봉정 오통 칠호	평양남도 평양부	무(舞)	음률, 가(歌)	·
록주 錄株 15세	중화군 주인사골	평양	각종 무(舞)	각종 가(歌)	예기 조합
란홍 蘭紅 15세	평양	평양	가곡, 시조, 잡가	·	·
춘홍 春紅 16세	평양성내 이문골	미상	무(舞)	가(歌)	·
화연 花妍 15세	평양 계동	미상	·	·	·
경심 璟心 20세	평양	평양	승무, 검무	시조, 가사, 노래, 잡가, 가곡, 수심가	·
취향 翠香 18세	황해도 해주 근동	미상	검무, 승무, 입무	가야고, 양금, 거문고, 시조, 가사, 노래, 잡가	·

이름/나이	현주소	원적	춤	음악 및 기타	소속
기화 琦花 나이 미상	이문골	미상	무(舞)	가(歌)	·
금홍 錦紅 15세	평양 안주동	미상	춤	잡가, 수심가	·

2. 극장전속 기생

이름/나이	현주소	원적	춤	음악 및 기타	소속
금홍 錦紅 15세	동구안 파조교 장안사	봉산 사리원	·	수심가, 놀량사거리, 육자백이, 황주난봉가, 판소리	장안사
오옥엽 吳玉葉 14세	미상	창녕	승무	춘향가, 방자노름, 기타 잡가	광무대
해선 海仙 15세	미상	고령	승무, 검무	심청가, 춘향가, 시조, 홍타령, 육자박이, 놀녕사거리, 기타 잡가	장안사
채희 釆姬 14세	미상	경성	승무	잡가, 성주풀이, 단가, 산타령, 홍타령, 개구리타령	단성사
산옥 山玉 16세	미상	수원	승무	양금, 춘향가 이도령노름, 사랑가, 판소리, 시조, 가사, 잡가, 해주난봉가	광무대
초향 初香 14세	중부 한양동 부근	대구	허튼춤	판소리, 류자백이, 새타령, 단가, 성주풀이	장안사
이화 梨花 18세	미상	대구	춤, 승무	노래	단성사